LUZES E SOMBRAS
Uma história sobre o holocausto

Editora Appris Ltda.
1.ª Edição - Copyright© 2024 da autora
Direitos de Edição Reservados à Editora Appris Ltda.

Nenhuma parte desta obra poderá ser utilizada indevidamente, sem estar de acordo com a Lei nº 9.610/98. Se incorreções forem encontradas, serão de exclusiva responsabilidade de seus organizadores. Foi realizado o Depósito Legal na Fundação Biblioteca Nacional, de acordo com as Leis nºs 10.994, de 14/12/2004, e 12.192, de 14/01/2010.

Catalogação na Fonte
Elaborado por: Dayanne Leal Souza
Bibliotecária CRB 9/2162

B493l
2024
	Berg, Raquel
	    Luzes e sombras: uma história sobre o holocausto / Raquel Berg. – 1. ed.
	– Curitiba: Appris, 2024.
	    284 p. ; 23 cm.
	
	    Inclui referências.
	    ISBN 978-65-250-7020-9
	
	    1. Holocausto. 2. Judaísmo. 3. História da medicina. 4. Ficção.
	5. Mulheres fortes. I. Berg, Raquel. II. Título.
	                                                                                        CDD – 940.5318

Editora e Livraria Appris Ltda.
Av. Manoel Ribas, 2265 – Mercês
Curitiba/PR – CEP: 80810-002
Tel. (41) 3156 - 4731
www.editoraappris.com.br

Printed in Brazil
Impresso no Brasil

Raquel Berg

LUZES E SOMBRAS
Uma história sobre o holocausto

Curitiba, PR
2024

FICHA TÉCNICA

EDITORIAL	Augusto V. de A. Coelho
	Sara C. de Andrade Coelho
COMITÊ EDITORIAL	Marli Caetano
	Andréa Barbosa Gouveia (UFPR)
	Edmeire C. Pereira (UFPR)
	Iraneide da Silva (UFC)
	Jacques de Lima Ferreira (UP)
SUPERVISORA EDITORIAL	Renata C. Lopes
PRODUÇÃO EDITORIAL	Adrielli de Almeida
REVISÃO	Manuella Marquetti
DIAGRAMAÇÃO	Amélia Lopes
CAPA	Kananda Ferreira
REVISÃO DE PROVA	Gabriel Fernandez

PREFÁCIO UM

Sou psiquiatra e professor sênior do Departamento de Psiquiatria da Faculdade de Medicina da USP. Conheci a Raquel Berg em duas ocasiões, ambas como membro das bancas examinadoras: da qualificação e da brilhante defesa de seu doutorado (1). Após a cerimônia, conversamos sobre outro tipo de assunto: nossas origens judaicas, quando lhe contei minha reaproximação do judaísmo, e o quanto mudou minha visão do mundo.

Tempos depois, ela enviou-me um livro sem nenhuma relação com o tema de sua tese. "Luzes e Sombras", "um conto sobre o Holocausto". Fiquei surpreso não só com o título, mas com o convite para prefaciá-lo. O livro não é uma narrativa pessoal, como o fez Edith Eger que, graças aos seus conhecimentos de psicologia, superou suas vivências traumáticas em Auschwitz (2) nem um relato pessoal sobre jogo, como o fez Dostoievsky, a partir de suas experiências (3). Pelo contrário, encontramos no livro a personagem muito bem construída, uma médica, que se vê diante dos horrores do Holocausto e precisa fazer escolhas.

Raquel Berg apresenta uma obra de ficção, uma heroína cujo pai, um homem fiel a Hitler, e sua mãe, uma esposa também devotada a sua família, porém alienada da realidade que a cercava. O dilema da heroína é o de segui-los ou seguir sua consciência, numa trágica e ao mesmo tempo linda jornada de identificação com os valores éticos do judaísmo.

Chama a atenção a maestria da autora ao descrever os dilemas éticos de sua personagem que, para proteger vidas humanas, as inclui em supostas pesquisas. Neste ponto é importante lembrar que, após a 2ª Guerra Mundial, houve dois julgamentos de crimes em Nuremberg: aqueles cometidos por dirigentes, como Herman Göring ou Rudolf Hess e aqueles cometidos por médicos, que não matavam sistematicamente as pessoas, mas as incluíam em ensaios clínicos, sem o seu consentimento (4).

Antes da ascensão do nazismo, a Alemanha tinha uma lei que determinava que a participação de pessoas em ensaios clínicos só era possível mediante consentimento. No entanto os médicos nazistas não obedeciam a este preceito. Assim, a partir do Julgamento de Nuremberg, foi criado o primeiro código regulatório internacional para pesquisas clínicas em seres humanos, o Código de Nuremberg, que vigorou até 1964 quando foi substituído pela Declaração de Helsinque, que vigora até hoje (4).

Hoje, em qualquer país, quem participar de um ensaio clínico (e.g. para avaliar a eficácia de medicamento ou de uma vacina) assina um Termo de Consentimento Livre e Esclarecido (TCLE), que contém todos os procedimentos a serem realizados, podendo o participante interromper e sair do estudo a qualquer momento (4). A heroína da novela de Raquel Berg usa as pesquisas para salvar vidas, de acordo com os valores éticos da medicina e do judaísmo e, por isto, é um orgulho ser um dos prefaciadores de seu livro.

Helio Elkis

Referências

Berg R. Desamparo aprendido e ilusão de controle em portadores de transtorno do jogo e controles normais. Universidade de São Paulo, 2021.

Eger EE. A bailarina de Auschwitz. GMT Eds/ Sextante; 2017.

Dostoiévski F. O Jogador; Livr. José Aguilar Ed., 1975.

Elkis H. Aspectos éticos da pesquisa clínica em psiquiatria. In: Miguel EC, Lafer B, Elkis H, Forlenza E (Eds). Clínica Psiquiátrica-Vol. I. 2ª Ed. Manole; 2021.

PREFÁCIO DOIS

Em nossa tradição, as palavras têm um poder transformador. Elas criam mundos, moldam realidades e revelam verdades escondidas. Neste livro, *Luzes e Sombras,* somos convidados a uma jornada por um dos períodos mais sombrios da história da humanidade: o Holocausto. Mas aqui não somos meros observadores dessa escuridão; somos chamados a encontrar, mesmo nos recantos mais sombrios, a centelha de luz que reside no coração humano.

A narrativa que se desdobra diante de nós lembra que, mesmo na escuridão absoluta, há aqueles que buscam ser faróis de esperança. Em meio à brutalidade, brota a bondade; no meio do ódio, floresce a compaixão; diante do desespero, renasce a fé no futuro. Este livro não é apenas um retorno ao passado, mas um espelho para nossa própria época, um chamado à consciência e à ação.

Ao longo da história, há eventos que nos deixam sem palavras, números que parecem inconcebíveis. O Holocausto, com seus seis milhões de vidas ceifadas, é um desses momentos. Diante de uma tragédia de tal magnitude, torna-se fácil esquecer que, por trás de cada número, existe uma vida, uma história, um nome. São milhões de histórias que se entrelaçam, cada uma com suas próprias luzes e sombras.

Luzes e Sombras nos convida a mergulhar em uma dessas histórias, fictícia, mas profundamente enraizada nas realidades daquela época sombria. Embora a narrativa deste livro seja imaginada, ela carrega em si a essência de incontáveis vidas que viveram, sofreram e resistiram. É um lembrete de que, mesmo nos momentos mais sombrios, havia aqueles que se erguiam contra a maré de ódio e desespero. Que, mesmo sob o peso esmagador do terror, existiam pessoas que se esforçavam para trazer um pouco de luz à escuridão.

O povo de Israel, ao longo dos séculos, tem sido essa luz para a humanidade. Em meio a desafios e perseguições, nossa tradição nunca deixou de buscar sabedoria, criatividade e esperança. Desde os tempos antigos, passando pelos períodos mais conturbados da história, até os dias de hoje, o espírito judaico tem sido uma força de resiliência e inovação. Nossos textos sagrados, nossa cultura e nossos ensinamentos nos lembram da importância de buscar justiça, amar o próximo e reparar o mundo. Essa luz, que brilha desde os tempos bíblicos, continua a iluminar os caminhos da humanidade, inspirando todos a encontrar a faísca divina dentro de si.

Neste relato, encontramos uma protagonista que, ao enfrentar dilemas morais e desafios aparentemente insuperáveis, simboliza a luta interna que muitos vivenciaram. Sua história é uma homenagem à capacidade humana de resistir à crueldade com compaixão e enfrentar a opressão com um espírito indomável.

Como rabino, acredito que o poder de uma história não reside apenas em seus detalhes, mas naquilo que ela desperta em nós. Que *Luzes e Sombras* nos lembre do valor de cada vida, da importância das escolhas que fazemos e da capacidade que todos temos de fazer o bem, mesmo nas circunstâncias mais difíceis. Este livro nos oferece a oportunidade de refletir sobre as sombras que ainda assombram o mundo e sobre as luzes que, com nossa ajuda, podem continuar a brilhar.

Rabino Pablo Berman

Para meus filhos, Ícaro e Heitor, e nosso amado Márcio Lorencini (in memoriam). Vocês foram e serão sempre minhas fontes de inspiração sobre como ver o mundo de uma forma diferente.

Para Minha irmã Alice e minha amiga Raquel, por terem lido e comentado os inúmeros manuscritos e rascunhos deste livro.

À Minha mãe, Heloisa, e a seus colegas da Medicina, por todas as sugestões criativas e levantamento histórico.

Ao professor Helio Elkis, que me inspirou e me motivou a resgatar meu propósito e a olhar para a minha história familiar.

Ao meu rabino, Pablo Berman, que me guiou em meus aprendizados e me deu a oportunidade de seguir o que eu acredito.

A meus irmãos Rebeca e Edgar, pelo apoio e carinho.

Ao meu pai, Artur Berg (in memoriam), e ao meu avô Erwin Berg (in memoriam), que foram minha fonte de inspiração para este livro.

A todas as pessoas que tiveram o nazismo como parte de suas histórias.

Onde o mundo é escurecido pela fumaça da guerra,

Cabe a cada um levar a luz da paz.

Onde o mundo vive nas sombras da doença e do sofrimento,

Cabe a cada um levar a luz da cura.

Onde o mundo vive a aridez dos corações partidos,

Cabe a cada um levar a luz da bondade e do carinho.

Onde o mundo suporta a escuridão do ódio e da mentira,

Cabe a cada um levar a luz do amor e da verdade.

E assim como a luz de cada um ilumina seu lar,

Que a luz do amor ilumine o mundo inteiro. Ao acender das velas.

(Sidur Cadash)

APRESENTAÇÃO

Com o fim da Primeira Guerra Mundial, a Alemanha foi duramente prejudicada pelo Tratado de Versalhes, o qual propôs severas punições, como perda de territórios, indenização pelos prejuízos causados a outros países e redução do contingente militar. A população alemã se viu devastada moral e financeiramente, e com a Grande Depressão de 1929, Hitler iniciou sua ascensão com base na campanha de reconstrução das forças armadas, retomada dos territórios e reerguimento financeiro do país. Na medida em que suas campanhas se mostravam bem-sucedidas, os alemães permitiram que ele seguisse, juntamente da Itália e do Japão, sua caçada ao inimigo comum. Inicialmente, as perseguições foram contra dissidentes políticos (comunistas, liberais, anarquistas), depois contra judeus e, por fim, contra diversos outros grupos (ciganos, homossexuais, imigrantes etc.). Muitas pessoas sabiam o que se passava com os presos, e as que estavam completamente alheias faziam-no com a intenção de manter seus negócios e serviços. Depois da invasão de Dachau, os soldados americanos obrigaram os moradores da cidade próxima a ver a situação que fora sustentada por eles e pelos nazistas por anos.

Freud (1921/1996), em seu texto sobre as religiões e o exército, afirma que por mais que possamos nos entristecer ao ver com horror algumas situações, tentar se colocar no lugar de prisioneiros de guerra ou mesmo de seus opressores para tentar imaginar como ocorreu o processo de embrutecimento das pessoas, a perda das esperanças de sobrevivência, a narcotização das emoções e os mecanismos de obtusão da mente é um exercício improdutivo. Nunca poderemos saber ao certo o que aquelas pessoas viveram: como lidar com as necessidades físicas como fome, sede e cansaço constantes, a perda da dignidade e da própria identidade, além do sofrimento constante pela perda de amigos e familiares que estavam na mesma situação.

Muitas pesquisas foram feitas no intuito de explicar por que e como as pessoas chegaram tão longe, relacionadas principalmente à necessidade de afiliação a grupos e fanatismo como origem da aceitação e tolerância a comportamentos de destruição contra pessoas e grupos considerados como um risco à sobrevivência do indivíduo. Ou seja, ao acreditarem que estão tomando decisões em nome de um bem maior ou a favor de um grupo ao qual pertencem e querem permanecer, as pessoas são capazes de tolerar as maiores atrocidades e mesmo infringir dor em outras pessoas, respaldadas em argumentos morais e até mesmo científicos, como se pôde observar ao longo de toda a história das guerras. Para Jane Elliot (2016), o preconceito é construído, sendo criado a partir de premissas sociais aleatórias ou historicamente formadas. Muitos grupos sociais são criados a fim de unir pessoas em prol de um bem comum, porém as pessoas não são consultadas se querem fazer parte ou se podem entrar ou sair quando bem entenderem; não há escolhas, e qualquer tentativa de seguir um caminho contrário resulta em perseguição e severas punições (Freud, 1927/1996).

No caso de nossa personagem Adelaid, o movimento feito ao longo do livro é o de se questionar sobre as verdades que até então lhe foram ditas dentro dos grupos aos quais ela pertencia. E, ao se ver dentro daquele ambiente de sofrimento e morte — que era o campo de concentração —, não consegue manter seus laços mentais e emocionais com seus pais, com a filosofia nazista e com os preceitos da medicina internacional da época, o que iniciou um conflito interno, o qual será tratado ao longo de praticamente toda a história.

Nesse processo de reflexão, Isaac, Benjamin e Tufi chegam para trazer uma forma diferente e lúdica de viver o cotidiano duro da guerra, enriquecendo a realidade social e cultural de nossa personagem principal, dando a oportunidade de Adelaid elaborar, de alguma forma, os processos psíquicos presentes naquele momento de dor e medo no qual se encontrava.

Reforço que a proposta deste livro é lúdica — uma obra de ficção —, alguns estudos em psicologia e fatos históricos são modificados somente para oferecer mais consistência à sequência de fatos; mas não há qualquer pretensão em substituir ou confirmar relatos históricos, muito menos em propor uma nova visão às teorias psicológicas existentes. Trata-se apenas de um livro para entreter e, se possível, convidar-nos a uma reflexão sobre a essência do que é propósito e felicidade.

Aproveite a leitura.

Shalom!

SUMÁRIO

Da universidade para Dachau 19

Um novo lar 31

Primeiras impressões 43

Visitantes (in)esperados 54

Não é tão simples como parece 67

Noite de luz 83

Boas festas 92

Dize-me com quem andas e te direi quem és 109

Um novo ciclo se inicia 118

Medicina nazista 134

Uma questão de ética 150

Existem muitos Hamans, mas só um *Purim* 165

A morte não é orgulhosa 178

Pessach, época de renovação 195

Os ianques estão chegando 214

O amor é, acima de tudo, uma ação 228

Inscritos para um bom começo 245

Que sejamos selados em um futuro melhor 259

Epílogo 274

Glossário judaico 276

Referências 280

Da universidade
para Dachau

O que é o amor? E o que é ética? Já parou para pensar no que te faz acreditar em algumas coisas e duvidar de outras? E o que significa tomar a decisão certa, mesmo sem ter certeza disso? Engraçado como algumas pessoas podem viver suas vidas sem sentir a necessidade de se questionar sobre tudo isso; já para outras, essas são as perguntas que definem quem e o que elas são. Deixe-me apresentar e contar minha história, ficarei feliz em compartilhar minhas reflexões e meus pensamentos, e o que veio a partir disso. Talvez vocês também se questionem sobre minhas motivações e decisões, mas essa é a graça da vida, não é mesmo?...

Alemanha, inverno de 1944.

Meu nome é Adelaid, embora minha mãe insista em me chamar de Aletta. Um apelido que criou logo que nasci e mesmo agora, depois de 24 anos, ainda faz questão de usá-lo, sendo a única a me chamar assim. Gosto desse apelido, talvez seja uma das poucas informalidades que temos entre nós e que nos aproxima. Filha única, sou como muitas moças alemãs: cabelo castanho claro ondulado e olhos azuis, altura e peso dentro da média das moças de minha idade.

Nasci em Berlim e passei minha infância e juventude em Munique, com meus pais, onde cresci com a melhor educação que o dinheiro poderia pagar. Na escola, sempre fui aplicada e tive boas notas; mas, por causa da timidez, tinha dificuldade em fazer novos amigos. Costumava ficar na biblioteca do internato, procurando algo para ler ou fazendo minhas lições. Gostava da tranquilidade e da beleza do lugar, com paredes brancas e móveis de madeira entalhada, escadas caracol esculpidas em ferro e iluminadas pela luz que vinha tanto da grande cúpula de vidro no teto quanto das janelas que mostravam os jardins da escola. Além disso, as luzes das arandelas e pendentes que ficavam nos corredores entre as estantes davam um ar reservado ao ambiente, tornando minhas tardes muito agradáveis.

Um dia, conheci Margareth, que procurava o livro de Mary Shelley, *Frankenstein*. Quando o viu comigo, perguntou-me se tinham mais cópias na estante, e eu respondi que não. Convidei-a para irmos ao pátio lermos juntas, e assim nos aproximamos e nos tornamos inseparáveis. Diferente de mim, ela era charmosa e extrovertida e fazia amigos facilmente com seu jeito alegre e sorriso encantador. Além disso, era muito bonita, com os cabelos loiros de um claro radiante e olhos verdes azulados que chamavam a atenção e sempre conquistavam novos admiradores. Mas, romântica como era, ela me dizia que não estava interessada em um casamento arranjado, pois acreditava que um dia encontraria seu grande amor.

Os anos se passaram e, quando decidimos que queríamos ser médicas, passamos a ler sobre as universidades que existiam na Europa e os lugares onde poderíamos trabalhar depois que terminássemos o ensino superior. Era divertido imaginar-nos estudando na mesma faculdade e depois trabalhando juntas em algum hospital, salvando vidas e vivendo grandes desafios. Mas nossa jornada nem sempre segue conforme planejamos, e quando sua família se mudou para a Inglaterra, fiquei sozinha na escola, pois passava todo meu tempo livre com ela e não fiz outros amigos. Mesmo distantes, trocávamos cartas todos os meses e ela me contava como estava sendo sua nova vida em Londres, enquanto eu a mantinha atualizada do que acontecia na escola e na cidade.

No começo, fiquei incomodada por não ter outras colegas com quem conversar, mas aprendi a tirar proveito da solidão para fazer as coisas que gostava e, com o tempo, passei a não me importar tanto com isso. Depois do internato, aos 17 anos, passamos as férias juntas na casa de veraneio de minha família. Margareth fora aprovada em uma universidade de Londres e começaria as aulas assim que terminasse o verão. E eu, graças às minhas boas notas, à influência de minha família e a algumas cartas de recomendação de meus professores, conseguira uma vaga na universidade de Heidelberg. Quando nossas férias acabaram, fui direto para a faculdade.

Meus pais chegaram a me visitar apenas uma vez durante o curso. Na verdade, durante quase toda minha formação, meu contato com a família foi bastante restrito. Quando começou a Segunda Guerra Mundial, meu pai tornou-se comandante de um campo de concentração nazista, e isso trouxe mudanças profundas em nossas relações familiares e sociais. Não apenas pela dificuldade do afastamento do trabalho, mas também porque logo que meu pai assumiu o cargo, deu-me ordens explícitas para não me envolver com questões políticas dentro da faculdade e não expor o nome dele por qualquer motivo.

Agora, após alguns anos de total dedicação e um período intenso de provas e exames, eu finalmente concluíra o curso de medicina. Queria fazer residência em Berlim, mas uma verdadeira tensão e um sentimento de insegurança estavam instaurados em nosso país, especialmente por causa do medo que as pessoas tinham de perdermos a guerra e sofrermos as consequências, tal como na Primeira Grande Guerra, quando os alemães caíram na pobreza e no desemprego e o país se viu com uma enorme dívida internacional, muito maior do que era capaz de pagar. Durante a faculdade, acompanhava as notícias pelos jornais enquanto estudava, e prestava atenção às conversas de meus colegas e professores sempre que algo novo acontecia. Eu ficava dividida entre os que eram a favor e contra o nazismo, mas não manifestava qualquer opinião, ainda que meus colegas e professores acreditassem que eu compartilhava da mesma opinião de minha família.

Como muitos outros alemães, meus pais acreditavam que graças a Hitler o poder aquisitivo havia melhorado, a desigualdade social diminuíra e as empresas tinham voltado a crescer em nosso país. Além disso, diziam que a ideia de soberania ariana devolveu ao nosso país um orgulho nacional e um sentimento de pertencimento que achávamos ter perdido. Muitos inimigos criticavam os alemães por venderem a ideia de que alguns povos estavam acima de outros; no entanto, uma vez que esses opositores também tinham questões étnicas e sociais mal resolvidas dentro de seus próprios países e colônias, os alemães acabavam por ignorar essas críticas — afinal, de que adianta criticar o Terceiro Reich se nem mesmo dentro de suas próprias nações os aliados eram capazes de sustentar seus ideais?

A medicina — assim como outras áreas — sofrera diversas mudanças depois que os nazistas assumiram o poder. As empresas nacionais receberam grandes investimentos e, nesse período, a IG Farben se tornou o maior conglomerado químico europeu e o principal fornecedor de produtos químicos para os nazistas. As parcerias com universidades e centros de pesquisa nacionais tornaram as pesquisas médicas alemãs uma referência mundial, e como Hitler era contra o uso de animais em testes, isso levou os pesquisadores a buscarem outras formas de avaliar medicamentos e novos procedimentos médicos, dando início aos estudos com os prisioneiros dos campos de concentração.

Médicos nazistas como Mengele e Eppinger ficaram famosos por causa de seus estudos com pressão, temperatura e gás mostarda, além dos estudos de eugenia com gêmeos e anões. Eu lia os artigos científicos publicados e refletia sobre as críticas que eram feitas a esses trabalhos, mas sabia que a medicina internacional considerava que médicos e pesquisadores tinham plenas condições de julgar, por si próprios, como trabalhar de forma adequada e em busca do bem maior para a ciência.

Apesar da divisão de opiniões, eu queria me mudar para Berlim depois que terminasse a faculdade, pois alguns dos melhores centros médicos alemães ficavam lá. Os programas higienistas como o T4, voltado ao estudo de pessoas com deficiência, as clínicas de esterilização e os centros de pesquisa em eugenia também tinham ganhado notoriedade, mostrando-se uma boa opção de trabalho para recém-formados. Infelizmente, a maioria dos profissionais que estavam à frente desses locais eram homens que ainda não haviam se habituado com mulheres participando das juntas médicas, o que fez com que minhas candidaturas de trabalho fossem todas rejeitadas ou sequer vistas. Cheguei a escrever para alguns hospitais menores para trabalhar com clínica geral, mas também não tive sucesso.

Quando estava quase para concluir meu curso, recebi um convite de meu pai para trabalhar no campo de concentração que ele comandava. O lugar fora construído logo após a ascensão do partido nazista e, com base em um modelo de funcionamento proposto por meu pai e sua equipe, tornou-se referência para outros campos: *"Arbeit match frei"*, "o trabalho liberta", era a frase que ficava logo na entrada e da qual meu pai se orgulhava, juntamente a todo o êxito que conquistara por sua excelência no controle dos presos e guardas.

Meu pai se chamava Andreas Eckle e era reconhecido como notável administrador. Começara a trabalhar cedo em um escritório, prestou serviço militar e, logo em seguida, assumiu um posto administrativo no serviço das forças armadas alemãs. Conquistou uma excelente reputação junto a seus superiores e, graças a seu sucesso como chefe da seção financeira, foi convidado a se tornar responsável por um dos maiores campos de concentração na Alemanha, o campo de Dachau, próximo a Munique. E era para lá que ele queria que eu fosse. De poucas palavras, era um homem crítico e autoritário — comigo, com minha mãe e até mesmo com outras pessoas da família, que raramente nos visitavam. Por isso, fiquei perplexa quando recebi o convite de trabalho, pois não parecia de seu feitio misturar relações pessoais e profissionais.

Minha ida foi exigida tão logo terminasse as provas, pois quando surgiram rumores de que perderíamos a guerra, muitos médicos e cientistas nazistas fugiram, deixando o campo de concentração sem qualquer responsável clínico. Dachau estava com um surto de tifo entre os presos e alguns casos de pneumonia e tifo entre os guardas, e a falta de controle sobre a saúde da equipe preocupava, uma vez que poderia prejudicar a proteção do campo no caso de uma tentativa de invasão. Bom, trabalhar com meu pai não era exatamente o que eu estava esperando como uma primeira experiência profissional, mas sabia que essa oportunidade me daria chances futuras de ingressar em algum hospital ou centro clínico de renome.

Mesmo nunca tendo visitado um campo de concentração, eu ouvia falar sobre o que ocorria lá dentro. Mas, devido à posição de meu pai, as pessoas evitavam falar disso comigo ou perto de mim. As cartas de minha mãe também pouco mencionavam sobre o dia a dia no campo, pois ela mesma não ia lá — dizia que preferia cuidar da casa e dos eventos sociais organizados para meu pai. Em sua última carta, quando lhe perguntei como as coisas estavam, ela apenas me informou que eu teria mais detalhes quando chegasse em casa.

Quando recebi a confirmação de minha admissão em Dachau, senti-me agitada, com um misto de medo e curiosidade. Queria provar que era capaz de realizar um trabalho excelente, mas estava preocupada, pois não teria a quem pedir orientação técnica, e qualquer decisão errada nesse período de guerra poderia prejudicar o trabalho de meu pai e gerar uma má impressão sobre sua recomendação para me contratar. Cheguei a escrever umas três cartas para Margareth contando do novo emprego e de meus receios, mas ela havia conhecido alguém na faculdade e estava mais interessada em escrever sobre seu conto de fadas com esse novo príncipe e seus planos para um possível "felizes para sempre". John, um de seus professores, e era viúvo. Quando Margareth o conheceu, ele já tinha uma filha quase adolescente, Joanne, e era bem mais velho que nós, sendo ambos os detalhes de pouca importância para minha amiga. Definitivamente o casamento era algo fora dos meus planos naquele momento, mas estava feliz por ela.

Na véspera de minha partida, fui assistir a uma apresentação dos estudantes da Escola de Artes, "A história do soldado", de Stravinsky. Eu fazia parte do coro da faculdade de medicina e gostávamos de ver as apresentações de outros estudantes em nosso tempo livre. Como seria nossa última noite em Heidelberg, decidimos ver algo juntos antes de sair para comemorar o fim do curso. A peça conta a história de um soldado que dá a sua alma, simbolizada por um violino, para o Diabo, em troca de um livro que poderia satisfazer todos os seus desejos. Entretanto, no momento da peça em que o Diabo pedia ao soldado para dançar, alguns oficiais interromperam a apresentação. A censura não era tão rigorosa aos alemães quanto era aos judeus e outros grupos considerados indignos, mas homens dançando balé em público ainda era algo malvisto e provocava reações imediatas da polícia nazista. Logo o teatro foi evacuado e, assim que saímos do local, fomos a um bar próximo para tomar algo e falar sobre o incidente. Mais tarde, despedi-me de meus colegas e voltei para casa, não queria me arriscar a perder o horário de chegada na estação no dia seguinte. Quando cheguei, avisei a dona do alojamento que voltaria para Munique, quitei minhas despesas, despedi-me dela e fui para o quarto para deixar minha mala de viagem pronta e as roupas organizadas ao lado da cama.

Comi pouco naquela noite, tomei uma taça de vinho e logo fui me deitar, mas mal preguei os olhos. Assim que amanheceu, levantei-me, vesti as roupas que estavam separadas, encontrei a dona do alojamento me esperando no saguão para pegar as chaves e saí. A manhã estava gelada e as ruas ainda tinham pouco movimento, estavam acordando aos poucos. Vi somente alguns entregadores de jornais circulando, as lojas sendo limpas e os cafés sendo arrumados pelos vendedores que pareciam não sentir tanto frio.

Quando cheguei na estação, avistei o trem de ferro a vapor, com a locomotiva preta e vermelha que soltava muita fumaça e dificultava a visão da máquina. Entre a fumaça que se espalhava, vi os passageiros aguardando na plataforma enquanto o trem terminava de ser abastecido. Assim que ouvimos o apito e o condutor liberou o embarque, subimos e segui para minha cabine. Em pouco tempo o embarque foi encerrado e, quando o trem apitou novamente e começou a se movimentar na estação, olhei pela janela e vi a neve que começava a cair. Coloquei a mão no vidro como se me despedisse e recostei minha cabeça no assento, observando minha partida.

Pensei em ler um livro que estava na bolsa, mas antes que criasse coragem para alcançá-lo, peguei no sono. Adormeci, com um misto de sentimentos que oscilavam entre o alívio por ter terminado o curso de medicina e a tristeza por partir de Heidelberg e abandonar minha vida na universidade, que apesar de solitária tinha sido muito feliz.

Também estava ansiosa pela expectativa de rever meus pais, agora como médica, e tentava imaginar os desafios que enfrentaria quando chegasse ao meu destino.

Tive a sensação de que fechara os olhos por apenas alguns minutos quando acordei com o cobrador pedindo meu bilhete. Respirei fundo, bocejei e esfreguei os olhos com as mãos, olhei-o e perguntei se já tínhamos chegado. Então soube que a neve havia bloqueado a passagem do trem em vários pontos, atrasando a viagem. Quis saber se o serviço de bordo estava disponível, e ele me informou que o atendimento estava suspenso porque os empregados tinham sido realocados para ajudar a remover a neve dos trilhos. O trem estava parado e pela janela embaçada da cabine era possível ver os empregados do lado de fora trabalhando.

Levantei-me para buscar algo para comer, e quando passei por algumas pessoas, vi que estavam se queixando para um empregado do trem porque uma criança chorava desde o início da viagem. Quando vi o menino, percebi que a mulher que o segurava estava constrangida e malvestida, parecia que tinha gastado todas as economias naquela viagem com o filho e uma menina que estava ao seu lado. Peguei um sanduíche de carne para mim e decidi comprar para aquela família um pão, um *berliner* e uma garrafa de água. Entreguei-os para a mulher, que me deu um sorriso triste e agradeceu, e assim que repartiu um pedaço do pão com o garoto, ele parou de chorar e devorou sua pequena porção de comida. Os passageiros que antes reclamavam agora me olhavam com ar de reprovação, mas preferi ignorá-los. Pouco antes de chegar à cabine, o trem voltou a se movimentar. Vi a paisagem branca com o céu nublado entrecortada pela névoa cinza que percorria o trem à medida que ele avançava. Em pouco tempo, ia escurecer. Comi o lanche que havia trazido comigo do vagão restaurante e logo adormeci de novo, enquanto observava a neve que insistia em cair sobre as árvores e acumular nos trilhos, atrasando a chegada a Munique.

Quando chegamos na estação, o trem apitou e eu acordei. Recolhi minhas coisas e desembarquei com os outros passageiros, enquanto as malas eram retiradas pelos empregados da ferrovia. Minha mãe estava me esperando na saída da estação com um oficial, que imaginei ser Karl Himmler, o capitão que trabalhava diretamente para o meu pai. Ele estava vestido com o uniforme da *Schutzstaffel,* a tropa de proteção alemã conhecida como SS, e devia estar ali para nos ajudar a chegar seguras em casa.

Minha mãe, Magda Eckle, era uma mulher de aparência delicada, com quase 50 anos, pequena e esguia, bastante pálida, olhos azuis e cabelos de um loiro escuro levemente acinzentado, perfeitamente arrumados em um coque elegante. Estava com um vestido de veludo cinza, meias e sapatos pretos, luvas de couro e sobretudo preto. Era uma pessoa muito bem relacionada, inteligente e zelosa pela família e pelas aparências. Mantínhamos uma relação de pequenos e constantes atritos, pois ela sempre tinha algum comentário que considerava essencial e construtivo sobre a forma como eu me vestia, minhas escolhas por amigos e minhas expectativas de futuro; nunca elogiava algo que fosse diferente do que acreditava ser o ideal para uma moça como eu e, como não conseguia convencê-la a pensar diferente, com o tempo parei de compartilhar com ela minhas experiências e meus sonhos, ainda que escrevesse toda semana para lhe contar sobre amenidades e saber se ela e meu pai estavam bem. Ao vê-la na estação, percebi que se esforçava para esconder o cansaço que transparecia em seu rosto sob uma maquiagem bem-feita, cansaço esse provavelmente decorrente de sua intensa dedicação a meu pai para garantir que ele estivesse bem representado nos jantares e nas reuniões com os oficiais da SS que frequentemente vinham a Dachau acompanhados de suas respectivas famílias.

Quando ela me viu, sorriu com alegria e uma expressão de certo desagrado. Afinal, depois de várias horas de viagem, meus cabelos estavam com o penteado desfeito e mal preso, e minha maquiagem havia sido prejudicada pelo confortável assento onde eu dormira. No entanto, percebi que ficara satisfeita de me ver com as roupas que ela havia me presenteado em meu último aniversário: uma blusa escura com gola rolê, casaco e saia de um marrom intenso que combinavam, meias e sapatos pretos, luvas e uma boina de lã. Assim que me viu, veio em minha direção, abraçou-me e disse:

— Aletta, querida, que bom que chegou. Estávamos com saudades!

Sorri com carinho e respondi:

— Eu também estava com saudades, mamãe. Como vocês estão? Li no jornal que inimigos estão fazendo de tudo para chegar até os campos, dizem que Hitler está perdendo forças. Estava preocupada.

— Não acredite em tudo que lê, meu bem — ela respondeu, enquanto arrumava meus cabelos e tirava o pó de minha roupa —, seu pai sempre diz isso. Eles tentam nos assustar e dizer que os chefes nazistas são monstros, mas eles não são. É só uma mentira que os jornais internacionais tentam vender para nos enfraquecer...

— E como está o papai?

— Ah, ele está exausto! Temos recebido alguns presos dos outros campos de concentração e Dachau está um verdadeiro caos. Temos gastado muito dinheiro para manter o contingente de oficiais e garantir alguma condição sanitária razoável no campo. Mas, por causa dos boatos sobre o fim da guerra, os médicos foram embora bem no meio do surto de tifo e pneumonia, deixando seu pai e Karl com um problema e tanto para lidar. — Ela olhou para o oficial enquanto acomodava suas luvas.

— Para onde esses médicos foram? — perguntei para ela, curiosa.

— Dizem que foram para a América. Ou algum lugar aqui mesmo na Europa, não temos certeza. Enfim, que bom que você chegou, minha querida. Vários oficiais têm ficado doentes e ter você conosco será maravilhoso até conseguirmos um médico mais experiente que substitua os que fugiram.

— Tinha entendido que eu seria a médica responsável pelo campo agora.

— É claro, meu bem, é claro. Mas pense que é algo temporário e que há outras prioridades agora que terminou seu curso e está conosco novamente. Está em tempo de encontrar um bom marido, há excelentes oficiais na SS e quero ajudá-la a escolher o melhor.

— Podemos falar disso em outro momento, mamãe? — interrompi, antes que ela começasse seu discurso sobre suas preocupações quanto ao meu futuro.

— É claro, parece cansada, um repouso lhe fará muito bem. Fiz sopa e deixei algumas roupas novas no armário para você usar. Vamos logo que seu pai está nos esperando. — Sorriu e me deu um beijo. — Estou muito feliz por estar aqui conosco, Aletta, querida.

— Precisa de ajuda com as bagagens, senhorita Eckle? — disse o oficial que, até então, estava em silêncio, só nos observando.

— Você deve ser o capitão Himmler, não é mesmo? — perguntei.

— Sim, muito prazer — e acenou com a cabeça, puxando o quepe para baixo para me cumprimentar.

— Desculpe-me por não ter lhe dito nada antes, fazia tempo que não via minha mãe, estou feliz em revê-la. Obrigada por ter vindo acompanhá-la, seria muito cansativo para nós carregarmos as bagagens sozinhas. Agradeço se puder me ajudar, são essas — e apontei para minhas malas, que tinham sido trazidas por um dos empregados do trem enquanto minha mãe e eu conversávamos.

Karl pegou as malas e seguimos até o carro, que estava parado ao lado da estação. Eles tinham vindo me buscar em um automóvel preto elegante e sofisticado: os detalhes externos em metal prateado, as rodas com acabamento branco e o brilho da lataria que parecia ter acabado de ser polida chamavam a atenção. Por dentro, os bancos de couro claro combinavam perfeitamente com o acabamento interno das paredes do automóvel. Parecia ser um carro potente e confortável, que provavelmente havia sido concedido aos oficiais da SS após uma das inúmeras parcerias que o *Führer* fizera com grandes empresas no intuito de estimular o crescimento e o poder da economia alemã. Era sabido que Hitler era cuidadoso e tinha gosto para escolher cada detalhe para seu exército, desde armamentos, veículos, laboratórios, centro de pesquisas e até mesmo uniformes.

Quando Karl terminou de guardar as bagagens no porta-malas, virou-se para nós e disse:

— Pronto, acho que agora está tudo bem guardado.

Agradeci, e minha mãe me chamou para entrar no carro. Assim que nos sentamos, Karl fechou as portas, sentou-se no banco do motorista e deu a partida. Olhei para trás e vi alguns de meus companheiros de viagem ainda recolhendo as malas e observando o trem enquanto aguardavam que alguém os viesse buscar. O trem permanecia parado na plataforma e os empregados da ferrovia andavam apressados, trazendo itens que haviam sido esquecidos por algum passageiro desatento, e reabastecendo com comidas e bebidas para a próxima viagem. Estava frio ali, mas isso não os impedia de continuar seu trabalho acelerado até que fosse a hora da próxima viagem.

Virei-me novamente e me acomodei no banco, enquanto o carro seguia pela estrada em direção a Dachau.

Um novo lar

Fiquei observando pela janela do carro o caminho que levava até o campo de concentração e à casa de meus pais, enquanto escutava uma canção no rádio. A estrada passava no meio de um bosque e, como era de se esperar em pleno inverno, a maioria das árvores estava sem nenhuma folha, exceto pelos pinheiros que ainda carregavam um pouco de vida. Passei a mão no vidro embaçado do carro e vi o bosque sem grama, sem flores e sem animais correndo, com a vida silvestre adormecida naquele tempo frio. O céu estava com um azul acinzentado parcialmente coberto por nuvens, e podia se escutar apenas o barulho do motor do carro e as pedrinhas na estrada que, às vezes, pulavam e batiam na parte de baixo do automóvel. Como era a primeira vez que eu visitava a nova residência de meus pais, estava um pouco curiosa. Também queria rever meu pai, que devia estar se sentindo muito pressionado com as demandas do trabalho.

Olhei para Karl, que dirigia concentrado e em silêncio. Era um rapaz alto, não muito mais velho do que eu, com olhos azuis claros e cabelos loiros. Seu uniforme preto tinha um caimento de alfaiataria perfeito, com broches e detalhes em metal, e a braçadeira vermelha com o símbolo da SS se destacava e dava um toque diferenciado ao conjunto.

Para muitas pessoas, o nazismo e todos os seus símbolos eram motivo de orgulho. Inclusive para minha mãe, que fazia questão de carregar um pequeno broche de metal com a insígnia da SS na alça de sua bolsa. Para mim, aquele símbolo significava um marco de mudança em nosso país, e algo que deveria ser tratado, se não com orgulho, ao menos com cautela. Tinha dificuldade em pensar no que o nazismo realmente representava, especialmente porque meus pais eram apoiadores fervorosos de Hitler, o que tornava ainda mais difícil eu assumir algum posicionamento que fosse contra as opiniões deles. Voltei a olhar pela janela e a admirar aquele céu cortado pelas pontas das árvores, quando minha mãe perguntou, interrompendo meus devaneios:

— Tem falado com Margareth, Aletta?

— Ah, sim, recebi uma carta dela há algumas semanas. Estava feliz por ter terminado a faculdade e me disse que começaria a trabalhar em um hospital em alguns dias. Ela contou que se mudou com aquele professor com quem se casou para uma casa no campo. Eles queriam um lugar maior para que John pudesse ter um espaço para trabalhar em seus projetos de marcenaria. Parece ser uma casa grande, pela descrição que li, com vários quartos, uma sala ampla e uma cozinha com muito espaço e armários, além de um quintal com árvores e um jardim na frente. Ela também disse que a casa era bem localizada e com uma excelente escola por perto para a filha Joanne.

— E John continua trabalhando na universidade?

— Parece que tem trabalhado muito ultimamente por causa das provas e fechamentos do ano, além do trabalho no hospital.

— E como ela é, essa Joanne?

— Não a conheço. Margareth diz que é muito esperta e está ficando cada vez mais bonita. Elas se dão muito bem, pelo que li nas cartas.

— Eles não pensam em ter mais filhos?

— Não sei, mamãe. Margareth também terminou a faculdade faz alguns dias e eles estavam tomados com o trabalho e a mudança, ela não chegou a mencionar esse assunto.

— E sua amiga pretende continuar trabalhando depois do casamento?

— Acredito que sim, por quê?

— Bem, com a mudança e o fim da faculdade, seria importante ela agora se dedicar um pouco mais à família.

— Não sei dizer, mamãe... eu...

— Peço desculpas por interromper, mas chegamos, senhora e senhorita Eckle — disse Karl.

Respirei aliviada. Ele não poderia ter escolhido momento melhor para aquela interrupção, pois minha mãe e eu tínhamos visões muito diferentes sobre a vida, e eu me sentia desconfortável sempre que começávamos a falar sobre temas que eu já sabia que levariam a conflitos. Saímos do carro e, assim que levantei os olhos, fiquei admirada com o que vi: uma linda casa amarela, com muitas janelas brancas, construída em estilo renascentista.

Podia ver cortinas claras e sofisticadas no interior da casa através das grandes vidraças e, no alto, uma grande janela emoldurada pelo telhado avermelhado que parecia ser de um ático. As portas da entrada da casa eram brancas, combinando com as janelas, e em frente havia dois grandes vasos com pinheiros torcidos. Com o anoitecer, que cada vez mais tomava o céu, era possível ver uma luz nos fundos que iluminava um jardim que parecia contornar toda a casa, coberto por uma fina camada de neve.

— A casa não é mesmo linda? — perguntou mamãe.

— Sim, muito bonita. Como encontraram esse lugar?

— Quando nos disseram que teríamos que morar perto do campo, disse a seu pai que não poderíamos ficar em qualquer lugar. Procuramos pela cidade e nas redondezas próximas ao campo até que encontramos essa casa, que, segundo nos disseram, foi construída em um estilo semelhante ao palácio de Dachau. Fica no alto de uma colina perto daqui. Fui visitar o lugar quando viemos para cá e fiquei encantada de tão sofisticado e simples ao mesmo tempo, um lugar muito agradável.

— Bem, o palácio deve ser mesmo bonito, porque eu gostei bastante da casa. Estou impressionada.

— Você ainda não viu nada, querida. Vamos entrar.

Quando entramos, deparei-me com uma sala ampla e elegante: piso de madeira, móveis claros de tecido florido, uma estante com muitos livros, quadros com temas campestres e uma lareira de pedra. Sentado em uma poltrona ao lado de uma mesa com um grande abajur estava meu pai, bebendo enquanto se aquecia com o calor da lareira. Quando me viu entrar, ele se levantou, dizendo:

— Boa noite, Adelaid. Fez boa viagem?

— Boa noite, papai — respondi, da porta da entrada. — O trem teve alguns atrasos por causa da neve, mas foi tudo bem.

— Bem, não era nenhum Brandenburg, então não se pode esperar muita coisa... — ele comentou no que parecia ter sido um tom de descaso, mas fiquei na dúvida.

— Aletta, querida, sabia que seu pai já visitou o *Führer* em seu trem e até viajou com ele para uma de suas reuniões? — disse minha mãe, sempre orgulhosa quando podia mencionar as oportunidades que meu pai tinha de ficar perto de Hitler.

— Isso já faz tempo, Magda — meu pai interveio —, foi apenas uma vez, logo depois de assumir Dachau. O trem tinha até outro nome, *Amerika*. Muita coisa já mudou, não tem mais tanta importância...

— Ora, querido — minha mãe replicou —, isso foi uma honra para todos nós. Não faz mal que tenha sido há bastante tempo, você ainda comanda Dachau com excelência e tenho certeza de que Hitler o chamará novamente quando as coisas estiverem mais calmas.

— Não sabia, papai, deve ter sido uma grande oportunidade — eu disse, tentando agradá-lo.

Ela sorriu satisfeita, enquanto ele apenas movimentou os dedos como se quisesse dizer: "Que seja". Quando meu pai viu Karl, disse:

— Boa noite, capitão Himmler, não o havia visto aí parado. A estrada até aqui estava tranquila?

— Sim, *Herr Komandant*, nenhum problema — Karl respondeu, e então perguntou para minha mãe e para mim. — Onde querem que eu deixe as malas?

— Deixe-as aqui, perto da janela, depois as levaremos para o quarto — minha mãe respondeu rapidamente.

— Sim, senhora — assentiu Karl. — Posso ajudá-los em mais alguma coisa?

— Está dispensado, capitão Himmler — meu pai falou. — Amanhã nos vemos cedo no campo — e Karl saiu.

Minha mãe se virou para meu pai e disse, quando Karl fechou a porta da entrada:

— Andreas, querido, se não se importar, antes de comermos eu gostaria de levar Aletta para conhecer nossa casa.

— Não me importo. Mostre a casa e jantem, ficarei por aqui. Estou sem fome... — ele respondeu. — Quando terminarem, quero que Adelaid volte para conversarmos em meu escritório — e se sentou novamente na poltrona.

— Claro, querido. Vamos, Aletta?

Segui minha mãe enquanto ela começou a mostrar o interior da casa. No andar térreo, ficavam a sala de estar, onde meu pai estava, a sala de jantar com uma mesa grande de madeira no centro e muitos quadros com pinturas de cestos de frutas e animais silvestres. Ao lado, uma antessala com cadeiras e poltronas, e um escritório onde meu pai passava a maior parte do tempo, segundo minha mãe, com uma enorme mesa de madeira bem escura e uma cadeira de veludo também escuro. E nos fundos, a cozinha com uma porta de madeira e vidro.

A cozinha era simples e aconchegante, com muitas prateleiras cheias de potes de temperos e pratos rasos, de sopa e de sobremesa, todos pintados à mão e combinando com as xícaras que estavam penduradas. Ao lado da prateleira, via-se um forno grande com muitas panelas acima, penduradas por ganchos na parede, uma pequena mesa de madeira com quatro cadeiras e a porta que dava para o jardim da casa. Pela janela, que ficava acima da mesa e ao lado da porta, pude ver uma trilha logo após o jardim e que parecia adentrar no bosque. Mesmo com a neve, vi marcas de pés que se realçavam por uma pequena luz que iluminava a entrada da trilha.

Virei-me e segui minha mãe pelo corredor, em direção à escada com degraus de madeira e um corrimão de metal prateado, ricamente esculpido. Subimos e, quando chegamos no andar superior, vi outro corredor com cinco portas, duas de cada lado, além de uma ao final.

— Esses são os quartos da casa — disse minha mãe —, são todos iguais, exceto pelo nosso quarto. Mas achamos que seria melhor, por agora, você dormir no ático. Receberemos convidados para as festas de fim de ano e os quartos ficarão todos ocupados. Fique tranquila porque o ático também é muito confortável e, além disso, tem mais espaço e privacidade. Depois que nossos ilustres convidados forem embora, se preferir poderá descer e escolher o quarto que quiser.

— Ficarei bem lá em cima, não se preocupe — respondi.

Abri a porta de um dos quartos e olhei para o interior. Parecia muito bem equipado, com uma cama de casal, duas poltronas e uma mesinha de centro sobre um tapete vistoso, um armário com uma cômoda ao lado e uma pequena cuba para higiene pessoal. Meus pais pareciam ter cuidado de tudo para garantir que os convidados tivessem todo o conforto disponível.

— Não inveje, Aletta, querida. No andar superior há uma bela lareira para você se esquentar durante a noite e uma banheira no lavabo para você se limpar depois do trabalho. O ático é tranquilo e confortável, eu mesma passo bastante tempo lá, pintando quadros e trabalhando em minhas esculturas.

— Que bom que encontrou um novo hobby, mamãe.

— Ora, não é nada de mais. Somente algumas peças simples para que eu possa me distrair de vez em quando.

E continuamos caminhando até o último quarto, nos fundos, que imaginei ser o quarto dos meus pais. Olhei dentro e vi que era maior que os outros, mas não muito diferente. Tinha a mesma mobília, as mesmas cortinas e um armário com algumas roupas ao lado, penduradas.

— Apesar de eu gostar muito de elegância e requinte, seu pai não gosta de ostentações. Depois que escolhi essa casa, Andreas achou que seria mais apropriado que o interior da casa remetesse a uma valorização da simplicidade da vida campestre, assim como nosso *Führer* tanto aprecia. Então pedi para que decorassem o interior daqui em um estilo semelhante à casa de Hitler, e fiz alguns quadros para deixar a casa com mais personalidade e um toque de bom gosto. Veja, aquele quadro que está ao lado da janela fui eu mesma que fiz — e sorriu para sua obra de arte.

Olhei para o quadro, que reproduzia uma bela vista dos Alpes.

— Quando chegamos em Dachau — continuou —, fiquei encantada com a paisagem e decidi pintar como eu a enxergava. Confesso que esse quadro dos Alpes não foi a minha melhor obra, mas fiquei satisfeita com o resultado e, por isso, decidi colocá-la no quarto principal. Os demais quartos possuem versões menores dessa vista e outras paisagens daqui.

— Como encontrou esse lugar que retratou em seu quadro? — e apontei para um dos quadros.

— Essa imagem retrata o local onde termina aquela trilha que você viu pela janela da cozinha. Gosto de caminhar pela manhã para respirar um pouco de ar puro e buscar novas inspirações para meus quadros. Encontrei esse lugar em minha primeira caminhada, logo que nos instalamos aqui.

— Entendo.

— Vamos subir mais um andar?

— Claro, mamãe.

— Será nossa última parada para que possa conhecer a casa. Depois desceremos para que você possa comer alguma coisa e para falar com seu pai.

Subimos o último lance. Quando cheguei, vi um ático aconchegante, com o teto branco no formato do telhado, piso de madeira sem verniz e uma cama bem ao lado de uma grande janela. Pelo vidro semicoberto por uma cortina eu conseguia ver do lado de fora os flocos de neve que caíam na escuridão. Ao lado da cama havia uma mesa de cabeceira com uma luminária sobre ela e, do outro lado do quarto, uma escrivaninha com alguns papéis, potes e tubos. No fundo, vi muitos objetos parcialmente cobertos com um lençol, quadros em branco ou por concluir e o que pareciam ser estatuetas.

— Tentei organizar da melhor forma, espero que esteja de seu agrado — disse minha mãe, parecendo estar na expectativa de saber o que eu tinha achado daquele quarto improvisado.

— Está muito bom, mamãe. Ficarei bem por aqui — comentei enquanto me lembrava do pequeno apartamento que morei nos arredores da universidade, bem menor do que aquele ático.

— Agora vamos descer para você comer alguma coisa e conversar com seu pai.

Descemos as escadas e fomos em direção à sala de jantar. Minha mãe tinha preparado uma sopa de batatas com carne, um prato que ela adorava fazer para mim. Peguei um pedaço de pão para acompanhar a refeição e comecei a comer. Não sei se estava deliciosa ou se era eu quem estava com muita fome, mas comi a sopa e o pão tão rápido que minha mãe não teve tempo de ir à sala para falar com meu pai e retornar.

Assim que terminei de jantar, fui até meu pai, que perguntou:

— Está satisfeita?

Fiz que sim com a cabeça.

— Ótimo. Sua mãe me disse que lhe mostrou toda a casa, correto?

Assenti novamente.

— Bem — continuou —, gostaria de lhe apresentar o campo no qual trabalhará, serei breve em minha apresentação, mas creio que será muito importante que eu já lhe passe algumas informações. Pode me acompanhar até meu escritório?

Segui-o em direção ao escritório. Quando chegamos, olhei novamente o local: amplo, com móveis de madeira e estampa escura e sem detalhes, muitos livros e pastas de controle financeiro e administrativo, alguns papéis sobre uma mesa, perfeitamente arrumados ao lado da caneta tinteiro favorita de meu pai (lembro-me dele sempre usá-la, especialmente quando estava com alguém importante a seu lado). Não havia quadros campestres de minha mãe nas paredes ou fotos de nossa família na mesa, apenas uma maquete simples do campo de concentração de Dachau ao lado de sua escrivaninha, sobre uma mesa retangular que servia de apoio.

— Quero lhe mostrar rapidamente a estrutura do campo, pois amanhã sairemos cedo e não terei tempo para lhe dar explicações quando chegarmos lá. Essa maquete é do campo de concentração de Dachau, a SS preparou esse modelo para mim depois da última reforma que fizemos. Temos outra maior na minha sala no prédio administrativo, mas essa servirá por agora. Está vendo como é grande?

Concordei. Era uma maquete branca bastante detalhada, com inúmeros marcadores que indicavam o que era cada lugar, quais estavam em atividade, capacidade, quantidade de guardas para cada prédio e pontos de risco, tudo anotado à caneta em alguns papéis fixados à maquete. Ele continuou:

— Esse lugar era antes uma fábrica de pólvora falida. Começamos recebendo presos políticos e opositores do governo, mas logo após a Noite dos Cristais vieram milhares de judeus e tivemos que nos readequar. Hoje temos aproximadamente 30 mil presos, mas já chegamos a ter quase 200 mil.

— Nossa! — eu disse, arregalando os olhos enquanto os desviava da maquete para meu pai.

— Quando houve o aumento no número de presos, construímos novos barracões e aumentamos o contingente de militares. Temos hoje 32 barracões que incluem cozinha, lavanderia, dormitórios, chuveiros, ambulatórios e oficinas. Mas, por causa da progressiva redução no montante de presos nos últimos meses, alguns espaços acabaram sendo desativados. A administração fica aqui na entrada do campo — ele apontou para um pequeno bloco da maquete —, e é aqui onde eu normalmente fico.

— Sim, estou vendo — respondi, atenta ao que ele dizia.

— Nos fundos, temos a câmara de gás e o crematório. Ao redor do campo temos sete torres de guarda muito bem vigiadas. O campo é protegido por uma cerca eletrificada de arame farpado, portanto tome cuidado para não as tocar sob hipótese alguma.

— Sim, senhor.

— Hoje há somente um ambulatório ativo e sendo usado para cuidar de nossos soldados, e você poderá reativar um dos barracões que está fechado para seus estudos médicos. Sei que um dos barracões dos prisioneiros foi convertido em ambulatório, mas seu funcionamento é precário e tem pouca serventia, então não conte muito com o espaço.

— Por que converteram um dos prédios em ambulatório?

— Fizemos a pedido dos clérigos que estão aqui, assim ficam satisfeitos e não nos incomodam.

— Clérigos? — perguntei, um pouco confusa.

— Sim, temos um bom número de presos da comunidade católica. Há inclusive uma capela subterrânea para que exerçam suas atividades religiosas, foi um pedido de Hitler para evitar conflitos com o Vaticano. Podemos falar mais disso em outro momento?

— Claro, desculpe-me.

— Temos dias e horários específicos para fazer a seleção de presos que são deslocados para outros subcampos que administro próximos daqui ou que são transferidos para outros campos de concentração ou que são diretamente levados para o crematório. Por isso, se precisar de algum perfil em particular para seus estudos, preciso que me avise o quanto antes para que possamos disponibilizar esses presos a você. Avise Karl sempre que tiver a lista de perfis de que precisa para que ele já os deixe separados para seu uso.

— Sim, senhor.

— No ambulatório, temos uma enfermeira que irá lhe assistir durante todo o período que estiver aqui. Ela trabalhou com outros médicos que já passaram pelo campo e tem muito conhecimento sobre nossa rotina. Você irá conhecê-la amanhã, e já a avisei que as pesquisas serão retomadas somente depois que você tiver pleno conhecimento das rotinas do ambulatório, e depois que tiver colocado o trabalho que estava pendente em dia.

— Sim, senhor.

— O trabalho começa de manhã e sairemos juntos todos os dias, você poderá solicitar suas refeições no próprio ambulatório ou poderá retornar para casa para comer, e não me espere no fim do dia para sair do trabalho. Eu gosto de ficar até tarde para resolver eventuais pendências e discutir com a nossa matriz sobre os problemas que surgem e que precisam de solução urgente.

— Sim, senhor.

— E quero deixar claro: não interfira no trabalho dos soldados sem autorização, não converse com os presos ou com os soldados que estão em exercício, não impeça execuções a menos que seja para garantir suas pesquisas, não faça perguntas inconvenientes aos empregados ou aos presos e somente me procure no trabalho quando for estritamente necessário. Estamos entendidos?

— Sim, senhor.

— Acho que, por hoje, era isso o que eu tinha a dizer. Tem alguma pergunta?

Pensei por um instante, antes de perguntar:

— Por que me chamou para trabalhar aqui?

Ele pareceu surpreso com a pergunta.

— Por que não? — ele perguntou, parecia intrigado.

— Bem, poderia ter chamado qualquer outro médico mais experiente que eu, algum homem da SS. Por que me escolheu?

Ele me fitou por alguns segundos, amenizou sua expressão como se tivesse se acalmado e respondeu:

— Tenho muitos motivos para ter escolhido você, Adelaid. Tem talento e coragem. Fui informado por alguns de seus professores que integram o grupo médico nazista que você recebeu uma excelente avaliação durante o estágio no hospital universitário. Também é fundamental para sua carreira que conheça nosso trabalho, sei que não estamos no melhor momento, mas poderá aprender muito por aqui. E eu precisava de alguém de confiança nos auxiliando no ambulatório, sei que nunca me decepcionaria.

Senti uma pressão ao ouvir aquela última frase.

— Obrigada pela confiança, é uma grande responsabilidade. Por um momento, eu havia pensado que o senhor tinha me contratado somente porque achava que não estava encontrando um emprego.

— E encontrou algo?

— Bem... não.

— Então esse problema também está resolvido — e sorriu.

Fiquei sem saber o que dizer. Ele continuou:

— Acredito que podemos encerrar aqui hoje. Caso tenha alguma dúvida referente ao que lhe disse até o momento, poderá me perguntar sempre pela manhã, quando estivermos a caminho do campo. Agora pode ir descansar.

— Sim, papai, obrigada.

— Dentro do campo, chame-me de senhor Eckle ou comandante, como preferir.

— Sim, senhor.

— Boa noite, Adelaid. E seja bem-vinda — e segurou minhas mãos com carinho, sorrindo.

Meu pai sempre havia sido um homem fechado e a intimidade familiar lhe era algo estranho, com a qual ele acabava lidando de modo similar à forma como ele tratava seus colegas de trabalho. Retribui o sorriso e acariciei suas mãos, feliz por estar com meus pais novamente, e me retirei.

Subi e fui para o meu novo quarto. Depois de ter dormido mal durante toda a viagem, precisava de uma noite de sono para recuperar as forças. Pensei em já desfazer as malas, mas quando vi que minha mãe havia separado algumas roupas novas para meu uso pessoal e deixado no armário que estava entreaberto, peguei logo uma camisola dali, em vez de descer para procurar meu pijama no meio da bagagem, e fui dormir.

Primeiras impressões

O dia seguinte amanheceu claro e frio. O céu estava azul, e da janela do quarto era possível ver o campo de concentração, a cidade mais próxima e a fumaça que saía do trem que parecia partir de Dachau. A neve que caíra durante a noite perto do campo estava misturada com algum tipo de sujeira ou fuligem e, por isso, havia adquirido uma cor acinzentada. As árvores do bosque ao lado da casa de meus pais tinham poucas folhas e eu podia ouvir dali o barulho dos galhos secos que chacoalhavam com o vento.

Levantei-me para ver o quarto em que estava à luz da manhã. Aquele sótão transformado em ateliê era amplo e bastante reservado, cheio de objetos: um quadro a óleo inacabado sobre o cavalete, com tintas e pincéis sobre estopas ao lado, duas lindas molduras douradas apoiadas na parede e, no chão, bonecos e animais esculpidos em madeira com acabamentos em metal. A pintura das paredes em azul claro e o piso de madeira faziam um conjunto harmonioso com os móveis em madeira e as cortinas brancas. Do lado oposto onde estavam os objetos de arte vi minhas malas, que deviam ter sido trazidas bem cedo, e ao lado do armário, um uniforme da SS do meu tamanho e um jaleco branco.

No banheiro, havia toalhas limpas, além de cremes e perfumes. Também encontrei uma escova de cabelo trabalhada em prata, um pente e um sabonete. Lavei-me, vesti o uniforme e me olhei no espelho, enquanto prendia os cabelos em um coque baixo bem arrumado. Ao terminar, fui até o espelho do guarda-roupas para me ver, alisei o uniforme e ajeitei o penteado. Antes de pegar o jaleco para descer, vi atrás do guarda-roupas outra pintura. Puxei-a para ver o que estava pintado e reconheci uma imagem do Hofgarten ao entardecer. Quando morávamos em Munique, minha mãe e eu íamos sempre lá para passar a tarde enquanto meu pai trabalhava, e a pintura representava a vista de onde costumávamos ficar. O jardim tinha as cores da primavera, e o céu, que tocava as árvores esverdeadas, começava com um amarelo--alaranjado e ia até um azul escuro; no alto do quadro, era possível ver a lua e algumas estrelas que se espalhavam por aquele céu em *dégradé*, com a fonte e o templo de Diana ao fundo, incompleto. Lembrei-me de como era divertido correr pelos jardins do parque, depois olhei pelo quarto e percebi que nenhum de seus trabalhos artísticos fazia referência direta ou indireta à guerra, eram somente paisagens, recordações e ilustrações de natureza-morta.

Peguei o jaleco e a maleta e desci para tomar café. Quando cheguei, meus pais já estavam à mesa comendo e conversando:

— Bom dia, Adelaid. Dormiu bem? — perguntou meu pai, enquanto pegava seu café e lia as notícias.

— Bom dia, papai. Dormi muito bem, o quarto estava muito confortável e mamãe cuidou de tudo para que eu me sentisse acomodada.

— Está linda nesse uniforme, Aletta — disse minha mãe, olhando-me de cima a baixo.

Dei um giro para mostrar as costas e esbocei um sorriso tímido:

— Obrigada, acho que o tamanho do uniforme ficou perfeito. E obrigada por ter providenciado roupas novas, vi algumas no armário.

— Achei mesmo que precisaria de algo novo, sei que estava sem tempo para fazer compras por causa das provas. Levamos suas malas para o quarto agora cedo e, como estava dormindo, deixei-as ao lado do armário para o caso de precisar pegar algo agora cedo.

— Eu vi, obrigada — agradeci e sorri.

— Sua mãe gosta bastante de ficar naquele sótão para se entreter com as pinturas e os trabalhos manuais. Ela, inclusive, recebeu uma encomenda recente do próprio *Führer* para fazer um quadro e algumas peças de artesanato para seu escritório particular, mas ainda não as terminou — meu pai comentou, e minha mãe ficou cheia de si.

— Sério? — perguntei, e ela confirmou com um sorriso.

— Mas sua mãe tem me ajudado a organizar a casa para receber os oficiais e suas famílias que virão para as festas, então não tem sobrado tempo para ela terminar os trabalhos. Agora tome seu café, sairemos logo — ele concluiu, e deu um gole no café.

— Quer café, Aletta?

— Sim, obrigada, mamãe — agradeci, enquanto tomava o assento ao lado de meu pai. Peguei um bolinho e comentei, enquanto minha mãe servia o café.

— Vi suas pinturas no quarto, a senhora tem feito um trabalho excelente. Tem muito talento, depois gostaria de saber como encontra tanta inspiração e criatividade.

— Oras, obrigada — respondeu ruborizada —, mas não é nada de mais, tem sido um prazer fazer tudo aquilo. Gostaria de ter mais tempo para pintar, mas tenho estado muito ocupada, seu pai tem recebido novas instruções todos os dias, cada vez mais visitas e reuniões... E toda essa movimentação não tem permitido que eu fique tanto tempo lá em cima, pintando. Mas fico feliz que tenha gostado do meu trabalho, farei algo especial um dia para você e seu futuro marido.

— Sabe que não estou com ninguém, não é mesmo? — respondi um pouco perturbada com o comentário. Eu tinha a esperança de que não entraríamos nesse assunto logo cedo, mas me enganei...

— Claro, querida — disse, desculpando-se —, mas você é tão bonita e de excelente família, e com tantos oficiais promissores com certeza irá encontrar um ótimo rapaz em breve.

Dei um sorriso contrariado, tentei não revirar os olhos e me apressei em colocar outro bolinho na boca para não precisar responder. Olhei para meu pai e o observei: parecia distante daquela conversa, envolvido com seu café. Ele nunca disse o que pensava sobre o fato de eu nunca ter apresentado um rapaz a eles e nunca ter demonstrado qualquer sinal de interesse por esse assunto. Nas cartas, minha mãe não mencionava qual era a opinião dele sobre quaisquer escolhas que eu fazia, ela só me dizia que ele estava "imerso nos assuntos de Dachau".

Já minha mãe sempre deixou clara sua posição nas nossas conversas a respeito de minhas escolhas, inclusive conduzindo essas conversas conforme suas próprias opiniões. Ela já tentara me apresentar a diversas famílias da alta sociedade alemã para me aproximar de alguns homens com boa posição social, mas nenhuma de suas tentativas dera certo até então. Segundo ela, eu deveria me preocupar mais em ter uma família do que com a carreira.

Depois do desjejum, meu pai foi até o escritório pegar alguns papéis, enquanto fiquei esperando perto da porta. Minha mãe veio até mim:

— Espero que tenha um ótimo dia hoje, Aletta.

— Obrigada, não vejo a hora de começar.

— Seu pai comentou que o capitão Himmler irá encontrar vocês na entrada do campo. Ele tem sido muito atencioso conosco ultimamente.

— É o trabalho dele, não?

— Claro, só quero dizer que ele faz muito mais do que é sua obrigação. O capitão é um dos oficiais mais antigos da equipe de seu pai, começou a trabalhar bastante jovem e chegou a conhecê-lo bem antes da guerra. Logo que entrou para as forças da SS, recebeu a incumbência de treinar novos oficiais em combate e, com a criação de Dachau, foi transferido para cá para ajudar seu pai nessa empreitada. Soube que tentou uma oportunidade para comandar um campo de concentração na Polônia, mas não obteve sucesso; depois nunca mais foi cotado para uma promoção. Seu pai até escreveu uma carta de recomendação, mas não adiantou.

— Talvez quisessem que ele continuasse no treinamento dos oficiais, ele deve ser bom nisso — comentei.

— Dizem que é o melhor, apesar de ter uma personalidade, digamos, difícil. Ele tem sido o braço direito de Andreas na gestão de Dachau nos últimos meses e, com o risco de perdermos a guerra, recebeu atribuições extras para que seu pai pudesse se dedicar a tratar dos assuntos da guerra com os chefes em Berlim e Auschwitz. Karl tem mantido a produção de armas e os treinamentos militares com pulso firme, o que tem garantido que o campo se mantenha estável mesmo nesse momento.

— Como sabe de tudo isso se a senhora me escreveu que nunca ia ao campo?

— Ora, Aletta, querida, não preciso ir até lá para saber o que acontece — e piscou para mim.

Nesse momento, meu pai saiu do escritório com uma pasta nas mãos e resmungou:

— Vamos, Adelaid?

— Sim, claro. Até mais tarde, mamãe.

— Até mais tarde, tenham um bom dia — e acenou para nós.

Seguimos de carro. O campo não ficava longe de casa, mas ele preferia ir dirigindo em vez de caminhar. Passando pela entrada de pedestres, vi um grande portão de ferro com a frase "o trabalho liberta" na porta de entrada. Seguimos em direção à entrada de veículos e, assim que entramos e meu pai estacionou o carro, vimos Karl nos aguardando com um sobretudo de couro preto. Ele se juntou a nós assim que saímos do carro.

— Bom dia, *Herr Kommandant*, doutora Eckle — e se aproximou, apressado para nos acompanhar.

— Bom dia, capitão — respondeu meu pai. — Quais as notícias de hoje?

— Tudo em ordem no controle de presos e na produção. Porém, hoje pela manhã o subtenente Rust nos procurou porque não se sentira bem durante a noite, ele já foi devidamente encaminhado e a enfermeira Thomann está tomando os cuidados necessários até que a doutora Eckle chegue para verificar sua saúde.

— Ótimo — respondeu meu pai, enquanto observava o caminho por onde seguíamos.

— Além disso... — ele deu uma pausa antes de continuar. — Goldstein teve febre durante a noite e nós o levamos para a enfermaria também, mas o deixamos afastado dos oficiais para que não os contaminasse.

Meu pai respirou fundo, visivelmente aborrecido ao escutar aquilo.

— Ele pelo menos terminou o que deveria fazer?

— Ainda não, mas deixei as peças com a senhora Eckle para que ela as entregasse ao Goldstein assim que ele retomasse o trabalho — respondeu Karl, sério e atento às expressões de meu pai, que continuava aparentemente contrariado. — Estou vigiando-o constantemente, comandante. Terá todas as informações de que precisa para que a situação do Goldstein continue sob controle.

— Bem, eu estava a caminho do ambulatório para apresentar Adelaid para a senhorita Thomann, vamos passar lá para ver como está o oficial Rust e... Goldstein.

— Sim, senhor — respondeu Karl.

Não perguntei naquele momento quem era Goldstein ou o que estava acontecendo porque meu pai parecia bastante desagradado em falar a respeito. E eu percebi que em breve o conheceria.

Enquanto continuaram conversando sobre outros assuntos do campo, percebi que já havíamos passado pelo portão principal e adentrado no campo. Fiquei admirada, impressionada e espantada com aquele lugar gigantesco, com pelotões correndo em seus treinamentos matinais enquanto outros guardas faziam a vigília, armados e com pastores alemães que também pareciam vigiar cada movimento. Além disso, havia uma quantidade de barracões a perder de vista. Mas o que realmente chamou minha atenção foram os presos: de uma magreza cadavérica, que fazia suas roupas parecerem não ter nada por baixo; trabalhavam sem parar, parecendo reunir as poucas forças que tinham para continuar mostrando serviço aos guardas que não tiravam os olhos deles.

Os trabalhadores estavam imundos, com a pele cinza de fome e sujeira e os olhos fundos pela exaustão. Mesmo as poucas crianças que avistava de vez em quando desapareciam rapidamente do meu campo de visão, como ratinhos escondidos por entre caixas e barris nos cantos, junto às paredes. Às vezes, ouviam-se tiros e pessoas sendo mortas ou gritos de alguém sendo espancado.

Quando os corpos caíam, os presos fingiam não ver e continuavam com suas atividades até algum guarda ordenar que recolhessem os corpos e os levassem para outro local. Um grupo de guardas que conversavam acenaram com respeito para nós, sem qualquer empatia pelo sofrimento que existia a seu redor. Parecia que a humanidade daquelas pessoas com roupas listradas havia se perdido, sem qualquer sinal de alegria, de individualidade, absolutamente nada. Naquele ponto em que estávamos da guerra, sabia que muitos presos já haviam morrido, mas não imaginava que aquela situação de escravidão e tortura ainda existia. Não conseguia tirar os olhos daquela imagem devastadora, que até aquele momento eu duvidei que realmente existisse. Não era possível que tudo que eu escutara sobre os campos era verdade. Olhei para meu pai e para Karl, talvez na expectativa de que pudessem compreender minha sensação, mas ambos pareciam ignorar o que aqueles presos estavam passando, ou não se importavam com isso.

Então, Karl se virou e me chamou baixinho:

— Acelere o passo, doutora Eckle, ou irá nos perder de vista.

Inspirei, não havia percebido que prendera a respiração, desviei o olhar e retomei o passo, acelerando:

— Claro — sussurrei.

Enquanto isso, meu pai continuava caminhando sem olhar para os lados, mas atento ao que acontecia a nosso redor. No mesmo passo, estava Karl. Com andar confiante, parecia satisfeito consigo mesmo enquanto relatava todas as ações de seu contingente do dia anterior, além de atento a cada detalhe e cada movimento dos presos e oficiais.

Quando pararam de falar, Karl me disse:

— Animada para seu primeiro dia de trabalho, doutora Eckle?

— Bem... sim — e olhei ao redor. — O que aconteceu com os presos?

— Nada — respondeu seco meu pai, sério e erguendo as sobrancelhas. — Por que pergunta?

— Você comentou que estavam passando por um surto de tifo, não é mesmo? Vi alguns presos e achei que se referia a eles também.

— Sim, temos presos que adoecem por causa do tifo, mas não costumamos tratar deles. Quando identificamos algum doente, nós o excluímos do grupo para não infectar os outros.

— Vocês... os excluem?

— São eliminados para controle. Anteriormente conduzíamos alguns estudos nos quais os presos eram infectados propositalmente pelos nossos médicos para que avaliássemos a evolução da doença, o risco de contaminação e outros fatores endêmicos e biológicos. Não é a primeira vez que o campo de Dachau passa por uma epidemia... No entanto, diante da nossa situação na guerra, agora precisamos ter cuidado redobrado com a saúde dos nossos oficiais. Não podemos nos arriscar a ficar sem guardas saudáveis em caso de uma tentativa de invasão ou ataque inimigo. Como o senhor Himmler lhe disse, acelere ou ficará para atrás, Adelaid.

— Sim, senhor.

— Quando finalizar os atendimentos, vá à administração para assinar os papéis de sua contratação. A enfermeira Thomann já está avisada.

— Sim, comandante.

— Gosta de esportes, doutora? — chamou-me Karl.

Franzi o rosto como se não tivesse entendido aquela mudança súbita de assunto. Ele repetiu:

— Perguntei se a senhorita gosta de esportes.

— Bem — olhei para o meu pai antes de responder —, gosto de assistir a campeonatos, especialmente de futebol. Quando morava em Munique, sempre acompanhava os jogos do Bayern e do TSV 1860 pelo rádio ou pela televisão.

— O Bayern só tinha judeus, não sei como conseguia assistir às partidas. Péssima escolha, se me permite dizer à senhorita — Karl recriminou, balançando negativamente a cabeça.

— Eram só jogos, capitão. Nada de mais — contestei. — Além disso, depois que me mudei para Heidelberg, passei a assistir somente aos jogos da universidade.

— Se interessar, aos domingos temos jogos de futebol na praça central. Tanto os guardas quanto os presos podem participar.

— Jogam juntos, presos e guardas? — estranhei.

— Temos alguns jogadores e atletas que vieram no início da guerra. A maioria fica no campo satélite de Dachau, prestando serviços para as empresas locais, e aos domingos são trazidos para cá para jogarem. Temos outros que ficam por aqui, você poderá vê-los jogando nos intervalos entre os dormitórios. Consideramos isso uma forma de terapia para que continuem trabalhando para nós sem criarem problemas. Há muito mais jogadores profissionais nos campos da Polônia. Eles costumavam organizar campeonatos entre os campos, mas com o passar do tempo muitos presos morreram e os jogos diminuíram.

— Ora, por essa eu não esperava — comentei.

— Futebol é uma paixão nacional, doutora. Não poderíamos deixar de fora só porque estamos aqui. Eu, particularmente, prefiro outros esportes, mas meus guardas gostam muito de jogar e assistir às partidas. O que posso fazer? — e deu de ombros, levantando as mãos. — Se isso deixa meus oficiais felizes e melhora a produtividade de todos, uma partida ou outra não faz mal a ninguém.

— Se você diz isso...

— E a senhorita, gosta de praticar algum esporte?

— Gosto de natação, mas somente por lazer. E você, capitão?

— Gosto de atletismo. Sou muito bom na corrida.

— Ah... sim?

Ele sorriu:

— Tenho praticado todos os dias pela manhã. Hitler tem incentivado seus oficiais a participarem dos próximos jogos olímpicos, preciso me preparar se quiser ser escolhido para competir. Já posso me imaginar no estádio de corrida, cantando nosso hino junto a Hitler e nossos conterrâneos alemães, com os braços erguidos de orgulho enquanto saudamos nossa Alemanha, acima de tudo — e olhou para o horizonte como se estivesse se vendo no meio do *Olympiastadion*, pronto para competir por uma medalha de ouro olímpica.

Repliquei, interrompendo seu breve devaneio:

— Bem, depois do que aconteceu nas últimas Olimpíadas, certamente o *Führer* será bastante rigoroso na seleção dos próximos atletas.

— A vitória daquele Owens foi um acidente, nossos atletas claramente estavam mais preparados — respondeu Karl. — A sorte dele não deve ser glorificada, só nos mostra que algumas pessoas ainda não aprenderam qual é o lugar delas no mundo. Por isso fico feliz quando posso colocar esse tipo de gente em seu próprio lugar.

— E com todas as ameaças sobre o fim da guerra, acha mesmo que esse é o melhor momento para você se preparar para uma Olimpíada?

— Estou confiante que sim, doutora Eckle. Estamos fazendo de tudo para garantir nossa vitória, nossas tropas são mais preparadas e temos muito mais recursos que nossos inimigos.

— Não é o que dizem.

— Como sua mãe disse quando chegou, não se prenda a tudo que escuta por aí, doutora Eckle — e sorriu.

Olhei desconfiada para aquele homem cheio de si e comentei, olhando para os guardas que continuavam a nos observar:

— Percebi que a nossa presença chamou a atenção.

— Estavam todos curiosos para conhecer a nova médica que, por sinal, também é filha do comandante... e muito bonita, se me permite — cochichou para que meu pai não o escutasse.

Enrubesci e não respondi. Continuei observando aqueles presos doentes, quase à beira da morte, enquanto nos olhavam.

— Bem, acredito que a presença de vocês também esteja chamando a atenção — insisti.

Ele sorriu com o canto da boca e respondeu:

— Eles sabem a quem devem respeito, doutora, tanto os presos quanto os guardas. *Herr Kommandant* é um homem muito importante, e eu, como o capitão responsável por cuidar de tudo por aqui, procuro fazer meu trabalho de modo eficiente e sem deslizes.

— Parece estar bastante satisfeito com esse seu trabalho.

— Sim, estou muito satisfeito com as oportunidades que o comandante tem me dado, e faço questão de cumprir todas as ordens que são dadas a mim e a meus soldados da forma mais organizada e eficiente possível. A perfeição é o mínimo que espero de todos.

— Não lhe preocupa que os outros o temam?

Karl me olhou, intrigado, antes de responder:

— Não estamos aqui para brincadeiras, doutora Eckle. Isso aqui é a guerra — e me lançou um olhar sério.

Senti-me intimidada com sua expressão e respondi, tentando disfarçar o efeito que ele causou em mim:

— Peço desculpas se o ofendi, não foi minha intenção.

— Não esqueça o motivo pelo qual estamos todos aqui, doutora. Com o tempo, irá se acostumar com tudo isso que vê, não se deixe perturbar pelo impacto inicial — e sorriu.

Depois daquela conversa, ele voltou a falar com meu pai e eu fiquei em silêncio, observando o que se passava a nosso redor. Continuamos caminhando enquanto mostravam os galpões e as áreas do campo, e percorremos quase tudo, exceto os fundos, que eu veria em outro momento. Quando terminaram, seguimos em direção ao ambulatório.

Visitantes (in)esperados

Quando chegamos à enfermaria, meu pai me pediu para guardar a maleta, vestir o jaleco e o acompanhar. Vi que havia poucos pacientes ali, somente alguns guardas e uma enfermeira ao fundo, compenetrada em uma espécie de curativo que fazia no braço de um jovem oficial.

Assim que me aprontei, fomos em direção a um canto onde estava um preso deitado, dormindo. Era um rapaz jovem, não muito alto, cabelos bem curtos e claros, e um nariz fino. Devia ter sido muito bonito antes da guerra ter destruído seu semblante. Aproximamo-nos dele e paramos.

— O que esse paciente tem? — perguntei, vendo o sobrenome Goldstein escrito no prontuário sobre a mesa, ao lado da maca onde aquele preso dormia.

— Não sabemos ao certo. Pensamos que era tifo, então trouxemos ele para cá antes que contaminasse outras pessoas ou deixasse nossos guardas doentes — respondeu meu pai.

— Achei que não tinham esse tipo de procedimento com os prisioneiros — comentei.

— O caso dele é um pouco diferente — respondeu meu pai, desagradado. — Não aprovo essa conduta, mas ocorre que ele está prestando alguns serviços para sua mãe e, por isso, precisamos que permaneça vivo a pedido dela.

Então percebi que esse era o tal Goldstein que deixara meu pai tão contrariado. O rapaz deu um suspiro e abriu lentamente os olhos escuros. Pareceu ficar assustado quando nos viu, mas não disse nada. Quando a enfermeira percebeu que estávamos ali, terminou o curativo que estava fazendo e veio rapidamente em nossa direção.

— Bom dia, senhores. Como podem ver, eu tomei os cuidados necessários durante a madrugada, mas ele não parece ter tido melhoras. Eu o deixei aqui até que a nova médica pudesse examiná-lo.

— Com o que ele tem trabalhado? — perguntei, enquanto observava o paciente.

— Além de confeccionar as tintas com cores especiais para os quadros que viu no ateliê, ele tem modelado acabamentos em bronze e prata nas peças de madeira de sua mãe. Ele também tem trabalhado na manutenção e produção de armas — meu pai respondeu. — Antes que eu me esqueça, Adelaid, gostaria de lhe apresentar a senhorita Gertrud Thomann, nós a chamamos de Gerta. Ela trabalha como enfermeira-chefe para as forças alemãs desde 1910, tem muita experiência em guerras e irá lhe ajudar durante esse período em que estiver conosco aqui no campo. Também é muito discreta e cuida para que todas as informações que circulam dentro do ambulatório não saiam daqui.

Ela se inclinou e me cumprimentou, com retidão. Era uma mulher que aparentava ser muito mais velha do que provavelmente era. Tinha os cabelos esbranquiçados, olhos pequenos como os de uma cadela de caça e lábios finos como os de um gato. A vestimenta branca que usava, e que era comum entre as enfermeiras do Reich, destacavam as rugas e pequenas manchas de seu rosto e mãos. Tinha um caminhar rápido, sorrateiro e sem ruídos que, combinado com sua aparência, a deixavam mais parecida com uma bruxa saída de algum conto de fadas do que com uma doce cuidadora. Era visível que ela compartilhava da opinião de meu pai e de Karl sobre a importância da obediência incondicional, do respeito e do pulso firme para com todos que desrespeitassem as regras por ali.

— Muito prazer, doutora Eckle — ela me disse.

— O prazer é meu — agradeci.

— Senhorita Thomann — informou meu pai —, a doutora Eckle terminou seus estudos em medicina no final desse ano e irá passar um tempo aqui no campo como a nova médica responsável. Por favor, cuide para que ela tenha todas as informações e os materiais de que precisar.

— Sim, comandante — respondeu Gerta, curvando-se para meu pai —, farei tudo conforme me instruiu.

— Ótimo. Terminem logo aqui, depois leve a doutora Eckle para ver os outros pacientes, os prontuários de nossos oficiais e organize a agenda dela para que os atendimentos e as avaliações clínicas recomecem a partir de amanhã. Quando ela estiver mais adaptada, ajude-a caso precise de alguma informação para retomar os estudos médicos que vinham sendo conduzidos. Quero me assegurar de que teremos excelentes resultados em breve.

— Vou até o armário pegar meu estetoscópio, um segundo — e me retirei até o consultório.

Assim que entrei na sala e abri o armário para pegar a maleta, assustei-me ao ver um menino franzino escondido atrás da porta e entre as caixas que estavam dentro do armário. Olhos castanhos e cabelos pretos, parecia ter uns 5 ou 6 anos e usava um pijama listrado pouco maior que ele. Segurava um pequeno pedaço de pão seco e tentava se esconder para que eu não o visse. Quando percebeu que fora visto, olhou-me assustado, com os olhos arregalados, e ficou imóvel.

— Está tudo bem aí, senhorita Eckle? — gritou Karl, que tinha me visto pular para trás e veio em minha direção.

— Está, sim — gritei, fechando a porta rapidamente —, estava procurando meu estetoscópio, mas já o encontrei, veja! — e levantei a mão para mostrá-lo. — Guardarei a maleta e já vou.

— Claro, doutora — e se retirou.

Quando percebi que Karl tinha voltado para perto de meu pai e da senhorita Thomann, passei os dedos até o puxador e abri lentamente uma das portas. Olhei para o interior do armário e conferi que o menino ainda estava ali dentro. Fiz "shhhh" para que ficasse calado. Ele assentiu e eu tornei a fechar a porta. Acalmei-me e voltei, e quando cheguei perto de meu pai, ele disse:

— Preste atenção a todas as informações que a enfermeira Thomann lhe passar, eu a instruí pessoalmente. Quanto antes estiver adaptada, melhor.

— Sim, senhor — disse-lhe.

— Nos próximos dias — continuou — mostrarei nossos laboratórios e os trabalhos que vêm sendo realizados nos outros campos de concentração, como Auschwitz. Temos alguns estudos que se mostraram muito bem-sucedidos e gostaria que você os conduzisse por aqui. Os comandantes da SS estão bastante preocupados com o rumo da guerra e precisamos trabalhar muito se quisermos manter o campo de Dachau como uma unidade de alta relevância.

— Perfeitamente.

— Temos vários trabalhos sendo conduzidos e a SS tem muito orgulho em patrociná-los, pois representam importantes avanços científicos na saúde. Se conseguir continuar o trabalho que vinha sendo desenvolvido, futuramente poderá abrir novas frentes de pesquisa. E eu ficaria muito orgulhoso — concluiu.

— Farei meu melhor! Li sobre alguns desses estudos e acredito que podemos realizar um bom trabalho por aqui.

— Ótimo — e se virou para Karl. — Agora vamos, capitão, temos muito trabalho ainda.

— Sim, comandante — e Karl seguiu meu pai.

Logo que se retiraram, virei-me para Gerta e perguntei:

— Pode me descrever os sintomas de Isaac Goldstein?

— Além de febre, ele tem apresentado tosse e dores em partes aleatórias do corpo, veja — e apertou levemente o braço do rapaz, fazendo-o gemer.

— Foi ministrado algum medicamento a ele?

— Não desperdiçamos medicamentos em presos, doutora, a menos que seja para algum objetivo científico específico. Mas estamos com um oficial com os mesmos sintomas — e apontou para um rapaz que estava deitado em outra maca, distante de nós —, nele administrei uma injeção de morfina para diminuir as dores e um remédio para febre.

— Teve algum efeito? — perguntei.

— Muito pouco — ela respondeu.

— Vocês têm penicilina ou sulfanilamida no estoque?

— Acredito que tenhamos algo, espere um momento — e saiu.

Depois de alguns minutos, ela retornou com um frasco na mão:

— Aqui está, doutora. Veja se lhe é útil — e me entregou o frasco.

— Era isso mesmo. Obrigada, senhorita Thomann.

— Esta medicação está registrada como proibida, veja — e mostrou a marcação no rótulo. — Mas os médicos anteriores chegaram a usá-la em um de seus estudos. O que ela faz?

— Esse remédio funciona contra algumas bactérias que Goldstein possivelmente possa ter contraído. Foi desenvolvido por um cientista alemão depois da penicilina, com efeitos mais estáveis e consistentes do que o medicamento inglês. Como os médicos que estavam trabalhando aqui antes de mim deviam saber sobre essas descobertas, imaginei que tivessem algo.

— Bem — respondeu irônica —, que sorte a dele, não é mesmo? Acredito que agora esteja tudo sob controle. O subtenente Rust está nos aguardando, se puder me acompanhar.

— Creio que seja melhor a senhorita ir buscar mais sulfanilamida no laboratório, irei até meu consultório buscar o otoscópio que esqueci na maleta e, quando retornar, poderemos ir juntas ver o oficial Rust para um exame mais completo.

— Perfeitamente — e se retirou.

Voltei ao consultório, abri novamente o armário e olhei para o menino, que arregalou novamente os olhos quando me viu, amedrontado:

— Quem é você? — perguntei.

— Benjamin Seelig, senhorita — respondeu, com a voz baixa, tentando esconder o pãozinho que estava na mão.

— Olá, Benjamin.

— Quem é a senhorita?

— Eu sou a nova médica daqui. Pode me chamar de doutora Eckle.

— Ouvi a enfermeira Thomann comentar com o subtenente Rust que a doutora estaria aqui hoje. Na semana passada, o comandante veio aqui falar com ela sobre a senhorita. O senhor Eckle é seu pai?

— Ele é, sim.

— Uau — respondeu o menino, arregalando os olhinhos.

Balancei a cabeça e sorri de volta, franzindo o cenho. As crianças por vezes nos surpreendem com seus comentários inocentes.

— Bem, como estavam precisando de um médico, eu vim para cá.

— Eu também quero ser médico quando crescer. Minha mãe dizia que é a melhor profissão que existe — e sorriu, mas logo se encolheu novamente dentro do armário.

— Por que você está escondido aí? Onde está a sua mãe?

— Ela morreu, e o senhor Goldstein está cuidando de mim. Não queria deixá-lo sozinho, mas não posso ficar aqui... Se perceber, a enfermeira Thomann me entrega para o capitão. Queria ficar aqui dentro até ele melhorar, se a doutora permitir... Trouxe um pãozinho para ele comer se ficasse com fome — e mostrou um pão seco que estava em seu bolso.

— Bem, fique aí que eu vou examinar o senhor Goldstein e depois preciso ver outro paciente. Fecharei essa porta, não faça barulho ou a enfermeira Thomann irá perceber que está aí, e terá grandes problemas.

O menino fez um sinal de concordância com a cabeça, fechei a porta do armário e saí em direção àquele judeu com habilidades tão especiais que fizeram meu pai, contra sua vontade, providenciar um tratamento médico. Esse judeu devia ser mesmo importante para minha mãe.

Aproximei-me da maca onde ele estava deitado arfando, com os olhos semicerrados de medo e preocupação.

— Consegue se levantar e tirar as roupas? — perguntei.

Ele abriu os olhos e fez que sim. Levantou-se com dificuldade, tirou as roupas e ficou em pé ao lado da maca, nu. Peguei uma prancheta com caneta e uma ficha e comecei a falar:

— Farei um exame clínico só para termos certeza de que está tudo bem. Agora, levante os braços, toque o nariz com a ponta do dedo da mão esquerda e, depois, da mão direita. Então, coloque os braços para frente e abaixe-se — e, à medida que eu ia falando, ele seguia as orientações. — Caminhe até a porta e retorne... Muito bem. Agora sente-se aqui — e apontei para a maca.

Ele se sentou, enquanto eu terminava de fazer minhas anotações em uma ficha de prontuário. Coloquei as luvas para fazer a ausculta nas costas, depois pedi que se deitasse para eu fazer a palpação do estômago, juntas, boca e órgão genital. Ele corou quando o toquei, mas não fez qualquer movimento durante o exame clínico. Perguntei:

— Você e os outros presos costumam passar por exames periódicos?

— Sim, os médicos daqui sempre nos examinam para ver quem deve continuar trabalhando e quem deve ser transferido.

Ele tinha uma série de hematomas nas costas e pernas que variavam de um roxo intenso até um amarelo esverdeado. Estava com as juntas das mãos cheias de calos e alguns dedos sem unhas, possivelmente por causa do trabalho ou por alguma tortura que havia sofrido. Não conseguia esticar os dedos das mãos por causa de uma leve artrose e tinha marcas de queimaduras por todo o tronco. Vi as costelas, visíveis pela fome, examinei os olhos e os ouvidos. Uma de suas orelhas estava parcialmente decepada.

— O que aconteceu aqui? — perguntei, apontando para a orelha cortada.

— Os soldados cortaram minha orelha para poderem se lembrar de não me matar enquanto eu estiver prestando serviços para a senhora Eckle.

— E aqui? Apontando para a perna ligeiramente inchada, com pequenas cascas de sangue coagulado.

— Eu caí, machuquei-me ao levantar um saco de carvão — respondeu.

— Não me parece que a origem dessa ferida tenha sido uma queda, parece mais uma pancada — comentei, enquanto limpava o ferimento.

— Os soldados me bateram depois que caí. A senhorita é a nova médica do campo?

— Sim, sou a nova responsável clínica. E você é o Goldstein?

— Sim, Isaac Goldstein.

— Agora pode se vestir — orientei, e ele pegou as roupas para colocá-las novamente. — Sabe que esse tipo de cuidado não é dedicado aos presos?

— Estou ciente disso e agradeço pelos cuidados, doutora Eckle. Minha família era proprietária de um estabelecimento em Munique, fazíamos diversos tipos de itens decorativos que eram vendidos em toda a Europa. Eu produzia tintas especiais para quadros e fazia acabamentos em ouro, prata e bronze, o que me tornou bastante conhecido em todo o sul. Fui requisitado por sua mãe assim que cheguei para ajudá-la a fazer alguns objetos para Hitler, pois ela era uma cliente. Soube que nosso trabalho foi muito apreciado e, por isso, encomendaram mais peças, mas com essa doença não tenho conseguido esculpir ou fazer as tintas.

— Então você produz as tintas daqueles quadros de minha mãe?

— E também alguns acabamentos de metal para as esculturas. Recentemente ela começou a pintar um quadro e precisava de minha ajuda com alguns tons de azul e amarelo, mas não consegui terminar o serviço.

Quando ele mencionou as tintas, lembrei-me do quadro do Hofgarten. Isaac continuou:

— Também preciso terminar os moldes de algumas esculturas, acredito que o capitão Himmler as tenha guardado até que eu me recupere.

— Estão guardadas no ateliê — respondi. — E para que são?

— Para o Natal que será celebrado na casa de vocês. São estrelas, soldadinhos, animais e um presépio.

De repente, Isaac viu Benjamin na porta da antessala que dava acesso ao consultório médico e arregalou os olhos, prendendo a respiração. Fingi não ter percebido e continuei:

— Conhece bem o campo de Dachau, Goldstein?

— Sim, acho que sim. E a doutora, já conheceu o lugar?

— Vi muita coisa hoje pela manhã, acredito que irei conhecer as outras áreas nos próximos dias.

— Conhece os laboratórios?

— Ainda não. Vejo que trabalham muito por aqui, quando cheguei pela manhã vi uma fumaça intensa vinda dos fundos do campo. Que tipo de produção é conduzida aqui?

— Em Dachau produzimos armas e munição para o exército nazista. Mas a fumaça que viu mais cedo não faz parte da produção de armas, vem da câmara de gás ou do crematório: quando está mais clara é porque a câmara está ligada. A fumaça dos crematórios costuma ser mais escura. Por conta da névoa do inverno, é mais difícil identificar de onde está vindo, somente vemos uma névoa escura e densa. Sempre que chegavam novos trens e caminhões, a SS dividia aqueles que tinham condições de trabalhar e aqueles que deveriam ser executados de imediato. Não temos recebido tantos presos novos, e como o campo está com o surto de tifo, de tempos em tempos eles juntam os presos doentes e os levam para a câmara e depois para os crematórios. Os que são encontrados mortos vão direto para serem incinerados. Terá a oportunidade de ver como funciona, o escritório do capitão fica por ali, acredito que ele ou o comandante irão lhe apresentar como funciona o local muito em breve, se ainda não tiver ido até lá.

— Aquela fumaça é de pessoas sendo mortas?

— Ah, sim, e os soldados fazem questão de nos lembrar disso. Dizem que é motivacional para os trabalhadores — Isaac baixou a cabeça num misto de medo, submissão e contrariedade.

Fiquei quieta por um instante, tentando absorver aquela informação. Depois, disse-lhe:

— Bem, tome isso e estará melhor em algumas horas para retomar seus serviços — e lhe estendi um copo com sulfa e remédio para dor.

— Como sabe que não tenho tifo, doutora?

— Você teria principalmente manchas pelo corpo, além da febre alta que já tinha. Agora beba que logo ficará melhor.

— Posso beber? — perguntou Isaac, enquanto pegava o copo com remédio. Confirmei e ele o bebeu por inteiro.

— Irei até a administração assinar alguns papéis, depois estarei com a enfermeira Thomann em meu consultório. Sugiro que aproveite esse tempo para falar a Benjamin que se esconda em outro lugar. Não queremos que ela o veja, não é mesmo?

Ele arregalou os olhos, olhou na direção do consultório e depois para mim novamente:

— Sim, Goldstein, eu o vi — esclareci.

— Levarei o menino daqui assim que puder me levantar. Obrigado por não o denunciar para a senhorita Thomann.

Olhei-o sem expressão e não respondi; virei-me e fui examinar o oficial Rust, depois acompanhei a senhorita Thomann para conhecer melhor os aposentos médicos, ver os equipamentos e a sala de limpeza e cirurgia. No meio da tarde, fui até a administração assinar os documentos de admissão e retornei rapidamente para atender a alguns guardas que tinham aparecido sem agendamento prévio.

No fim do dia, fiquei no consultório com a enfermeira para montarmos a agenda de consultas e ver os prontuários médicos dos soldados. Não percebi como o dia havia passado rápido e, quando me dei conta, já estava escurecendo. Quando terminamos, ela se despediu e saiu, enquanto eu fiquei para organizar minhas coisas dentro do consultório. Quando saí para trancar a porta, vi Benjamin sentado em um canto ao fundo, com um gatinho, pequeno e bastante peludo, parecia um pedaço de carvão fofo. Tinha o pelo preto, da mesma cor dos cabelos do menino, e olhos amarelos. Assim que os vi, fui na direção dele:

— Não pode ficar na enfermaria com animais, terei que pedir para que me entregue esse gato.

Ele se assustou quando me viu e disse, suplicando:

— Por favor, desculpe-me, sairei daqui agora, mas não tire a Tufi de mim.

— Tufi?

— Sim, minha mãe teve uma cachorrinha preta que se chamava Tufi e ela sempre contava como era boazinha. Então decidi que minha gatinha seria Tufi porque ela também é boazinha! — e acariciou o animal.

— Vocês parecem se dar bem — comentei.

— E você viu que o pelo da Tufi é da mesma cor do meu cabelo? — disse feliz, aproximando sua cabeça da gata para provar o que dizia. — A Tufi e eu somos quase irmãos — concluiu, rindo.

— De onde ela veio?

— Eu estava recolhendo pedaços de carvão perto das latas de lixo e a vi perdida ali, sozinha e tremendo, então peguei antes que se machucasse no arame farpado. Ela é um bebê ainda e precisa dos cuidados de alguém, até dei comida para ficar forte — e continuou abraçando a gatinha, que não parecia fazer resistência para impedir os afetos do menino.

— Tem pouca comida aqui, deveria guardar o que tem para você mesmo — comentei.

Ele me olhou triste e abaixou a cabeça, fazendo beiço.

— Deveria se cuidar e guardar a comida para não ficar fraco — continuei —, sei que pouco alimento é dado aos presos. Não poderá fazer nada por ela morto de fome. Bem — e me virei para Isaac —, imagino que já tenha descansado, estou correta?

— Sim, estou me sentindo melhor. Peço desculpas, Benjamin gostou de seu novo bichinho de estimação e estão se dando muito bem. Deixe-o ficar com ela, os cães do campo de concentração não serão gentis se a encontrarem.

Suspirei, pensei um pouco e respondi:

— Está certo, mas não deixe outras pessoas verem. Sabe-se lá o que fariam com ela se fosse vista.

— Obrigado, obrigado! — disse o menino sorrindo e me abraçou, mas logo percebeu o que havia feito e se afastou, abaixando a cabeça.

— Somos muito gratos por sua generosidade. Já estamos saindo, não irá nos encontrar novamente aqui — disse Isaac.

— Fechem a porta quando saírem e verifique se não ficou nenhum pelo ou farelo de pão antes de sair, não quero que a enfermeira Thomann saiba que esteve aqui com um gato e uma criança.

— Sim, doutora, obrigado — e afastou-se, puxando Benjamin.

Saí do ambulatório em direção à casa de meus pais. Estava escuro, exceto por algumas luzes dentro dos alojamentos, e muito frio. Quando passei pela praça central do campo, vi soldados gritando e atirando em presos que corriam em círculos, tentando desviar das balas. Os guardas estavam se divertindo com aquela brincadeira cruel e desnecessária, e acenaram quando me viram. Desviei o olhar e me apressei para encontrar meu pai.

Quando chegamos, minha mãe estava nos esperando para jantar. Colocamos os casacos e as maletas no cabideiro da entrada e nos sentamos à mesa para comer:

— Como foi seu dia, Aletta, querida?

— Tive muito trabalho.

— E Goldstein? — ela perguntou.

Nesse momento, meu pai levantou os olhos sem mover a cabeça, prestando atenção na minha resposta.

— Ele está bem, estava com uma infecção, como o oficial Rust. Examinei e mediquei os dois, a partir de amanhã estarão aptos ao trabalho.

— Ótimo, porque não quero mais ser incomodado por causa desse judeu — disse meu pai, jogando o guardanapo ao lado do prato enquanto começava a pegar algumas batatas com carne.

— Eu sei, querido. Sabe que minha preocupação é somente para garantir que ele conclua seus serviços, nada mais — disse minha mãe.

Meu pai não respondeu e começou a comer.

Também peguei algumas batatas, que pareciam saborosas, e salada de pepino. Depois comemos uma torta de maçã, uma receita de família que minha mãe gostava de fazer de vez em quando. Quando terminei, fui para o quarto tomar banho e descansar, estava exausta. Assim que me deitei, olhei pela janela e admirei o céu límpido e estrelado. Quando vi as pontas das torres do campo de concentração, lembrei-me de tudo que tinha visto, dos presos, de Isaac e de Benjamin, e como ficara impressionada com a naturalidade com que meu pai e Karl agiam diante daquele cenário gélido e degradante. Já tinha visto algumas fotos e imaginava como seria trabalhar ali, mas realmente não era nada comparado ao que de fato vi em meu primeiro dia.

Imaginei que, talvez com o tempo, eu também me acostumasse com aquela situação de guerra que todos estavam vivendo e deixasse de me impressionar com o que poderia ver ali. Voltei meus olhos para o quadro do Hofgarten e tive uma sensação de paz e tranquilidade, e tentei voltar meus pensamentos para minhas memórias boas de infância e esquecer um pouco das imagens de meu primeiro dia de trabalho. Continuei observando aquele quadro por algum tempo e logo adormeci.

Não é tão simples como parece

Passaram alguns dias desde que eu começara a trabalhar em Dachau. A enfermeira Thomann se mostrava uma colaboradora prestativa e eficiente, apesar de nada sensível ao sofrimento das pessoas. Pelo contrário, muitas vezes eu tinha a impressão de que ela fazia questão de ver alguns espancamentos para testemunhar a violência contra os presos, os quais considerava "uma escória".

Eu tentava, sem muito sucesso, acostumar-me com o cenário de assassinatos e torturas diárias feitas pelos soldados contra os prisioneiros que, a cada dia, diminuíam em número absoluto. Karl vinha me visitar periodicamente, sob o pretexto de saber como estava a saúde dos soldados. Durante as visitas, ele me atualizava sobre o andamento da guerra, que parecia cada vez pior para a Alemanha e seus aliados. Naquele momento, os nazistas já haviam perdido territórios na Europa e alguns países africanos, e muitos Aliados, como a Itália, já haviam se rendido. Pela frente oriental, a União Soviética vencia todas as batalhas contra nós com seu exército vermelho e, naquele mês de dezembro, Hitler faria uma grande ofensiva na floresta de Ardenas para tentar recuperar território e reverter nossa situação. Karl se queixava dos presos, que pouco conseguiam produzir e morriam de fome e de doenças aos montes, gerando gastos e mais gastos. Quando ele reclamava, eu perguntava: "Ora, se são tão caros, por que não os liberta?", e ele sempre ria de minha pergunta.

Estávamos chegando perto das festas de fim de ano. Nossa família, assim como muitas outras, gostava de se preparar para que tudo ficasse pronto a tempo. Quando morávamos em Munique, começávamos a organizar a casa para a chegada das festas com quase um mês de antecedência. Colocávamos meias e botas na janela com nossos nomes, guirlandas iluminadas na decoração da mesa, além da árvore, que era o ponto alto dos nossos preparativos. Por causa do trabalho de meu pai e de minha chegada tardia em Dachau, minha mãe preferiu postergar a montagem da decoração natalina e transformar esse momento em algo mais simples.

O dia da montagem da árvore também era quando decidíamos o cardápio da ceia. Por isso, acordei empolgada, curiosa para saber o que ela planejava para aquele ano e queria garantir que o bolo de chocolate com frutas estivesse incluído no menu. Quando desci as escadas, fui surpreendida com alguns presos decorando a sala de estar e o corredor da entrada com os enfeites que estavam no ateliê, enquanto meus pais tomavam café. Fui até a mesa e me sentei ao lado de meu pai, um pouco confusa. Minha mãe estendeu a garrafa de café:

— Bom dia, Aletta.

— Bom dia, mamãe.

— Como passou a noite?

— Passei bem, obrigada. Bom dia, papai — ele acenou com as mãos sem desviar o olhar, continuando a ler seu jornal.

Voltei a perguntar para minha mãe:

— Então já começou com os preparativos para o Natal?

— Começaram agora cedo, como pode ver. Você sabe que eu prefiro quando fazemos isso juntos, mas não foi possível. Pedi para Karl enviar alguns presos para ajudarem na decoração.

Normalmente, eu via presos com triângulos roxos em casa para ajudar minha mãe. Testemunhas de Jeová. Mas a maioria dos que estavam ali naquela manhã eram judeus.

— Dizem que os judeus não comemoram o Natal, mas sabe o que eu acho? — ela comentou, quando percebeu que eu estava observando aquelas pessoas trabalhando. — Acho que mesmo assim eles sabem muito bem como preparar uma boa festa — e sorriu, colocando um pouco de café na minha xícara.

Então vi Benjamin abaixado no fundo da sala, separando os enfeites para os presos pendurarem na árvore. Minha mãe comentou:

— Pedi a Isaac para orientar os presos e acompanhar na montagem da decoração, ele tem muito bom gosto — e apontou para o outro canto da sala.

— Conheço o trabalho dele há muito tempo, bem antes da guerra começar — ela continuou. — Ele fez muitos trabalhos para mim e, depois que descobri que estava aqui, pedi-lhe para que fizesse as tintas que eu uso nos meus quadros e alguns acabamentos para umas peças de decoração que enviei para o *Führer*.

— Ah, sim... — murmurei.

— Quando ele adoeceu há alguns dias — sussurrou, olhando para trás para ver se estavam prestando atenção em nossa conversa —, eu disse a seu pai que precisava com urgência das habilidades desse rapaz para finalizar meus trabalhos e a decoração de Natal, e Andreas foi muito atencioso em deixá-lo na enfermaria até que você chegasse para fazê-lo se recuperar a tempo de concluir os enfeites para nossa ceia e as tintas que faltavam para minhas pinturas. Eu havia prometido que o quadro e as peças seriam enviados ao *Führer* como nosso presente de Natal deste ano, e serão mandados agora de manhã. Como um amante das artes, sei que irá adorar os presentes! Ano passado fiz uma linda paisagem em aquarela, inspirada nas obras dele quando ainda era um artista. Pouco depois, recebemos uma carta elogiando meu trabalho. Seu pai e eu ficamos tão felizes que decidimos repetir o presente, agora com um quadro a óleo e algumas peças em madeira e prata.

— Não vejo a hora que esse envolvimento de Isaac com seus trabalhos acabe, Magda — disse meu pai, incomodado com aquela conversa.

— Terminaremos o quanto antes, Andreas, querido — respondeu minha mãe, tentando tranquilizá-lo.

— Vou buscar alguns papéis no escritório e já volto para que Adelaid e eu saiamos.

Assim que ele saiu de perto de nós, minha mãe sussurrou:

— Não ligue, hoje ele acordou de mau humor — e colocou a mão na boca em sinal de que estava confessando um segredo.

— Percebi.

Ela pegou uma pequena bonequinha de madeira com capuz vermelho de dentro da caixa que estava na cômoda e me entregou:

— Veja que linda, Aletta, quanta delicadeza em cada detalhe! Já avisei Isaac que quero mais algumas peças assim para presentearmos os oficiais da SS que virão para as festas.

Peguei a boneca com cuidado e a examinei atentamente; depois, minha mãe entregou a caixinha e eu olhei os demais itens ali dentro: eram como pequenas obras de arte! Tudo delicadamente esculpido e pintado com as tintas especiais que estavam no ateliê.

— São mesmo lindos, mamãe — eu disse, enquanto admirava os enfeites.

Nesse instante, Isaac se levantou para pendurar um adorno no topo da árvore e minha mãe o chamou. Ele veio até nós:

— Senhora Eckle, estamos finalizando a colocação das velas e dos enfeites na árvore, como quer que façamos a decoração das janelas e da lareira?

— Utilize os enfeites que estão naquela caixa ao lado do piano, sim? — e apontou para uma caixa próxima à lareira.

Observei-o e comentei:

— Não sabia que conhecia nossas tradições natalinas, Goldstein.

— Quando trabalhava na loja de minha família, eu recebia encomendas de todos os lugares, vindas de pessoas que me pediam para fazer brinquedos e enfeites de todos os tipos. Acabei aprendendo um pouco sobre outras tradições.

— É muito habilidoso, que sorte a nossa tê-lo encontrado — elogiei.

Ele acenou com a cabeça:

— Eu que agradeço a todos vocês por me permitirem continuar a trabalhar, faço cada uma dessas peças com muito apreço — e me entregou bonecos de um menino e uma menina em madeira, ambos do mesmo tamanho. Eram delicados, com os cabelos loiros esculpidos na madeira e os pezinhos descalços. A bonequinha usava um vestido vermelho de mangas brancas, e o bonequinho vestia uma bermuda marrom sob um casaquinho azul e uma camisa branca, tudo pintado na madeira envernizada.

— Gosta de contos de fadas, doutora Eckle?

— Sim, muito.

— São *Hänsel und Gretel*, João e Maria, do conto dos irmãos Grimm — e apontou para o pequeno casal de irmãos que estava comigo. — A casa de doces da bruxa está na cozinha, será servida para os convidados no dia de Natal.

— Fez a bruxa também? — questionei.

— Está guardada, preciso terminar alguns retoques antes de colocá-la na decoração. Nessa caixa há também alguns outros personagens, veja — e pegou uma bonequinha de capuz vermelho brilhante, depois uma peça escura com quatro animais inspirados na história dos músicos de Bremen. A riqueza de detalhes daqueles objetos impressionava, bem como as cores das tintas que Isaac usara para pintá-los.

Nesse momento, meu pai retornou e me chamou:

— Adelaid, sairemos daqui a pouco, deixe-os terminar os serviços e vamos, estou com pressa.

— Claro — respondi, levantando-me rapidamente. Devolvi os enfeites na caixa e fui em direção à sala, onde estavam minha maleta e meu jaleco.

Isaac voltou para perto de Benjamin e puxou o menino para começarem a colocar os enfeites na lareira. Meu pai olhou novamente para eles e perguntou, nervoso:

— Magda, por que esse menino precisa continuar aqui? Ele é muito novo e não tem muita utilidade para os trabalhos no campo, não vejo motivos para mantermos crianças como ele.

— Ora, Andreas, já conversamos sobre isso. Ele tem utilidade, pois muitos detalhes das peças dependem de mãos pequenas. Isaac não consegue produzir alguns efeitos sem a ajuda de Benjamin.

— O menino não deve ter nem seis anos. Não pode ter essa coordenação que Goldstein afirma existir.

— Já vi o menino trabalhando, querido, e ele tem serventia. Além disso, é pequeno e magro, não come muito. Está se aborrecendo sem necessidade.

Meu pai bufou e se virou para mim, andando em direção à porta:

— Vamos logo.

Acenei para minha mãe e segui com meu pai. Quando entramos no carro, ele disse:

— Hoje irei mostrar a área onde ficam a câmara de gás e o crematório. Depois que terminarmos, creio que não terá muito mais o que ver no campo. Sua agenda foi remanejada, poderá ver seus pacientes depois da visita.

— Sim, senhor.

Assim que passamos pela entrada do estacionamento, com uma imponente águia sobre o símbolo nazista no alto da parede de pedra que contornava o grande portão de madeira protegido por guardas armados, meu pai estacionou e descemos do carro, seguimos a pé em direção aos fundos. A manhã estava fria e com neve e eu sentia minhas mãos e meus pés gelados em meio à névoa da manhã. Enquanto caminhávamos, olhei para os presos que já trabalhavam ao som das ordens dos guardas, dos latidos e dos tiros disparados contra algum que não conseguia mais trabalhar.

À medida que percorríamos o lugar, eu olhava para os lados, vendo os presos que continuavam a me impressionar. Até que meu pai falou:

— Pare de olhar em volta, sua expressão de consternação me enerva.

Virei-me rapidamente para frente, enrubescida. Ele bufou e continuou:

— No início, esse campo de concentração estava destinado a somente receber alguns presos políticos e treinar os pelotões da SS. O capitão Himmler veio para cá logo que começaram os treinamentos militares e o campo tinha outra administração. Mas, no final de 38, na noite dos vidros quebrados, vieram muitos judeus, e Dachau precisou ter sua administração aperfeiçoada. Por isso, fui convidado a assumir o campo.

Ele virou o rosto para se assegurar de que eu tinha parado de olhar ao redor, e continuou:

— Até pouco tempo, chegavam prisioneiros de trem e caminhão toda semana. Mas, com os últimos acontecimentos na guerra e as ameaças das tropas inimigas, a SS suspendeu os transportes de presos por trem. O próprio trem do *Führer* parou de circular, por segurança.

— Que tipos de presos chegavam nesses trens?

— De todos os tipos, recém-capturados ou vindos de outros campos. Assim que chegavam, cuidávamos para que todos recebessem triângulos e números de identificação. Sei que já deve ter percebido o significado de cada um dos triângulos, uma vez que está aqui há algum tempo. Os triângulos acompanhados dos números servem para facilitar na organização dos presos e na distribuição das atividades. Assim, sabemos quais deles irão trabalhar aqui ou em indústrias próximas, participar de estudos médicos ou seguirem para outros campos.

— Por que tanto controle se todos morrem?

— Não é tão simples como parece, Adelaid. Nosso objetivo não é matá-los assim que chegam, mas não podemos desperdiçar recursos. E eles não são tratados da mesma maneira: os judeus e ciganos são a maioria para os trabalhos pesados; já os *kapos* auxiliam os guardas, mas precisam ser vigiados para não prejudicarem a organização do campo. Os triângulos roxos prestam serviços nas casas dos oficiais, e os triângulos rosa e preto fazem... hum... prestação de serviços em geral.

— O que quer dizer?

— Prestam serviços para os guardas e outros presos. Já disse para não me interromper, está me estorvando com suas perguntas, Adelaid — rebateu irritado, e me assustei.

Fiquei calada, enquanto ele respirou fundo e se recompôs antes de continuar:

— Então, judeus e ciganos são a maioria na produção do campo e só servem para trabalho escravo, exceto quando alguém inventa que um deles tem um talento extraordinário, como é o caso de Isaac — mencionou, contrariado. — Agora, sim, tem alguma pergunta pertinente?

— O senhor disse que alguns presos saem para trabalhar nas indústrias locais, como isso funciona?

— As indústrias nos pagam por cada preso que emprestamos, e também nos pagam se algum preso morre antes de retornar ao campo. Para podermos controlar as saídas e entradas, fazemos o censo desses presos todos os dias. Eventualmente há tentativas de fugas, mas sempre fracassam e os fugitivos são mortos para que não tentem sair novamente e nem estimulem esse comportamento inadequado nos demais. Diariamente os soldados fazem a chamada dos que estão no campo e controlam as baixas para comunicarmos a matriz da quantidade de pessoas em Dachau.

Estávamos quase chegando nos fundos do campo.

— Aqui nos fundos ficam a câmara de gás e o crematório. Os inaptos, quando em pequena quantidade, são trazidos para a câmara e depois são cremados. Se ocorre de termos muitos doentes, colocamos todos em um caminhão ou trem e os mandamos para um campo de extermínio. No início, tentávamos matá-los aqui mesmo e depois jogávamos os corpos no riacho ao lado. Mas isso criou uma série de problemas, pois a vazão do rio não conseguia dar conta de todos, as balas se tornaram um recurso cada vez mais caro mesmo para fuzilamentos coletivos e outras formas de extermínio eram trabalhosas e pouco produtivas. A câmara de gás e a cremação nos pareceram alternativas muito melhores, mas como somos um campo de produção, e não de extermínio, temos um espaço pequeno para ambas.

— Soube que os casos de tifo entre os presos estão sendo resolvidos aqui na câmara e no crematório, é verdade?

— Correto — ele respondeu. — No começo, tentávamos isolar os doentes, disponibilizá-los para as experiências médicas, aproveitá-los de alguma forma, já que o risco de contágio era muito alto para mantê-los trabalhando com os outros presos. Depois que os médicos fugiram, a redução dos recursos financeiros e o aumento exponencial dos casos nos obrigou a adotar uma postura mais prudente, por isso sempre que os guardas ou os *kapos* identificam um doente, ele logo é isolado até que tenhamos um número suficiente para trazer até aqui e eliminá-los em uma só operação. Pensamos que Isaac estava com tifo e assim eu teria uma justificativa para interromper seus serviços para sua mãe, mas não foi o caso.

— Ele não tem tifo, eu verifiquei cuidadosamente para não arriscar nossa saúde.

— Sim, a senhorita Thomann me contou.

— Ainda não tinha visto de perto uma câmara de gás. As mortes são por envenenamento?

— Isso mesmo. O funcionamento é bem simples, na verdade, usamos pastilhas de cianureto ou monóxido de carbono. Porém, é um trabalho que precisa ser feito de forma organizada e minuciosa para evitar desperdícios.

— E o que vocês fazem?

— Primeiro, precisamos garantir que a capacidade máxima da câmara esteja sendo utilizada, ou gastaremos mais pastilhas que o necessário. Segundo, as roupas e os sapatos devem ser retirados e pendurados em frente à entrada da câmara antes dos presos entrarem ali, pois é muito moroso despi-los depois que morrem. Para que tirem as roupas e entrem sem objeções, damos-lhes sabão e dizemos que será somente um banho. Depois que finalizamos o procedimento na câmara, os corpos são inspecionados, os dentes de ouro são arrancados e guardados, e somente depois disso são cremados.

— É um passo a passo bem planejado — comentei, observando-o com certa náusea provocada por aquelas informações que me foram passadas com tal frieza.

— Bem planejado e que precisa ser seguido à risca, por isso o capitão Himmler verifica diariamente se todos os procedimentos estão sendo cumpridos para que não tenhamos perdas ou atrasos. Veja, ali tem um grupo que saiu há pouco da câmara e foi colocado na entrada do crematório — e apontou para uma pilha de corpos, que num primeiro momento eu não havia reconhecido.

Levantei as sobrancelhas, mas segurei a respiração para evitar que ele percebesse minha expressão de assombro.

— Mas muitos presos têm morrido antes de irem para a câmara de gás — continuou. — Quando isso acontece, os corpos vão direto para cremação. Às vezes, ocorrem algumas situações inesperadas.

— Como assim?

— Tivemos casos de prisioneiros que já pareciam mortos, mas ainda estavam vivos quando chegavam aqui, o que só era percebido quando iniciada a cremação. Os guardas se incomodavam com os gritos e acabavam atirando, gastando munição e danificando o interior dos fornos. Depois de alguns episódios, providenciamos cordas ao lado de cada forno para que os guardas pudessem enforcar os presos quando necessário — e apontou para os cabos no teto.

Senti-me perturbada vendo aquelas forcas, amarradas nas vigas do telhado, e os fornos de tijolos cheios de cinzas e ossos. Vi algumas marcas de unhas na entrada dos fornos e um odor pútrido que dominava todo o lugar. Retirei um lenço do bolso e tapei o nariz para tentar impedir aquele cheiro de carne humana queimada.

— O cheiro não incomoda os guardas?

— Para diminuir o desconforto, periodicamente os fornos são limpos, as cinzas são retiradas e jogamos tudo em uma área nos fundos onde antes fazíamos túmulos coletivos — e apontou para um local ao lado do riacho.

Eu não sabia o que dizer ou o que pensar. Sentia um turbilhão de emoções desconfortáveis, como medo, dor e ansiedade, percorrendo meu corpo inteiro, e ao meu tempo era como se tentassem me dar alguma dimensão do que acontecia por ali. Olhei novamente para aquela pilha de homens e mulheres, mortos como se não fossem nada, esperando para serem reduzidos a pó e cinza. Aquele lugar parecia ter saído de algum conto macabro. Já na entrada da câmara de gás, alguns presos recolhiam as roupas e os sapatos dos que já haviam morrido, enquanto outros arrastavam os corpos em frente ao crematório e os empilhavam perto da porta.

Meu pai olhava aquilo com o semblante orgulhoso. Não transparecia qualquer compaixão pelos homens e mulheres condenados, era apenas um gestor cuidando de sua linha de produção. Sentia-me angustiada imaginando aquelas pessoas trancadas na câmara, completamente nuas e vulneráveis, iludidas com a ideia de que estavam lá para um simples banho. Sentia calafrios ao imaginá-los percebendo que morreriam, assistindo uns aos outros chorando e gritando, batendo na porta da câmara e arranhando as paredes na tentativa vã de sair dali, desfalecendo conforme o gás entrava em seus pulmões, matando a todos. Meu coração batia forte e acelerado, como se fosse sair de meu corpo. A voz de meu pai me trouxe de volta à realidade:

— Adelaid? Adelaid, está me ouvindo?

— Oh, sim, p..., quero dizer, senhor. *Kommandant* — estava com a voz entrecortada. — Desculpe-me, estava... bem, prestando atenção no trabalho dos guardas.

— Precisa ficar atenta ao que eu estou dizendo, já disse que não gosto de repetir explicações — disse, irritado. — Como pode ser médica se não presta atenção ao que lhe dizem?

— Desculpe-me.

Nesse momento, um soldado se aproximou:

— *Herr Kommandant,* bom dia. O capitão Himmler pediu para avisá-lo que a fábrica teve problemas com o envio dos lotes de pastilhas de cianureto, receberemos mais caixas somente a partir de amanhã.

— Avise o capitão que terminarei aqui com a doutora Eckle. Em seguida, irei até minha sala para ligar para Berlim e verificar o ocorrido.

O soldado assentiu com a cabeça e se retirou. Assim que se foi, meu pai me explicou:

— Essa área tem sido usada com mais frequência nos últimos meses, pois temos recebido prisioneiros de outros campos e nem todos chegam em condições de trabalhar. Os outros campos também têm aumentado a frequência das execuções, o que fez com que começássemos a ter falta de material para a câmara. A IG Farben havia nos garantido que a produção e distribuição de pastilhas estaria normalizada no início desse mês, mas vejo que ainda não. Por isso, preciso ligar para Berlim para saber o que estão fazendo a respeito.

— Vale a pena continuarem com essa operação? — Por um breve momento tive a esperança de que poderia fazê-lo mudar aquele destino desumano, ao menos para alguns pobres coitados.

— Não podemos deixar os presos sobreviverem e nos arriscar a deixá-los serem resgatados caso a guerra acabe. As consequências seriam desastrosas para nós. Entende o risco que seria se os deixássemos vivos depois de tudo que passaram aqui?

Antes que pudesse responder, vi Karl passando com os guardas a alguns metros de nós. Meu pai disse, apontando para ele assim que o viu:

— O capitão está sempre por aqui após os treinamentos matinais do pelotão. Se precisar, poderá encontrá-lo naquela sala — e mostrou-me a porta de uma pequena sala no prédio ao lado da entrada da câmara.

— Sim, senhor — respondi, ainda tentando manter o controle da minha voz. — Novamente, peço desculpas por minha desatenção, não irá se repetir.

— Espero mesmo que não. Agora preciso voltar para minha sala, tenho que resolver aquele problema com as pastilhas e depois estarei ocupado com os oficiais que chegarão de Berlim, e sua mãe está aguardando as esposas para ajudá-las a se arrumarem para a ceia de Natal.

Seguimos, então, até a enfermaria, e ele partiu em direção a seu escritório no prédio principal.

Assim que cheguei no consultório, sentei-me, tentando me acalmar. Não conseguia parar de pensar naquele lugar, com aquela quantidade sem fim de pessoas mortas, aquele cheiro horrível e aquela visão aterradora da entrada da câmara de gás. Passei as mãos no rosto e, quando toquei a cabeça, tive a sensação de ter cinzas cobrindo meus cabelos e ombros. Comecei a retirar aquela poeira humana de mim e, quando me dei conta, batia nervosamente para tirar aquele pó sem vida, aflita.

Recostei-me na cadeira. Sentia-me confusa, perdida. Sempre tivera orgulho de meu pai e da SS, acreditando que faziam o melhor para nosso país e que as críticas eram exageradas e sem fundamento. Mas ler nos jornais e ouvir o rádio sobre o que acontecia era uma coisa; outra coisa bem diferente era presenciar tudo aquilo e não ter nenhuma possibilidade de dúvida, porque os fatos estavam ali, na minha frente. Não consegui me sentir indiferente a tudo aquilo como faziam meu pai e Karl, mesmo tentando olhar sob o mesmo prisma deles. Aquelas torturas, aquelas execuções constantes e sumárias não faziam o menor sentido. Fiquei tentando imaginar os guardas organizados em frente à câmara, atentos às instruções de Karl enquanto faziam seu trabalho, parecendo não se importar com as mortes e o sofrimento dos presos. Pelo contrário, muitos pareciam até ter um certo prazer em mostrar quem mandava ali. Eram capazes de demonstrar simpatia com crianças como Benjamin em um momento, e no outro podiam matá-las sem demonstrar nenhum arrependimento. Perguntei-me se tinha entendido o real propósito daquela situação, se compreendia verdadeiramente o meu papel ali.

"Concentre-se, Adelaid, não seja tola. Estamos no caminho certo, trabalhando para tornar o mundo melhor, não faça drama por causa dessas vidas que foram responsáveis pela destruição de nosso país. Todos estão fazendo o seu trabalho, faça o seu também e pare de se lamentar", ficava repetindo para mim mesma.

De repente, senti algo embaixo da mesa, tocando meus sapatos e tornozelos, e me assustei com aquele vulto negro que se mexia de um lado para outro. Olhei para baixo: era Tufi, oculta na sombra da mesa.

— Oh, olá, Tufi, está perdida ou escondida? — e me abaixei, desviando a atenção e esquecendo das reflexões que estavam me consumindo até então. — Sabe que se alguém a vir, estará numa bela enrascada.

Ela passeava entre minhas pernas e pés e miava baixinho. Quando me abaixei para acariciá-la, a senhorita Thomann apareceu. Peguei a gata e rapidamente a coloquei dentro de uma gaveta da mesa perto de meus pés, então fechei-a e olhei para Gerta, tentando disfarçar meu sobressalto:

— Está tudo bem aqui, doutora? Tive a impressão de ter ouvido algo — e varreu o consultório com os olhos como os de uma águia.

— Oh, está tudo bem, sim, senhorita Thomann. Deve ter sido impressão sua, estou com a garganta dolorida — coloquei a mão no rosto e fingi tossir com um som parecido com um miado.

— Hum, entendo... bem, desejo melhoras. Cuide-se para que não tenha o mesmo que o senhor Goldstein e o subtenente Rust. Organizarei o armário da enfermaria, se precisar de algum medicamento, é só me avisar que o trago.

— Obrigada, mas já estou tomando todos os cuidados. Pode se retirar agora, e feche a porta depois que sair, por favor.

Ela olhou novamente para a sala, desconfiada, e depois saiu. Suspirei aliviada. Por um segundo pensei que teria visto a gata comigo. Seria difícil explicar para meu pai o que Tufi fazia em minha sala, além do risco de a levarem depois. Meu pai não gostava de gatos, muito menos de gatos de judeus. Tirei Tufi da gaveta e a coloquei próxima à minha cadeira, no meio de algumas luvas e máscaras que estavam em uma caixa. Percebi que não tinha comida na sala, então coloquei Tufi no armário onde Benjamin se escondera e fui até Gerta:

— Senhorita Thomann, pode pedir para me trazerem comida e bebida, por favor? Estou com fome e me esqueci de trazer algo para comer.

— Sim, doutora. Pedirei a um dos soldados para trazerem alguns biscoitos e uma bebida quente para a senhorita.

— Peça para trazerem água também, se for possível.

— Perfeitamente.

Fiquei aguardando. Depois de um tempo, um guarda apareceu acompanhado de Gerta, segurando uma bandeja com as bebidas e alguns biscoitos.

— Recebemos os biscoitos no último lote enviado da Cruz Vermelha para os presos, peguei-os para a doutora — ela comentou. — Deixarei mais alguns aqui na mesa caso queira comer mais tarde.

— A Cruz Vermelha enviou alimentos?

— Sim, mas temos a orientação da SS para não repassar nada aos presos. O senhor Himmler solicitou que distribuíssemos para os guardas e demais empregados do campo, quando necessário.

— Onde estão guardando o que foi enviado? — perguntei.

— No estoque da cantina, dentro do prédio administrativo — o guarda respondeu.

— Por que quer saber? — ela perguntou.

— Caso eu precise comer algo, gostaria de saber onde retirar — respondi.

— Não se preocupe em sair de sua sala para ir até lá, doutora — ela disse, tentando transparecer alguma gentileza que eu sabia que, no fundo, não existia. — Basta me pedir que pego o que precisar.

— É muito amável, mas não se preocupe comigo. Sei que já está com muito trabalho aqui.

— Não se trata de amabilidade, tenho ordens expressas do comandante para atender a doutora.

— Entendo, mas realmente não é necessário. Falarei com o comandante mais tarde sobre isso, não gostaria de vê-la sobrecarregada somente para me atender.

— Ora, eu insisto que a doutora...

— Já lhe disse, não é necessário. Agora, se não se importar, eu gostaria de ficar sozinha, preciso de um pouco de privacidade para comer.

— Perfeitamente, doutora. Com licença.

Assim que Gerta saiu contrariada com o guarda e fechou a porta, fui até o armário e peguei a gatinha, que permanecia escondida ali.

— Que bom que se comportou, Tufi — sussurrei. — Agora poderemos comer um pouco, depois iremos ver Benjamin e levar alguns biscoitos para ele também.

Coloquei um pouco da comida em um recipiente e o deixei no chão, junto com um pote de água. Tufi comeu enquanto eu almoçava e, quando terminamos, coloquei alguns panos dentro de uma caixa para que ela pudesse dormir enquanto eu trabalhava. Ficou deitada ali, quietinha, até o fim do expediente, enquanto continuei cuidando dos documentos e prontuários que estavam sobre a mesa. Nos dias que se seguiram, passei a deixar alguns biscoitos e água no armário para quando estivesse com minha ilustre visitante.

Noite de luz

Era véspera de Natal. Saí do consultório no fim do dia cansada, mas decidi visitar Benjamin antes de retornar para casa. Gerta ainda permanecera no ambulatório para organizar os prontuários antes de sair para a ceia de Natal, se é que comemorava. Tufi estava comigo no consultório, escondida, e antes de sair a peguei para levá-la comigo na esperança de devolvê-la a Benjamin. Também peguei a água e os biscoitos que tinham na sala para dar ao menino.

Para que Gerta não visse a gatinha, coloquei Tufi dentro da bolsa e fechei, deixando uma pequena fresta para que pudesse respirar. Coloquei os biscoitos em um bolso lateral de meu avental junto com a garrafa de vidro com água. Quando saí, senti a névoa fria típica de inverno, com alguns flocos de neve que por vezes caíam em meu rosto. Estava tudo quieto e tranquilo, pois a maioria dos guardas e empregados estava de folga, e os que estavam no campo tinham mais interesse em beber e conversar ao redor das fogueiras do que prestar atenção nos prisioneiros moribundos. Os cães estavam sentados ao lado de seus guardas, ora observando o fogo que os esquentava, ora olhando para as mãos dos soldados, na esperança de ganhar um pedaço de pão com carne.

Assim que cheguei perto dos dormitórios, percebi um movimento na parte escura da parede de fora do barracão. Então percebi que eram crianças, e Benjamin estava com elas. Havia dois guardas conversando perto dali, mas da posição que estavam não era possível ver o que as crianças faziam abaixadas. E eles também não pareciam estar preocupados em verificar se algo irregular acontecia, muito menos em interromper a bebida e a conversa para fazer inspeções ou rondas. Voltei a olhar para o pequeno grupo, sentado em círculo ao lado de algumas velas quase no fim. Estavam distraídos com alguma brincadeira, que eu não sabia o que era. Aproximei-me devagar para ver melhor.

No meio deles vi uma espécie de pião quadrado que girava, e o observavam, concentrados. As crianças tinham pedrinhas nas mãos e, antes de cada novo giro do pião, colocavam algumas pedras no meio do círculo. Eles se alternavam para girar o pião em rodadas, e dependendo do lado que o pião caía, as crianças diziam algo em outra língua que eu não entendia, e o ganhador pegava as pedras para si ou se lamentava e passava o pião para a criança ao lado. Nenhum deles pareceu ter percebido minha presença, até que o gato miou dentro da bolsa. Elas se viraram depressa e me olharam assustadas, e pararam de jogar. Sorri e disse:

— Boa noite, crianças. Não tenham medo, não vim aqui lhes fazer mal. Estava procurando Benjamin, tenho algo que é seu.

Eles continuaram imóveis, e então tirei a gatinha da bolsa:

— Veja, eu lhe trouxe a Tufi, que estava escondida em meu consultório. Pegue-a, acho que ela sente sua falta.

Naquele lugar escuro, só se viam os pequenos olhos amarelos de Tufi piscando. Vi os dentinhos brancos do menino que sorriu, esticou o braço para pegar a gata e a abraçou:

— Olá, Tufi! Que bom ver você de novo, estava com saudades.

— Por que ela estava em meu consultório, Benjamin? A enfermeira Thomann poderia tê-la visto.

— Hoje de manhã os guardas foram aos alojamentos e eu a escondi debaixo de minha cama. Depois tive que acompanhar o senhor Goldstein até sua casa, e ela escapou. Achei que tinha ido embora ou que os guardas a tinham encontrado. Que bom que a senhorita a protegeu!

— Bem, cuide bem dela, não é todo dia que terá essa mesma sorte.

— Pode deixar. Obrigado, doutora — disse, sorrindo.

Olhei de novo para a brincadeira no chão e perguntei:

— O que vocês estão jogando?

As crianças continuavam quietas, estáticas.

— Não farei mal a vocês por estarem brincando, nem contarei a ninguém o que estou vendo aqui. Podem confiar em mim.

Benjamin fez que pensava um pouco e respondeu, sorrindo:

— Eu confio na senhorita. Então acho que não tem problema falar sobre nossa brincadeira, mas tem que guardar segredo — disse sussurrando as últimas palavras.

Sussurrei de volta:

— Combinado.

— Isso é um *dreidel*. Ele tem quatro lados, em cada lado há uma palavra diferente: *Nes Gadol Haya Sham* — e girou o pequeno objeto, apontando para cada símbolo que lia. — O *Num* quer dizer que quem jogou não ganha nem perde; o *Guímel* quer dizer que quem jogou pode pegar o que os outros apostaram; o *Hei* quer dizer que quem jogou só pode pegar metade do que os outros apostaram; e o *Shin* quer dizer que quem jogou tem que colocar mais pedras no meio. Essas palavras, juntas, formam a frase *"Nes Gadol Haya Sham"*: "um grande milagre aconteceu lá".

— É uma frase muito bonita.

— Ela nos diz que, ainda que estejamos vivendo tempos difíceis, não devemos deixar de acreditar — e sorriu, parecendo orgulhoso por usar toda a sua sabedoria infantil para me explicar o jogo. Ri para ele:

— Que interessante, Benjamin. Agora me explique como a brincadeira funciona, quero ver se consigo jogar também.

— Bem — e estufou seu pequeno peito, seguro de si por conhecer os detalhes da brincadeira —, todos pegam uma mesma quantidade de pedras. A cada rodada, colocamos uma pedra no centro da roda, e um de nós gira. Dependendo do lado que fica para cima do *dreidel* quando ele para, o jogador pode ganhar todas as pedras, perder tudo, ganhar somente a metade ou é obrigado a deixar as pedras para o jogador da próxima rodada. Ganha quem ficar com tudo — afirmou o menino, mostrando-me que estava com muitas pedras consigo.

— Parece divertido. E vocês podem jogar quantas vezes quiserem?

— Podemos, sim, e também podem jogar quantos quiserem, mas os adultos não participam porque dizem que é brincadeira de criança.

E... ei! Não vale pegar pedras escondido — disse Benjamin, pegando das mãos de uma menina miúda uma pedra que ela pegara disfarçadamente enquanto conversávamos.

— Ninguém pode pegar pedra escondido, senão sai do jogo — disse outro menino, censurando a menina.

— E vocês sempre brincam disso? — perguntei.

— Eles podem brincar a qualquer momento, mas o costume é jogar durante o *Hanukkah*. — Uma voz falou atrás de mim.

— Olá, Goldstein — disse surpreendida, e me virei. — Não o vi aí.

— Peço desculpas se a assustei, não foi minha intenção. Ouvi vozes e achei que os guardas tinham vindo até as crianças.

— Entendo. E o que são aquelas velas organizadas em linha?

— Uma tentativa de *menorah*. Não temos o candelabro aqui, então acendemos o que temos, doutora.

— E você gosta do *Hanukkah*?

— Sim, principalmente porque as crianças adoram essa comemoração. Nessa época do ano, minha família decorava a loja com enfeites e brinquedos natalinos para os clientes, e para as famílias judias que vinham nos visitar fazíamos questão de servir comidas típicas, como *latkes* e *sufganiots*. Desculpe-me — ele disse, percebendo minha expressão de estranheza com aquelas palavras —, seriam como bolinhos de batata e *berliners*. Além das lembranças e presentes que fazíamos para doações.

— Parece gostoso. E foi você quem fez aquele *dreidel*? — indaguei, apontando para o objeto que girava no meio das crianças.

— Fui eu, sim, quis dar uma pequena distração a eles. Fiz durante o intervalo de abastecimento do caminhão que sairá amanhã em direção a Berlim.

— Doutora — falou Benjamin baixinho —, não conte aos guardas o que estamos fazendo.

— Por que não posso contar?

— Os guardas não permitem brincadeiras judaicas e têm autorização para acabar com qualquer jogo que encontrarem — disse Isaac, olhando para Benjamin, que passava seus dedinhos delicadamente entre os pelos da Tufi.

— Se eles não gostam de brincadeiras judaicas, por que você fez esse brinquedo então?

— Só queria distrair as crianças, nada de mais. Têm sido tempos difíceis, achei que o brinquedo ajudaria a se entreterem.

— Não irei dizer nada sobre o que vi aqui, mas sugiro que tome cuidado para as crianças não serem vistas nessa brincadeira, ou todos terão problemas.

— Sim, doutora — respondeu Isaac.

— Ah, quase ia me esquecendo — e me virei para o pequeno grupo de crianças enquanto pegava os biscoitos que estavam no bolso —, trouxe algumas guloseimas para vocês.

As crianças se levantaram felizes e se aproximaram para pegar a comida, abriram as embalagens rapidamente e colocaram os biscoitos na boca. Uma das meninas, no entanto, ficou segurando o doce nas mãos, pensativa.

— Não vai comer seu doce? — fiquei curiosa.

— Vou guardar para minha irmã, ela não está aqui e sei que também adoraria um desses.

— Alguém mais gostaria de presentear algum amigo ou membro da família com doces? — e me virei para os demais. Todos levantaram as mãos.

— Então aguardem aqui que já volto.

— Sim, senhorita.

Fui andando até o prédio administrativo com minha maleta nas mãos, fingindo estar de saída. Quando cheguei na cantina, chamei por um dos guardas, que parecia estar dormindo àquela altura.

— Boa noite, doutora Eckle.

— Boa noite. Fui informada que os itens enviados pela Cruz Vermelha estão sendo armazenados aqui, estou correta?

— Sim, mas só podem ser retirados por autorização do comandante. A enfermeira Thomann poderá vir amanhã para a doutora, disponibilizaremos o que quiser.

— Amanhã é Natal e Gerta estará de folga. Avisei minha mãe que viria aqui para pegar alguns doces antes da ceia, não quer que eu ligue para ela ou para meu pai na véspera de Natal para pedir uma simples autorização, não é mesmo?

— Claro que não, doutora. Desculpe-me. — O guarda foi até o claviculário e voltou com uma grande chave.

— Use esta chave e retire tudo que precisar.

— Devo anotar a quantidade de itens retirados?

— Não, somente retorne para assinar que esteve aqui e devolva a chave.

— Perfeitamente. Retorno em menos de 30 minutos.

Enquanto caminhava pelo corredor, ouvi vozes no andar superior, provavelmente era meu pai, em reunião com os oficiais da SS. Caminhei sem fazer barulho para que não percebessem a minha presença.

Cheguei ao estoque e, quando abri, vi muito comida estocada, quase estragando. Doces, salgados e bebidas, tanto produtos fornecidos pela própria SS para alimentação das pessoas que viviam no campo quanto alimentos doados por instituições internacionais. Tudo ali, guardado para que os presos permanecessem desnutridos e anêmicos e morressem de fome.

Peguei o que estava ao meu alcance, aquilo que não parecia estragado, e comecei a colocar na maleta, nos bolsos da blusa, no avental, nos sapatos, no meio do lenço que estava em meu pescoço e até mesmo dentro do chapéu que usava para me proteger do frio. Encaixei tudo de forma que não caísse e fechei novamente a porta do estoque. Caminhei lentamente porque as embalagens dos doces faziam barulho e não queria chamar a atenção.

— Encontrou o que estava procurando? — perguntou o guarda quando me viu.

— Nesse momento, sim. Aqui está sua chave. — Entreguei-a e assinei o caderno de controle. Ele conferiu minha assinatura e me liberou.

— Está tudo certo, boa noite e boas festas, doutora Eckle.

— Boa noite e boas festas para você também.

Saí sem grandes explicações, retornando ao local onde estavam Isaac e Benjamin com as outras crianças. Assim que me viram, sinalizei para que fizessem silêncio e os chamei até um local fora da vista dos guardas, que continuavam a conversar sem perceber o que acontecia.

Assim que entramos em um dos dormitórios mais vazios, comecei a retirar uma diversidade de guloseimas: garrafas de água e suco, chocolate, biscoitos doces e salgados, balas e tudo o mais que consegui encontrar. Elas sorriam felizes enquanto pegavam toda aquela comida.

— Mas escondam essa comida em suas roupas e não deixem que os guardas vejam, senão teremos problemas. Enterrem as embalagens ou deixem com o senhor Goldstein para jogarmos em minha sala, assim ninguém saberá que pegaram isso — falei baixinho. Elas colocaram os dedos na boca em sinal de silêncio, mas continuavam a sorrir de felicidade. Quando terminaram, as crianças correram para dentro do alojamento a fim de procurar seus pais e irmãos. Benjamin foi na direção de Isaac e mostrou-lhe o que havia ganhado.

Isaac veio até mim:

— Foi muito generoso de sua parte presentear as crianças com aquela comida, doutora.

— Por que disse que têm tido tempos difíceis?

— O campo de Dachau não tem tanta estrutura para extermínios em massa e, segundo o que ouvi, há ordens para aumentarem as execuções. Soube que estão enviando presos de caminhão para Hartheim e para Auschwitz. Em Hartheim, morre-se por eutanásia. Em Auschwitz, morrem em câmaras de gás, como as daqui, só que bem maiores.

— Como sabe de tudo isso? — perguntei.

— Estou aqui há muito tempo, doutora. Temos presos que vieram de outros campos e nos contam o que acontece, e os guardas não fazem questão de manter segredo sobre esse tipo de informação. Sabem que se eu contar só será pior, irei provocar medo e, de qualquer forma, isso não os impedirá de mandar os presos para serem mortos nesses lugares.

— E você não tem medo de me contar?

— Se quisesse acabar com a minha vida, já o teria feito — e disse como se fosse óbvio.

— Tem medo de ser transferido para um desses lugares?

— Doutora Eckle, não acredito que saia vivo dessa guerra. Por isso, prefiro não pensar nisso, somente faço meu trabalho enquanto é possível.

— Então, quer dizer que os presos sabem que serão mortos em algum momento?

— Alguns ainda tentam acreditar que conseguirão se salvar. A esperança é algo importante de cultivarmos, doutora, é o que nos resta. Se desistirmos, morremos mais rápido — e deu uma pausa. — Já visitou outros campos, doutora?

— Visitei um centro médico nazista na Polônia, mas não cheguei a ir até o campo.

— Então é uma experiência nova para a doutora.

— Com certeza... — respondi, lembrando-me de tudo que tinha visto até aquele momento. Fiquei olhando para as sombras que nos cobriam, quebradas apenas pela luz daquelas velas acesas ao lado das crianças.

— Acredito que esteja na hora de retornar para a ceia de Natal em sua casa, estou certo? — perguntou Isaac, tirando-me de meu devaneio. Olhei para o relógio que estava em meu pulso e percebi que estava atrasada, havia ficado lá mais tempo do que percebera.

— Sim, preciso ir... preciso me apressar.

— Boa noite, doutora, e tenha um feliz Natal.

— Obrigada, Goldstein. Feliz *Hanukkah* para vocês.

Virei-me a fim de retomar meu caminho para casa, mas após alguns passos, parei e olhei para trás. No meio da escuridão e sob a luz das velas, as crianças estavam todas juntas, sentadas no chão. Tinham voltado a jogar e sorriam umas paras outras como se estivessem na sala de suas casas, ignorando por um instante toda aquela realidade tenebrosa e o que poderia acontecer a elas e a suas famílias. E Benjamin continuava a abraçar e beijar Tufi, que miava baixinho em seu colo. Senti um aperto no peito ao vê-los, buscando felicidade naquele lugar triste e sombrio.

Do outro lado, distante do grupo, avistei novamente os dois guardas, que continuavam conversando felizes. Quando me viram, acenaram. Eu retribuí, fui até eles e lhes entreguei uns biscoitos que tinham sobrado na bolsa, ao que agradeceram e sorriram, desejando-me um feliz Natal. Desejei-lhes boa noite e saí. Virei-me novamente e apertei o passo até a trilha em direção à casa de meus pais, onde provavelmente minha mãe já estava bebendo e se divertindo com as outras mulheres, enquanto nos esperavam chegar em casa.

Pensei enquanto caminhava: *"bem, acho que irei acender uma vela ao lado da cama essa noite, se as luzes das velas simbolizam tantas coisas boas e significativas para os judeus, não fará mal algum acender uma em meu quarto para pedir que essa guerra acabe logo".*

Olhei para cima e vi as estrelas, tão brilhantes no céu, e imaginei quantas vidas já tinham partido por causa da guerra. Talvez existissem muito mais estrelas que as vidas perdidas, mas certamente não seriam tão menos mortes que as estrelas iluminando minha visão naquela noite fria e escura. Tentei avistar a cidade de Dachau e vi algumas luzes, poucas e distantes, pareciam até mais distantes que as próprias estrelas. O campo de concentração também estava parcialmente iluminado, mas sua luz era acompanhada da sirene que tocava de tempos em tempos, tirando qualquer acalento que aquela claridade pudesse proporcionar. Na verdade, as luzes e os sons do campo eram sinais de medo e alerta, nada mais.

Boas festas

Quando cheguei em casa, vi que a ceia de Natal estava pronta e minha mãe aguardava ansiosa com as demais esposas e filhos pela chegada dos oficiais, ainda em reunião com meu pai no campo. A árvore de Natal estava rodeada de pequenos enfeites, delicados e coloridos, e tinha uma pilha grande de presentes na base, com embrulhos coloridos de vários tamanhos e laços de fita dourada em cada um deles. Alguns pinheiros de cristal estavam sob a prateleira da lareira, ao lado de guirlandas verdes e vermelhas e logo acima de meias penduradas que compunham aquela linda decoração. O cheiro de carne assada com batatas invadia o ambiente, misturado com o doce aroma do chocolate quente que minha mãe estivera servindo há pouco para nossas convidadas. O fogo ardia na lareira, deixando a sala com um calor agradável e reconfortante.

Cumprimentei as pessoas da porta e fui direto para o quarto. Acendi a vela em um suporte de prata sobre a mesinha ao lado da cama e, após o banho, vi pendurado um vestido que minha mãe havia separado especialmente para a noite, elegante e diferente das roupas que eu estava acostumada a usar, mais práticas e versáteis. Era um vestido azul escuro, de cetim drapeado, justo e sem mangas, e terminava num tipo de echarpe longa que cobria meus ombros e destacava a cor dos meus olhos. Ao lado, uma pulseira de brilhantes, fina e delicada, um par de brincos como conjunto e sapatos pretos de salto. Tudo combinando perfeitamente. Precisava admitir que minha mãe tinha muito bom gosto. Na penteadeira do banheiro, ela já tinha disposto o estojo de maquiagem aberto para garantir que eu estivesse impecável para o jantar.

Quando desci a escadaria, Karl estava em pé na sala com um copo de uísque na mão, ao lado de meu pai, que contava aos oficiais que estavam ao seu redor com as famílias suas experiências do começo da carreira. Parei no meio da escada para olhar a sala decorada, quando ouvi Karl me dizer:

— Está encantadora, doutora Eckle, esse vestido lhe caiu muito bem.

— Realmente está linda, minha filha, sua mãe teve muito bom gosto.

— Ora, Andreas — disse mamãe, entrando na sala quando me viu descer —, não podia deixar nossa filha vestida de forma inadequada para esta maravilhosa ceia de Natal. Estamos com visitas, poderiam pensar que não cuido devidamente de minha família. Além disso, será uma ótima oportunidade para que nossos convidados a conheçam, eu lhes disse que está solteira e quero que vejam como ela é um grande partido para qualquer rapaz que queira encontrar uma esposa de boa família.

— Agradeço a preocupação, mamãe, mas estou bem — respondi, olhando envergonhada para meu pai e Karl, que continuava sorrindo.

— Bem, venha conhecer nossos convidados, Aletta, querida — disse minha mãe, puxando-me pela mão.

Meu pai e Karl ficaram conversando, e eu a acompanhei. Conversei com algumas esposas, interessadas em saber como era meu trabalho no campo e curiosas sobre os oficiais. Eu sorria e tentava ser evasiva nas respostas quando podia, sabia que meus pais prezavam pela discrição e, particularmente, pensava da mesma forma. Karl me olhava de vez em quando, tentando disfarçar seu estranho interesse. Fingi não perceber, pois não via a menor possibilidade de me envolver com ele ou com qualquer um dos oficiais da equipe de meu pai.

Os aperitivos estavam uma delícia, a decoração estava impecável e minha mãe parecia visivelmente satisfeita com o resultado da festa.

Quando fomos para a sala de jantar e nos sentamos para a ceia, vi Tufi na janela. Minha mãe também a viu e quase caiu para trás de susto ao ver aqueles pequenos olhos amarelos no meio da escuridão. Quando percebeu que era apenas a gatinha, correu para espantá-la e fechou as cortinas com força, assustada. Os convidados olharam para ela, intrigados:

— Está tudo bem, Magda? — perguntou uma das esposas.

— Esse gato começou a aparecer por aqui faz alguns dias e ainda não sei o porquê, já tentei espantá-lo para longe, mas ele sempre volta.

Um gato assustador, já avisei o capitão Himmler para dar fim nesse animal quando tiver oportunidade.

— Ora, mamãe, é só um gato, não faz nenhum mal. Talvez só esteja com fome, não se preocupe.

— Não se trata de preocupação, só o quero fora daqui.

— Deve estar perdido procurando o dono, pode ser de alguma criança — comentei.

— Ora, e de quem poderia ser? — ela perguntou.

— Sabe de alguma coisa que não sabemos, doutora Eckle? — perguntou Karl.

— Não... não sei de nada — enrubesci, ficando arrependida com aquele comentário. — Vamos esquecer do gato, ele já foi embora, vejam — e apontei para a janela.

— Mas ele poderá voltar — disse uma das convidadas para minha mãe. — Você faz bem em querer se livrar desse animal, Magda. Pode transmitir doenças e, pior, se for de algum preso, até roubar comida para levar para seu dono. É melhor mesmo que dê fim de uma vez nesse bicho e deixe claro que aqui não aceitamos isso. Vocês são muito tolerantes, deveriam fazê-los trabalhar mais para nos pagarem por tudo que nos fizeram passar até hoje.

Minha mãe concordava com a cabeça enquanto ouvia os comentários enérgicos da convidada. Karl interveio:

— As senhoras não se preocupem, tomarei todas as providências necessárias para que não nos incomodem mais. Sejam gatos, presos ou qualquer outra coisa que saia daquele campo.

Elas sorriram.

— Acho que não precisamos atrapalhar nossa ceia de Natal com uma conversa tão desagradável — interrompeu meu pai.

— Claro, Andreas, você tem toda razão. Posso lhe servir um pouco de salada de batatas com salsicha? — perguntou minha mãe, mudando de assunto. Meu pai entregou-lhe o prato para ser servido.

— E como estão os treinos de corrida, capitão? Preparado para as próximas Olimpíadas? — questionou um dos convidados, mudando de assunto. — Soubemos que tem treinado todos os dias.

— Tenho procurado fazer meu melhor — respondeu Karl, tentando parecer modesto. — Ultimamente tem sobrado pouco tempo, mas quando posso, dedico algumas horas pela manhã ou no fim de tarde.

— Ficamos felizes em ter pessoas como você treinando nossas tropas e ajudando a SS nessa guerra — comentou outro convidado.

Karl sorriu, acenando a cabeça em agradecimento.

— E você, Adelaid, já se acostumou com a nova vida aqui em Dachau? — perguntou a esposa de um dos convidados.

— Adelaid já está completamente adaptada — respondeu meu pai por mim. — Ela fez questão de se inteirar do que estava acontecendo logo que chegou e tem nos ajudado a controlar os pequenos problemas de saúde que nossos guardas tiveram no começo do mês. Irá retomar as pesquisas após as festas de fim de ano, talvez até traremos alguns novos médicos para ajudá-la. Enfim, está tudo sob controle, como podem perceber.

— Ah, mas o senhor está ciente de que as tropas inimigas estão tentando invadir os campos de concentração e já renderam alguns de nossos aliados do Eixo. O *Führer* está bastante preocupado — disse outro convidado.

— Sim, eu sei — concordou meu pai. — Estamos tomando todas as precauções para manter o funcionamento adequado de Dachau.

— Soube que alguns médicos daqui fugiram pouco antes de Adelaid chegar — disse uma das mulheres.

— Covardes, isso sim — disse minha mãe. — O poder da SS é claramente superior ao de nossos inimigos, é uma vergonha terem abandonado seus postos, e com certeza o *Führer* não será piedoso com aqueles que acham que podem sair impunes.

— Enfim, temos tido um desafio e tanto, não é mesmo, comandante? — comentou um dos convidados.

— Com licença — e fui em direção ao banheiro.

Aquela conversa estava maçante e preferi sair até que falassem sobre algo mais agradável e apropriado para uma véspera de Natal. Atravessei a sala de estar, cheguei ao banheiro e me olhei no espelho. Sentia-me nervosa e não sabia nem o porquê. Talvez estivesse cansada de tudo aquilo. Ainda me deixava afetar pelas imagens que via no campo todos os dias e queria acreditar que o que meus pais faziam era o correto. Mas por algum motivo não se encaixava para mim...

Peguei um pequeno pedaço de algodão dentro de uma caixinha de metal prateado sobre a pia de pedra clara e, com leves batidas, limpei o rosto. Passei o algodão úmido no pescoço, retoquei a maquiagem com o pó de arroz e o batom que estavam na gaveta e esbocei um sorriso, enquanto arrumava o cabelo e o vestido.

Ao sair do banheiro, passei pela sala de estar e vi as luzes de Natal da decoração que Isaac e os outros presos montaram. Caminhei até a janela na tentativa de avistar o campo naquela escuridão, mas só pude ver a neve branca que cobria o chão do jardim e as árvores do bosque. Ao fundo, ouvi a música *O Pinheirinho* tocando no rádio e fiquei admirando a decoração de Natal com o bosque branco do lado de fora. Aproximei-me mais um pouco da janela para tocar o vidro e, quando dei um passo para frente, bati com o pé na bonequinha de capuz vermelho, caída no chão. Abaixei e a peguei com cuidado, limpando o capuz que havia se sujado. Admirei-a e, antes que pudesse colocá-la de volta na árvore, Karl entrou na sala:

— Estamos te aguardando para servir a sobremesa, doutora Eckle.

— Já vou. Obrigada por me avisar.

— O que encontrou?

— Nada de mais, só um dos enfeites que caiu, estava colocando-o de volta — e olhei novamente para a pequena bonequinha. — Fiquei impressionada com as peças, são muito bem-feitas.

— É uma mulher muito sensível, doutora Eckle. Cuidado para não se apegar a nenhum desses presos, eles não merecem seu afeto e morrem com facilidade. Não se deixe manipular.

— Por que diz isso?

— Todos eles são a escória da humanidade. Já deviam ter sido eliminados, estamos sendo bastante benevolentes em mantê-los vivos até agora. Nosso país entrou em crise por culpa de pessoas como eles, ambiciosas e traiçoeiras, que desrespeitam nossos valores e nossas tradições e que colocam em risco tudo aquilo em que acreditamos.

— No que você acredita, capitão?

— Acredito na honestidade, no trabalho e na nossa superioridade. Acredito que nosso país estará bem melhor sem eles e com pessoas como nós no comando... Pessoas como você e eu, Adelaid — e se aproximou, sorrindo e tentando pegar minha mão.

— Não entendo o que quer dizer — disse, afastando minha mão antes que ele pudesse tocá-la e fechando os punhos, ainda com a bonequinha na mão.

— Há muito tempo eu procuro uma mulher que complete minha vida, que valorize os bons costumes e que queira se casar e ter filhos — sorriu e voltou a se aproximar.

— O senhor é um homem importante e bastante distinto, com certeza irá encontrar uma esposa que esteja à altura de seu valor e sua superioridade.

— Esperava que essa esposa fosse você, Adelaid. É bonita e de boa família, inteligente e sensível como toda boa mãe e esposa precisa ser. Tem feito um excelente trabalho no campo, mas acho que está pronta para mostrar a seus pais que também pode ser uma excelente mulher de família, uma dama da sociedade alemã. Seria uma honra se me aceitasse como seu marido.

Fiquei calada por um breve momento.

— Ora, é muita gentileza sua... — disse, ruborizada e tentando disfarçar meu desconforto profundo por aquela situação. *O que ele acha que está fazendo?*, pensei.

Então disse:

— Acho que eu não seria a melhor opção para um homem como você. Além disso, estamos no meio de uma guerra, creio que seja inoportuno termos um envolvimento por agora.

— Sei que estamos em guerra, e justamente por isso vejo como a vida é curta e precisa ser valorizada. Você seria uma esposa maravilhosa e eu adoraria ter a chance de lhe mostrar que posso ser sua melhor escolha de marido.

Ele tentava demonstrar uma capacidade de afeto que até então parecia inexistente, e eu não conseguia me sentir sensibilizada pelas palavras daquele homem que, tal como os demais oficiais, mostrava-se terno e cruel ao mesmo tempo.

— Não vamos nos precipitar, Karl... Deixe que tudo corra a seu tempo, e podemos ter essa conversa em outro momento. O que acha? — perguntei, enquanto ia me afastando dele.

Nesse momento, minha mãe apareceu na sala e parou em frente à porta, para meu alívio:

— Oh, desculpem-me, espero não estar interrompendo nada — disse ela, parecendo desconcertada quando percebeu que algo estava acontecendo entre mim e Karl.

— Não nos interrompe, mamãe — e nos afastamos. — Estava admirando os enfeites da sala quando o capitão Himmler apareceu e me disse que vocês gostariam que eu fosse encontrá-los para a troca de presentes.

Sorri e recoloquei a bonequinha de capuz vermelho em seu lugar. Fui em direção de minha mãe, que chamou Karl:

— Meu caro capitão, acompanhe-nos, iremos servir a sobremesa para nossos convidados. Andreas está esperando, e você sabe que ele não gosta de atrasos, principalmente na frente de outros oficiais da SS. Ademais, vocês ainda terão muitas oportunidades para continuarem essa conversa — e piscou, no que arregalei os olhos em tom de surpresa.

Ele deu um sorriso e levei a mão ao rosto, tentando disfarçar meu constrangimento. Karl deu o braço para minha mãe e segui ao lado deles, em direção ao grupo que nos aguardava.

Não voltamos mais a tocar no assunto naquela noite. Depois da ceia, fomos para a sala de estar e, após a entrega dos presentes, ficamos todos sentados próximos à lareira, de onde era possível ver a árvore de Natal iluminada pelas velas e diversos enfeites de madeira, além de algumas fitas brilhantes. Fixei meu olhar na árvore e me lembrei das explicações de Isaac sobre o significado das luzes de velas para os judeus, representando a alma e a presença divina, e me perguntei por um breve momento o que Deus pensava da guerra e do que estava acontecendo para todas aquelas pessoas presas nos campos. O rádio estava ligado, mas ninguém prestava atenção ao som. Então ouvi uma música que me envolveu, *White Christmas*, o Natal Branco. Era suave e doce, trazendo-me um sentimento de paz momentânea em meio à guerra.

Quando a música terminou, uma das convidadas desligou o rádio e me disse, sorrindo:

— Querida, já ouviu a versão de nosso Reich de *Silent Night, Hohe Nacht der klaren Sterne*? Escute e veja como é bonita.

Fiquei ali enquanto ela ligava a vitrola e esperei a música terminar, agradecendo a gentileza. Então levantei-me com a justificativa de que queria pegar mais água e fui para junto de Karl, que tomava licor com os convidados e sorriu ao me ver sentar a seu lado, ainda que eu apenas estivesse ali porque não queria ser incomodada pela minha mãe ou por algum convidado inconveniente. Ficamos o resto da noite comendo e nos entretendo com as conversas que passaram a ser mais divertidas após algumas doses de licor e vinho.

No dia seguinte, acordei com dor de cabeça. Havia bebido mais vinho e cerveja do que deveria e dormi pouco. Depois de um tempo sentada na cama olhando para a janela, levantei-me para tomar banho, tomei alguns analgésicos e saí para caminhar pelo bosque bem cedo, antes das pessoas acordarem.

A manhã estava fria e as árvores na trilha estavam cobertas de neve, que se iluminava por alguns raios de sol fraco. Caminhei por um tempo enquanto admirava a paisagem e, quando retornei, pude enxergar pela janela da cozinha os convidados tomando café com meus pais.

Fiquei feliz por ter um momento sozinha. As luzes que passavam entre as árvores traziam uma claridade reconfortante na trilha por onde eu caminhava. Lembrei-me da pintura do Hofgarten, as árvores e o pôr do sol, com todas aquelas cores. Respirei fundo o ar matinal e segui em frente. Assim que voltei para casa, encontrei minha mãe:

— Onde estava, Aletta, querida?

— Fui caminhar. Acordei com a cabeça doendo um pouco e quis tomar um ar fresco antes de comer.

— Acabamos de tomar café, minha querida, deixamos algumas coisas para você comer na cozinha. Sirva-se. Seu pai está no escritório tratando dos assuntos da guerra com os oficiais, e eu estou indo conversar com nossas convidadas na sala. Depois que comer, junte-se a nós.

— Claro, mamãe.

Comi calma e demoradamente e depois fui encontrá-las. Estavam todas rindo e conversando enquanto comiam um bolo de chocolate com frutas que estava sobre a mesinha de centro.

— Venha, querida, junte-se a nós — chamou-me uma das convidadas. — Você precisa ouvir sua mãe, ela está nos divertindo com suas histórias!

Sorri, peguei um pedaço do bolo e me sentei. Enquanto minha mãe falava, distraí-me comendo aquele bolo maravilhoso, imaginando como estava Benjamin naquela manhã fria de Natal e se Tufi havia retornado em segurança para o menino depois que minha mãe a expulsou da janela na noite passada. De repente, uma das convidadas pediu:

— Magda, querida, pode aumentar o som do rádio?

Minha mãe foi até o rádio e aumentou o volume, tirando-me de meus devaneios e fazendo as convidadas comemorarem:

— Gosta dessa música, Hilde? — perguntou minha mãe.

— Sim, e como não gostar? É Marlene Dietrich, não reconhece?

Minha mãe ficou em silêncio e aumentou um pouco mais o volume para ouvir melhor a música.

— *Lili Marleen*, adoro essa música — disse Hilde. — Está fazendo muito sucesso. Sabia que o próprio *Führer* convidou Marlene para voltar para a Alemanha?

— Ouvi dizer que ela mora nos Estados Unidos, não é mesmo? — perguntou outra convidada, Edda.

— Sim, infelizmente não quis voltar — respondeu Hilde. — Mas suas canções continuam a nos encantar.

— Ah, sim? — minha mãe perguntou, intrigada.

— Com certeza — Hilde respondeu. — Meu marido também gosta das canções dela, e os soldados sempre as escutam nos intervalos. Até mesmo os *kapos* e outros presos gostam de escutá-la quando podem.

— Bem, não escutamos muito rádio aqui em casa, prefiro ouvir os discos — minha mãe se justificou. — Principalmente porque às vezes as sintonias caem em rádios internacionais ou clandestinas e Andreas fica muito irritado quando escuta as críticas aos nazistas.

— Está difícil para todas nós, Magda, querida — disse Edda, acalmando minha mãe —, mas todas temos feito um excelente trabalho.

— Sim, todas nós — concordou minha mãe.

— Aliás, estava linda ontem naquele vestido azul, Adelaid — disse Hilde, virando-se para mim.

— Sim, muito bonita — concordou Edda. — E a ceia de ontem estava impecável. Fez um ótimo trabalho, Magda, querida.

— Ora, obrigada — minha mãe enrubesceu.

— Meu marido comeu tanto que deixou cair um pedaço de carne na roupa, ficou com aquela camisa suja e meio molhada o resto da festa — concluiu Edda.

Todas riram.

— Esse bolo de chocolate com frutas é maravilhoso, mamãe. Foi você que fez?

— Não fui eu, Aletta. Há um confeiteiro que foi transferido para Dachau mês passado, quando o encontrei, pedi-lhe que viesse fazer o bolo de chocolate com frutas, sua especialidade! Sei que seu pai não gosta quando faço isso, mas não podia perder a oportunidade de experimentar esse bolo mais uma vez, o senhor Erwin Beker sempre fez os melhores doces da região.

— De fato, uma delícia! — Edda comentou.

— Obviamente que conversei com Andreas antes de chamar o homem, é claro. Sabem como meu marido é restritivo com relação à nossa interação com os presos, mas ele também conhecia o bolo do senhor Beker e decidiu fazer mais essa concessão para nós.

— Para nossa sorte — Hilde concluiu, sorrindo de boca fechada depois que colocar um pedaço do bolo na boca.

— Sabe cozinhar, Adelaid? — perguntou Edda.

— Bem, sei fazer algumas coisas, como torta de maçã. Às vezes eu me arrisco a preparar um assado com batatas ou um peixe. Mas minha mãe faz pratos muito mais saborosos do que eu.

— Ora, Aletta, querida, é questão de prática, quando se casar irá aprender a fazer pratos tão gostosos quanto os meus e do gosto de seu marido.

Tentei não revirar os olhos. Percebi que as convidadas encararam o comentário com tal naturalidade que praticamente o ignoraram, então decidi não responder e deixar o assunto sumir na conversa. Seguimos falando de moda, culinária, viagens e família.

· · ·

Os dias que se seguiram foram bastante tranquilos e divertidos, tanto que até me esquecera do campo de concentração por um momento. De vez em quando, saíamos todas juntas para uma caminhada pela manhã, e víamos Karl na trilha do bosque, correndo ou caminhando com seus cachorros. Quando o víamos, faziam questão de sussurrar que ele era um excelente partido e devia estar por ali por minha causa, somente para chamar a atenção. Eu enrubescia e dizia ser impressão delas, depois falava do tempo ou da paisagem para desviar o foco da conversa.

Mas preciso admitir que, durante um desses passeios, Karl acabou conseguindo chamar a minha atenção, embora não da forma como provavelmente pretendia. Em uma manhã, saí cedo com minha mãe e nossas convidadas para caminhar enquanto meu pai e os demais oficiais ficaram no escritório. Da trilha, ouvimos tiros e corremos na direção do som para ver o que estava acontecendo.

Era Karl com alguns soldados, praticando tiro com seus revólveres e fuzis. Pareciam relaxados e descontraídos, com os casacos de seus uniformes desabotoados na gola, mas ainda devidamente apresentáveis. Junto aos oficiais estavam também alguns presos, pouco menos de dez, que seguravam alvos de madeira a alguns metros dos guardas. Os alvos pareciam pouco resistentes, e os presos tentavam, a todo custo, manter os alvos acima de suas cabeças para que não fossem atingidos. Fiquei olhando-os e então me dei conta que eram as pessoas que receberam os doces das crianças judias na véspera de Natal. Quando percebi, arregalei os olhos de espanto. Fui até Karl acompanhada de minha mãe e das convidadas:

— Olá, doutora Eckle, bom dia. Está muito bonita essa manhã.

— O que esses presos estão fazendo aqui?

— Bom dia, capitão — minha mãe interveio. — Não repare em minha filha, às vezes ela esquece de seus bons modos.

— Não se preocupe, senhora Eckle, está tudo bem — ele respondeu. — Doutora, estão aqui porque soube por alguns guardas que roubaram comida da despensa. Então decidimos trazê-los para uma lição.

— O quê? Não, eles não roubaram, eu dei a comida a eles — respondi apressada.

— E por que fez isso, Aletta? — minha mãe perguntou, apreensiva.

— Bem... — pensei um pouco antes de responder —, peguei comida para levar para casa e deixar um pouco no consultório, mas quando os vi... não sei explicar, acho que foi o espírito de Natal, toda a alegria que eu estava sentindo depois de ter visto a decoração que a senhora organizara com tanto carinho... — Ela me olhava com estranheza. — Não sei o que deu em mim, acabei entregando o que tinha para eles. Ninguém havia me pedido nada.

— Você é sempre muito generosa, Adelaid — comentou Karl. — Mas essas pessoas estão no campo de concentração porque não merecem nada, nem mesmo sua piedade. Agradeço que tenha esclarecido essa situação.

— Então irá soltá-los? — perguntei.

— Claro que não! Não deveriam ter aceitado a comida. Agora que estão aqui, vamos terminar o que começamos. E mirou na cabeça de um dos presos que corria com o alvo. Atirou e o matou. Assim que o preso caiu, um dos guardas gritou:

— Capitão Himmler, o senhor quase acertou.

— Na verdade — Karl respondeu, limpando sua arma e olhando para mim —, acho que acertei perfeitamente no alvo.

Ficamos nos olhando, Karl e eu. Senti-me confrontada, desafiada e arrependida de ter levado comida para aquelas pessoas. Tive vontade de bater naquele homem sem escrúpulos com meus olhos. Minha mãe percebeu e me puxou:

— Está tarde. Aletta, querida, vamos deixá-los treinar, temos ainda que terminar nossa caminhada.

Enquanto nos afastávamos, olhei novamente para trás e vi outro preso caindo com um tiro na cabeça. Senti meu corpo enrijecer, mas não por causa do frio da manhã; e me encolhi, como se sentisse meu próprio corpo caindo na neve enquanto Karl e os outros guardas brincavam de Guilherme Tell. Mas eles, ali, não eram heróis... Eram apenas carrascos se divertindo em executar a pena de suas vítimas. Minhas companheiras de trilha não pareciam ter se afetado com aquela visão, o que me fazia perguntar a mim mesma a que ponto de (des)humanidade havíamos chegado para considerarem natural — ou, pelo menos, aceitável — algo tão monstruoso como uma sessão de tiro ao alvo com presos, e nos presos.

Depois daquele episódio, não quis mais caminhar com minha mãe, Edda e Hilde, e como meu pai não gostava da presença de mulheres enquanto conversava com os demais oficiais, preferia voltar para o quarto depois do café e passava a manhã lendo os livros, que tinham ficado na mala até então.

Cheguei a ir um dia ao campo de concentração para ver como as coisas estavam. Assim que cheguei na praça central, avistei alguns guardas e presos jogando futebol. Aqueles que jogavam pareciam mais saudáveis e corriam determinados contra os guardas, embora não parecessem ter a intenção de marcar gols contra o time nazista. Fiquei observando a partida por algum tempo em pé, quando avistei Isaac com outros presos e guardas que também assistiam ao jogo. Estavam todos juntos, como se naquele momento não houvesse guerra ou perseguições ou tentativas de fuga ou trabalho forçado, pareciam simplesmente interessados em acompanhar a disputa e torcer por seus respectivos times.

Confesso que achei bizarra aquela imagem de todos sentados juntos para ver o jogo, pois não era algo que eu esperava ver dentro do campo. Mas preferi me resignar a deixar minha estranheza de lado, afinal, parecia ser um breve momento de paz e tranquilidade que só os esportes nos oferecem em meio aos problemas que vivemos. Sentei-me entre eles e ao lado de Isaac, e cumprimentei os guardas para que não percebessem que eu havia escolhido aquele local de propósito. Todos sorriram e me cumprimentaram, e os guardas pediram que eu torcesse pelo time deles, o que acatei de prontidão. Assim que me virei para assistir ao jogo, Isaac disse baixinho:

— Olá, doutora. Pensei que não a veria antes do Ano-Novo.

— Resolvi ver como estão as coisas por aqui.

— Entendo... Gosta de futebol?

— Sim, quando morava em Munique, costumava assistir aos jogos do *Münchner Stadtderby*, o Dérbi de Munique.

— E para qual time torcia?

— Geralmente para o Bayern. Mas depois que a guerra começou e os times foram para a Gauliga, meus pais deixaram de assistir aos jogos e eu comecei a me interessar por outras coisas.

— Quando vim para cá — Isaac comentou —, muitos jogadores do Bayern também vieram. Tentaram promover alguns jogos aqui, mas aos poucos os jogadores foram morrendo ou sendo transferidos para outros campos.

— Em outros campos os presos e os guardas também jogam? — Fiquei intrigada.

— Acredito que sim. Alguns vindos de Auschwitz nos disseram que na Polônia há inclusive uma liga de futebol no *Theresienstadt,* o gueto de Terezin. Muitos jogadores tentam entrar nesses times para obter uma alimentação melhor, trabalhos mais leves e alguma chance de sobreviver.

— Você gosta de futebol, Goldstein?

— Com certeza. Também torcia para o Bayern e foi muito triste ver os jogadores perecendo aqui conosco. Os nazistas chegaram a convidar os atletas para jogar algumas vezes no começo, pois alguns dos soldados são fanáticos por futebol, mas essa aproximação não durou. Logo as famílias começaram a ser deportadas para os campos de extermínio e muitos dos jogadores não suportaram ver seus entes serem mandados para execução.

— Os presos parecem animados em assistir ao jogo — sussurrei, quando um dos presos quase marcou um gol e a torcida gritou.

— Sim, com certeza.

— Onde está Benjamin?

— Ele e as outras crianças preferem ficar brincando entre si enquanto não há guardas procurando por eles. Uma das mães se ofereceu para ficar com eles enquanto brincam, daí decidi ver como estava o jogo.

A torcida nazista vibrou quando os guardas contra-atacaram e todos começaram a aplaudir quando um deles marcou gol.

— Os presos também vencem alguma vez? — perguntei.

— Não — Isaac respondeu. — Mesmo com alimentação melhor e trabalhos mais leves, os presos que jogam estão doentes e emocionalmente abalados com a guerra. É muito difícil ganhar uma partida numa situação de instabilidade física e emocional, e mais difícil quando não se sabe se irá sobreviver se tentar ganhar.

— Gostaria de ver um dia os presos ganharem dos guardas. Seria um acontecimento e tanto — deixei escapar.

— Na verdade, isso já aconteceu uma vez.

— Mesmo? Aqui em Dachau? — Olhei para ele curiosa, enquanto os torcedores continuavam animados em torcer para seus times.

— Não, não aqui. Bem, não sei dizer se são boatos, mas escutei essa história de um dos ucranianos que veio de Auschwitz para cá.

— Conte-me, fiquei interessada na sua história.

— Bem... — ele olhou para os lados e para trás para ver se tinha algum guarda por perto, e inflou o peito como se fosse começar a contar uma grande história. — Dizem que em Kiev, há dois anos, ocorreu uma partida que apelidaram de Jogo da Morte.

— Sério?

— Os jogadores do time do Start foram intimados a jogar contra o time de elite dos nazistas, o Flak 11. Diziam que os jogadores do Start não tinham a menor chance e deveriam aproveitar a partida para tentarem fugir ou simplesmente entregar o jogo, mas no último minuto eles decidiram ficar. E venceram: viraram o jogo e ganharam por 5 a 3. Os alemães ficaram loucos de raiva, mas não puderam fazer nada. Dizem que foi emocionante...

— E por que chamaram de Jogo da Morte? Não entendi.

— Depois da partida, os jogadores do Kiev foram mortos.

Fiquei discretamente boquiaberta, mas não disse nada. Não consegui emitir nenhum som.

— Hoje — ele continuou — não nos arriscamos a fazer o mesmo. Foram corajosos, destemidos, mas deram suas vidas por causa de uma partida. Queremos sobreviver, doutora. Por isso, preferimos jogar ou assistir aos jogos apenas por diversão, não para tentar enfrentar os nazistas.

A torcida vibrou mais uma vez e o jogo foi encerrado, os nazistas tinham vencido. Despedi-me de Isaac e voltei para casa, enquanto observava os presos e guardas, cada qual conversando animado com seu próprio time. Ambos os grupos me olharam, intrigados quando perceberam minha presença. Abaixei a cabeça e me afastei rapidamente, retornando para casa. Por mais incrível que parecesse, aquela partida tinha sido divertida e me senti mais leve depois de ter passado um tempo ali, tendo esquecido completamente de Karl, de nossos convidados e da guerra.

No primeiro dia do ano, logo após o almoço, despedimo-nos de nossos convidados e Karl ficou responsável por providenciar o transporte de todos à estação de trem. Eu fiquei ajudando mamãe a reorganizar a casa, que agora estava sem toda aquela movimentação de pessoas indo e vindo, e quando terminamos fui descansar para retornar ao serviço no dia seguinte.

Dize-me com quem andas e te direi quem és

Voltei à rotina de trabalho em uma terça-feira de inverno, um dia depois das comemorações de Ano-Novo. Apesar do frio, o surto de tifo permanecia estável entre os guardas e presos, que trabalhavam sem parar. Os rumores sobre o avanço das tropas inimigas aumentavam cada vez mais, o que obrigou meu pai a viajar para Berlim a fim de discutir com os líderes da SS os próximos passos das tropas e qual seria a diretriz para os campos de concentração que ainda operavam. Meu pai designou Karl para substituí-lo durante sua ausência, o que deixou o capitão tão sobrecarregado que não lhe sobrava tempo para vir me procurar e continuar a conversa sobre sua oferta de casamento. Além disso, eu também evitava vê-lo para não correr qualquer risco de ser abordada sobre aquele estranho episódio romântico.

Um dia, logo após o almoço, decidi dar uma volta pelo campo antes de retornar ao consultório. Enquanto caminhava, avistei Isaac trabalhando, sujo de fuligem. Escondido no meio de alguns barris e próximo a ele estava Benjamin, brincando com sua gata sem ser visto. Fiquei observando-o brincar, jogando e puxando um fio para provocar o animal. A gatinha pulava de um lado para outro na tentativa de pegar aquele fiozinho e, quando conseguia, Benjamin sorria e carregava-a no colo. A alegria deles parecia encher o ar, era divertido ficar observando os dois se entretendo.

Os dias haviam passado e a gatinha não parecia ter crescido muito, provavelmente em função da má alimentação. Minha mãe passou a manter as janelas da cozinha fechadas e, de vez em quando, observava se Tufi havia retornado. Ela ainda queria dar fim na gatinha, e para evitar que tivéssemos algum incidente, passei a levar farelos de comida e derrubava-os em um canto próximo ao alojamento para que a gatinha os encontrasse.

Continuei observando-os e, quando Tufi me viu, pulou do colo de Benjamin e partiu em minha direção. Percebi que o menino quis evitar, mas recuou ao perceber que poderia ser visto e permaneceu onde estava, abaixado, olhando para nós. Um preso que passava carregando umas caixas se assustou ao ver a sombra negra que se movia rapidamente, e quando ela parou aos meus pés e começou a miar, peguei-a e olhei para o rapaz, achando graça naquela reação:

— É apenas um gato, não lhe fará mal.

Ele olhou para mim assustado, mas tentou disfarçar e seguiu em frente. Fui em direção ao menino.

— Acho que ela gosta de você — disse Benjamin.

— É, acho que sim. Mas as pessoas acham que ela é um sinal de mau agouro.

— O senhor Goldstein me disse que isso são só superstições e que não devo levar a sério.

— Concordo com ele. O que você está fazendo aqui no meio dos barris?

— Estou esperando o senhor Goldstein acabar o trabalho. Ele me disse que precisa continuar os serviços que a senhora Eckle lhe deu e que minha presença é muito importante para ajudá-lo a terminar. Eu já disse que também quero ser médico, mas ele me falou que agora preciso aprender seu serviço se quiser continuar aqui.

— E você sabe fazer outros serviços?

— Só os que o senhor Goldstein me ensina. Os meninos mais velhos ajudam na produção, mas o senhor Goldstein diz que não posso ficar lá. Às vezes, eu fico limpando as armas em um canto e, quando termino, ele pega tudo e entrega ao guarda, que nos deixa sair. Eu também ajudo na limpeza do ambulatório, mas a senhorita Thomann não gosta de me ver por lá. Eu acho que ela não gosta de crianças...

— Talvez não goste mesmo — respondi. — E onde estão aqueles seus amigos que estavam jogando com você aquela noite?

— Foram embora. O capitão os levou alguns dias depois, o senhor Goldstein me disse que estavam indo para outro campo. Sobraram alguns no alojamento, mas as famílias deles não os deixam sair mais. A Tufi tem sido minha única companheira..., mas tem sido divertido, nós brincamos muito.

— Goldstein se preocupa bastante com você, não é mesmo? Como se conheceram?

— Ele e a irmã vieram para cá depois que invadiram a loja de sua família. Os soldados os pegaram e os mandaram com os pais, que ficaram por um tempo e depois foram enviados para outro campo. Minha mãe conheceu a irmã dele quando chegamos aqui.

— E onde está sua mãe?

— Ela ficou doente e morreu, por causa do meu irmãozinho.

— Ah, então você tem um irmãozinho?

— Eu tive um irmãozinho... era bem bonitinho e eu ajudava a cuidar dele. Mas quando chegamos, levaram-no para participar de um estudo naqueles laboratórios onde ficavam os médicos que foram embora antes de você vir. Meu irmãozinho não voltou depois do estudo, e a mamãe ficou muito triste. Depois, os médicos a levaram, e eu fiquei sozinho, até que o senhor Goldstein passou a cuidar de mim.

— E a irmã dele?

— Acho que também ficou doente. E o bebê dela também.

— A irmã do Goldstein também tinha um bebê?

— Na verdade, ela estava esperando um bebê quando chegou e minha mãe a ajudava. Quando nasceu, os médicos também o levaram e ela morreu.

— E por que eles não levaram você?

— Eu me escondi quando os guardas vieram buscar minha mãe. Depois, o capitão quis me levar, mas o senhor Goldstein disse que ajudaria sua mãe com os brinquedos e as tintas em troca de me deixar ficar com ele. Eu acho que o capitão não gostou, mas sua mãe disse que ninguém deveria fazer nada comigo enquanto ela precisasse dos serviços do senhor Goldstein. Eu procuro ficar escondido para não criar problemas, e o senhor Goldstein também diz que não é seguro andar sozinho por aí.

— Você tem muita sorte de tê-lo cuidando de você.

— Eu gosto muito do senhor Goldstein, e acho que a Tufi também — e levantou a gata, que miou.

Depois ele a abraçou novamente. Quando nos viu, Isaac se aproximou de nós:

— Benjamin, por favor, não incomode a doutora Eckle.

— Ele não está incomodando, só estamos conversando. Estava me contando sobre a mãe dele e seu irmãozinho, e me contou de sua irmã. O que aconteceu?

— Não foi nada de mais. Benjamin, vá para o alojamento e leve a Tufi — e Benjamin obedeceu, correndo.

— Pensei que estávamos bem — comentei, estranhando a reação de Isaac.

— Lamento pela minha atitude, doutora — ele se desculpou. — Mas todos os oficiais do campo já voltaram a trabalhar e não posso me arriscar ou acabar expondo Benjamin. Espero que compreenda, temos muita sorte de ainda estarmos aqui, não é nada pessoal.

— Claro, compreendo. Mas o que aconteceu com sua irmã, com a mãe de Benjamin e com os bebês?

— Eles morreram aqui, há algum tempo.

Nesse momento, um dos guardas que estava monitorando os serviços no carvão nos viu:

— Doutora Eckle, está tudo bem por aí?

— Sim — acenei com a cabeça.

— Desculpe-me — Isaac disse rápido —, mas preciso voltar para o meu trabalho. Se precisar de alguma coisa, pode me procurar mais tarde, ou peça a um dos guardas para me encaminhar ao seu consultório. Com licença — e correu em direção ao galpão onde trabalhava.

Fiquei curiosa para saber o que exatamente havia acontecido com a mãe de Benjamin e com a irmã de Isaac, mas perguntaria sobre isso em outro momento. Fui caminhar pelo campo antes de retornar ao consultório. Os presos trabalhavam a todo vapor e, de vez em quando, caíam na neve, possivelmente de frio, fome ou esgotamento físico. Os guardas chutavam os corpos e, quando não percebiam reação, mandavam que fossem levados para os crematórios. Não atiravam mais, pois se os presos caídos estivessem vivos, morreriam enforcados antes da cremação.

Fui até a produção de armamentos, onde ficava Isaac. Vi muitos homens e uma menor quantidade de mulheres. Nenhuma criança. Era difícil ver crianças circulando durante o dia, ainda que eu soubesse que havia algumas que se encontravam com Benjamin quando nenhum guarda estava olhando. Perguntava-me como elas conseguiam se manter escondidas por tanto tempo, e supus que aquelas incapazes de se esconder já tinham sido mortas.

As mulheres aparentemente auxiliavam nas tarefas que exigiam coordenação mais fina, enquanto os jovens ficavam responsáveis por limpar dentro das máquinas e os canos de armas. Àquela altura, muitos presos estavam doentes e fracos, e alguns dos jovens tinham o rosto inchado, e eu não sabia dizer se era doença de Kwashiorkor ou rabditoide e estrongiloidíase, por causa das manchas que pareciam coçar. A maioria tossia e tremia de frio, com olhos vermelhos e os cabelos esbranquiçados, e era possível ver mesmo de longe os ossos que saltavam de suas peles finas e famintas. Eu sabia que, em outras condições, seria capaz de ajudar aquelas pessoas a se recuperarem, mas, naquele contexto, nada podia fazer.

Enquanto observava aquelas pessoas trabalhando, percebi que havia um homem me olhando disfarçadamente do lado de fora do barracão. Quando me virei, ele olhou a outra direção. Era um preso com um triângulo vermelho. Caminhei até ele:

— Boa tarde — eu o cumprimentei. — Por que estava me observando?
Ele se encolheu:

— Peço desculpas por tê-la importunado, doutora.

— Como sabe que sou médica?

— Bom, s-soube que a filha do comandante havia assumido como médica no mês passado, imaginei que s-seria a s-senhorita. É parecida com ele.

— Quem é você?

— Meu nome é Karl Leisner. Sou um s-sacerdote — respondeu o homem.

Ele parecia ter um tique nervoso além da gagueira, pois os olhos seguiam rapidamente de um lado para outro e depois piscavam rapidamente e com força. As mãos tocavam nervosamente na nuca, como se procurassem os cabelos já raspados. Ele parecia tentar controlar os tiques, sem muito sucesso.

— Meu pai comentou mesmo que havia católicos presos aqui.

— S-sim, é v-verdade. F-f-faz algum tempo que todos os p-padres e bispos dos outros campos f-foram transferidos para cá, hoje há t-t-três unidades dedicadas somente a n-nós.

— Rabinos também ficam com vocês?

— Os rabinos ficam com os d-demais judeus, eles usam um t-t--triângulo d-diferente, amarelo. Assim como os c-ciganos, q-q-que usam um t-triângulo castanho. Não gozam do mesmo b-benefício que nós, se é que p-p-podemos chamar a-assim. E... bem, os c-c-católicos p-poloneses também ficam em um grupo s-s-separado. Usam triângulo azul, que f-fica no g-grupo dos i-i-imigrantes, e n-não dos p-presos p-p-políticos, como eu.

— Por que está aqui? Pensei que Hitler e a religião católica não tivessem divergências.

— T-todos n-nós que estamos aqui não c-c-concordamos com o que está s-sendo feito p-p-pelos n-nazistas. D-demos n-n-nossa opinião, p-p-por isso f-fomos presos.

— E por que o Vaticano não pressiona Hitler a libertá-los?

O sacerdote olhou para baixo nervosamente e respondeu:

— N-não sei d-dizer, doutora.

Então percebi alguns ferimentos em sua cabeça e perguntei:

— O que houve aqui? — e apontei para os ferimentos.

Ele se contorceu e riu tímida e nervosamente, mudando os olhos de um lado para outro:

— Os guardas c-comemoram a semana s-santa colocando uma c-coroa de arame f-farpado em alguns p-padres p-para ficarem p-p-parecidos com Jesus em sua c-coroa de espinhos, usada na c-crucificação.

— Que bom que não furaram suas mãos — sugeri, mesmo tendo parecido um comentário inconveniente.

— E-enquanto eu c-carregava o tronco de m-madeira, um dos p-padres e-e-exigiu que p-p-parassem. Os guardas se irritaram e trocaram ele de l-lugar comigo, as d-dele foram f-f-furadas, e e-ele acabou sendo c-crucificado de v-verdade. D-deixaram-no ali para s-servir de e-e-exemplo — e apontou na direção da capela subterrânea, perto de umas árvores. Vi a sombra do homem morto pendurada na árvore, e voltei a olhar para Leisner, que parecia visivelmente perturbado com aquela vida dentro do campo de concentração.

Nesse momento, alguns clérigos se aproximavam.

— Bem, m-melhor eu ir, não quero c-continuar incomodando a d-doutora com essa c-conversa. Que Deus a a-abençoe — e levantou a mão trêmula com um sinal de benção.

Fiquei parada enquanto via o sacerdote caminhar em direção a seus colegas de cabeça baixa, acompanhados de um *kapo*. Os presos que estavam próximos a nós continuavam a trabalhar sem interrupção.

Assim que ele saiu, Gerta veio em minha direção:

— Doutora, temos alguns atendimentos que acabaram de surgir, pode dar uma olhada?

— Sim, é claro.

— Tive a impressão de ter visto um dos padres conversando com a doutora.

— Ele disse que era um sacerdote.

— Que seja.

— Ele me disse que há muitos católicos em Dachau. É verdade?

— Sim, doutora. Hoje o campo concentra todos os religiosos católicos que estão presos por oposição aos nazistas. Claro que não fazemos com os presos políticos exatamente o que fazemos com os outros presos, desde que se mantenham em seu lugar e de boca fechada. Às vezes, alguns esquecem dessa regra e somos obrigados a tomar providências.

— O que quer dizer?

— O último comboio que saiu com crianças também levou um padre. Ele não nos queria deixar levá-las, então o capitão Himmler propôs que fosse junto.

— E o que aconteceu?

— Ora, o que mais poderia acontecer? Ele morreu junto com as crianças, é claro.

— O comandante Eckle comentou que esse campo começou com presos políticos, correto?

— Sim, doutora. Somente depois da Noite dos Cristais é que os judeus chegaram em massa. Foi um alívio, na verdade, pois os judeus são muito mais eficientes e numerosos. Eu particularmente não gosto desses presos de triângulo vermelho, perdemos muito tempo vigiando-os e produzem bem menos que os demais por causa das questões políticas.

— Perdemos tempo?

— Sim, claro. Mesmo não sendo um soldado, faço questão de avisar os guardas quando vejo algo errado para que deem a lição merecida. Nada passa por mim desapercebido.

— Percebi.

— Inclusive — ela provocou —, tive a informação de que a doutora esteve por aqui durante as festas e que assistiu a uma partida de futebol.

— Sim, gosto de futebol, senhorita Thomann. Há algum problema?

— Nenhum, doutora.

— Percebi que os presos e os guardas gostam muito de jogar aos finais de semana.

— Bem, não jogam como se estivessem em um campeonato, mas eles se divertem um pouco — ela respondeu, um pouco presunçosa.

— Nas condições em que todos estão, achei que jogam muito bem — respondi de forma seca.

Ela contorceu o lábio.

— Podemos ir até o ambulatório agora, doutora? Ou gostaria de fazer mais alguma pergunta?

— Não, não. Estou bem, podemos ir.

E seguimos juntas até meu consultório, onde me aguardavam alguns soldados com problemas respiratórios por causa do frio e que queriam saber se tinham contraído tifo. Havia outros oficiais que também estavam lá porque machucaram as mãos durante as torturas, ao segurar com força os porretes e outros instrumentos que usavam para bater nos presos; para esses últimos, eu fazia questão de tratá-los eu mesma, informando a enfermeira Thomann para que cuidasse de manter os registros enquanto eu limpava as lesões. Então colocava uma solução de hipoclorito de sódio em uma esponja e esfregava os ferimentos para limpá-los, sem muito cuidado com as dores que causava. De certa forma, infringir um pouco de dor naqueles guardas fazia com que me sentisse melhor, imaginando ser capaz de aplicar um pouco de justiça, ainda que ínfima em comparação ao que faziam aos presos de Dachau.

Um novo ciclo
se inicia

No dia seguinte, assim que cheguei ao consultório, encontrei Gerta com uma prisioneira, a qual chorava com a cabeça baixa e o rosto escondido nas mãos.

— Eu a encontrei mexendo no armário das medicações — explicou Gerta —, mas já pedi ao capitão que viesse buscá-la.

— O que houve?

A mulher chorava e soluçava. De repente, vomitou um pouco no chão.

— Você está grávida? — supus.

Ela assentiu e cobriu o rosto com as mãos:

— Eu só queria pegar um remédio, estou me sentindo muito enjoada.

— Você está grávida — disse a senhorita Thomann — e não deveria estar aqui, não é permitida a entrada de prisioneiros. Logo virá alguém para cuidar de você.

A prisioneira tentou impedir, mas vomitou novamente e desmaiou.

— Ótimo, agora isso — disse a senhorita Thomann. — Vou avisar Goldstein para vir aqui e limpar essa sujeira. Fique tranquila que essa mulher não irá mais incomodá-la, doutora.

— Por que diz isso?

— Tínhamos a orientação de eliminar todas as gestantes e puérperas que encontrávamos. Os guardas usavam diversas formas de matá-las, mas *Herr Kommandant* os proibiu porque isso provocava muitas reações dos presos e até de alguns guardas. Essa proibição também foi estendida para as crianças e para os bebês. Depois que os médicos fugiram, ficamos sem ter o que fazer com eles... não produzem e só consomem recursos, tempo e energia no campo — reforçou num tom de ódio que, na sequência, deu lugar a uma espécie de riso sádico. — Estávamos apenas esperando juntar uma certa quantidade desses emprestáveis para levá-los de uma vez só para a câmara. Acredito que já tenhamos o suficiente, de forma que a senhorita não precisa mais se incomodar com essa daí.

Fiquei com pena daquela moça, deitada, ali na minha frente. Então chamei Gerta de canto:

— Podemos falar um instante? — A enfermeira se aproximou de mim, e eu continuei: — Senhorita Thomann, o comandante solicitou que eu retomasse as pesquisas dos médicos anteriores, essa mulher poderá me servir para começar. Coloque-a em uma maca na sala de operações e deixe-a lá que eu irei buscar os protocolos no laboratório. Separe também alguns materiais desta lista no armário e deixei-os ao lado da maca. — Peguei uma folha, escrevi os itens de que precisava e entreguei a ela. — E faça isso o quanto antes. Avise também o capitão que não será necessário levá-la por enquanto, ele será comunicado quando puder vir.

— Não é essa a orientação que tenho para com as prisioneiras grávidas e parturientes.

— E qual orientação tem?

— Todas devem morrer. Quando tínhamos mais recursos, elas e seus bebês eram entregues aos médicos para a realização dos experimentos, mas na atual conjuntura devemos entregá-las ao capitão para serem executadas.

Fiquei refletindo por alguns segundos sobre o que fazer:

— Bem... o comandante solicitou-me máxima urgência em retomar os experimentos, sendo assim, a orientação mudou. Informe o capitão que quero aqui todas as gestantes que forem identificadas, irei começar meus estudos, e aquela senhorita será a primeira a participar.

— E o que pretende fazer? — Gerta perguntou.

— Em breve terá os detalhes desse trabalho, quero ter o prazer de contar em primeira mão ao comandante.

— O comandante solicitou que me mantivesse inteirada de suas atividades, doutora. Posso ajudá-la se me disser o que pretende aqui.

— Agradeço a preocupação, mas não estou pedindo a sua opinião sobre como conduzir meu trabalho, enfermeira Thomann. Só faça o que acabei de lhe pedir, se o capitão tiver algum questionamento, diga-lhe que venha falar comigo.

— Como achar melhor, doutora Eckle — respondeu, visivelmente contrariada. — Deixarei tudo pronto para quando retornar.

Fui até o laboratório e voltei correndo. Quando cheguei, dei um pouco de soro para a moça, que estava pálida. Ela abriu os olhos lentamente e me olhou:

— Conversei com a enfermeira Thomann e pedi que a deixasse aqui. Qual o seu nome?

— Helène Blum.

— E de quantas semanas está?

— Completei 24 semanas ontem, acho. Tenho feito a contagem desde que parei de menstruar. Mas tenho sentido enjoos e mal-estar faz algumas semanas, imaginei que seria comum durante a gestação.

— Percebeu mais algum sintoma?

— Alguns dias atrás tive muita dor e contrações, e perdi um pouco de sangue. Os guardas me agrediram durante o trabalho um pouco antes, imaginei que aquelas dores eram apenas uma reação das pancadas, pois eu já sabia que estava grávida. Eu não quis dizer a eles porque tinha medo do que poderiam fazer comigo.

— Farei alguns exames. Fique deitada, por favor.

A moça deitou-se na maca enquanto eu usava o estetoscópio. Abri o armário de equipamentos médicos e peguei os que estavam à vista para realizar os exames. Apalpei a barriga e percebi que não havia som de batidas do coração e nem movimentos fetais. Encaixei o espéculo e, com um colposcópio, tentei visualizar as condições do feto e do útero da paciente. Apesar de tentar parecer certa do que estava fazendo, eu me sentia perdida, pois tinha tido poucas aulas práticas em ginecologia e obstetrícia durante a faculdade. Felizmente, o consultório tinha todos os equipamentos necessários e, aos poucos, pude me lembrar do básico para conduzir o atendimento. Assim que finalizei minha avaliação, disse a ela:

— Infelizmente você perdeu o bebê, Helène. Teremos que retirá-lo imediatamente.

— Perdi mesmo meu filho? — e seus olhos se encheram de lágrimas.

— Sim, eu lamento. Precisamos fazer o aborto, se insistir em ficar com ele em sua barriga, poderá contrair uma infecção e morrer também.

Ela cobriu o rosto e chorou baixinho.

— Eu imaginei que estivesse morto porque eu não sentia mais nenhum movimento, mas não quis acreditar que era verdade — confessou, com o rosto deprimido ao ouvir aquela notícia.

— Eu entendo — respondi. — Agora, deixe-me prosseguir, tentarei ser o mais breve possível. Você deverá voltar ao alojamento depois da cirurgia, procure ficar deitada quando puder. Deixarei com você uma receita com a orientação de permanecer deitada para fins experimentais, assim os guardas a deixarão descansar.

Ela assentiu com a cabeça em concordância. Ordenei:

— Permaneça deitada. Tentarei amenizar as dores, mas a deixarei amarrada para caso acorde da anestesia.

Coloquei clorofórmio em seu rosto com um pano, injetei morfina e uma solução salina para provocar o aborto. Em seguida, peguei uma cureta que estava no estojo cirúrgico e a introduzi para puxar o feto morto para fora do útero. O procedimento levou cerca de uma hora, pois era a primeira vez que fazia um procedimento como aquele e sem qualquer ajuda. Quando retirei o feto morto, observei que a placenta já estava descolada do útero e imaginei que tanto aquela moça quanto o bebê deviam ter sofrido, pois havia um sangue escuro no líquido amniótico.

E, de repente, percebi que havia me esforçado para salvar uma vida que não deveria ser minha preocupação. *"Por que me importo com a saúde dessa mulher, com uma vida que não vale o esforço?... Ou vale? Meu*

Deus, que está acontecendo comigo?", pensei comigo mesma. Senti uma dor de cabeça, uma agitação dentro de mim... e tentei afastar aqueles pensamentos.

Quando terminei, Helène ainda estava desacordada. Aproveitei para colocar o feto num jarro de vidro com formol, assim Gerta veria que se tratava somente do início de um estudo, nada mais. Fui levar o vidro para o laboratório que ficava em outra edificação e, no caminho, vi Isaac sentado com Benjamin. Chamei-o:

— Goldstein, pode vir até aqui um momento?

Ele se levantou, pedindo para Benjamin permanecer onde estava.

— Posso ajudar em algo, doutora?

— Leve isso ao laboratório e deixe-o sobre a mesa. Depois irei lá.

Assim que pegou o jarro, examinou-o rapidamente com uma expressão de estranheza e saiu, sem fazer perguntas.

Logo que Isaac se retirou, voltei ao consultório. Gerta espiava pela porta da sala de cirurgia com curiosidade, e não percebeu que eu me aproximava por trás dela:

— Olá, senhorita Thomann — ela quase deu um pulo quando ouviu minha voz. — Procurando por alguma coisa?

— Doutora Eckle — ela disse, parecendo se atrapalhar antes de responder —, vim saber se tem certeza de que não precisa de mim, parece que está com bastante trabalho.

— Não preciso, obrigada. No caminho encontrei Goldstein e requisitei sua ajuda com a organização da sala de cirurgia. Preciso que ele limpe a sujeira que está aqui...

— Posso cuidar disso, se preferir. — Seus olhos pareciam de um gato, prestes a atacar aquela moça que se encontrava sobre a maca.

— Seus serviços serão mais úteis no ambulatório, caso apareça algum soldado que necessite de atendimento. Deixe a faxina para os presos.

— Não me importo em auxiliá-la em seus estudos.

— Não é preciso, enfermeira. Está tudo sob controle, só preciso que Goldstein faça a limpeza da sala de cirurgia.

— Mas, doutora, como eu lhe disse, posso...

— Obrigada, acho que é tudo. Pode me dar licença?

— Sim, doutora — e saiu, claramente nervosa e contrariada por não poder ficar ali observando o que eu fazia.

Em pouco tempo, Isaac apareceu, olhou a moça deitada e então perguntou:

— No que posso ser útil?

— Sabe quem é ela?

— É Helène Blum. Está... ou estava... — e olhou para o sangue na mesa, abaixo dela — grávida e vinha se sentindo mal nos últimos dias, não sabíamos o que estava acontecendo.

— O pai dessa criança que faleceu está aqui no campo?

— Ela nunca mencionou se era casada ou se estava com alguém, faz algum tempo que está aqui. Os pais dela já morreram e não havia contado a ninguém sobre a gestação, soube somente quando pediu ajuda por causa dos enjoos.

— Ela lhe pediu ajuda?

— Benjamin me contou, ele ouviu a conversa enquanto brincava com os amigos e queria saber se eu podia ajudar.

— E você fez alguma coisa?

— A senhorita Blum não falou comigo, seria indelicadeza minha abordá-la sobre um assunto tão sério e para o qual não fui convidado a opinar.

Nesse instante, cerca de 20 mulheres chegaram na porta do ambulatório, acompanhadas de um guarda:

— Doutora Eckle, fui informado que deveria trazer essas mulheres até aqui. Confere?

— Bem, solicitei ao capitão que mandasse para mim todas as grávidas e puérperas, quero iniciar o quanto antes meus estudos.

— Sim, doutora, tenho a informação de que todas estão grávidas ou tiveram bebês há pouco tempo. Devo aguardar até o término de sua coleta para levá-las novamente?

— Elas farão parte de meu estudo a partir de agora. Informe o capitão que preciso de tempo para minha pesquisa, assim que terminar, avisarei para que vocês possam levá-las. Agora pode sair, obrigada.

Ele acenou em continência e se retirou. As mulheres ficaram paradas me olhando, enquanto Isaac se virou e perguntou:

— Irá precisar de ajuda?

— Sim, ouça as instruções e apenas me obedeça. Sem perguntas.

— Bem... caso alguém me questione sobre o trabalho que está sendo feito aqui, devo dizer o quê? — indagou-me visivelmente preocupado.

— Simplesmente diga que se trata de uma pesquisa sob minha responsabilidade e peça para me procurarem.

— Sim, doutora.

Olhei para aquelas mulheres me observando lado a lado, aguardando o que eu faria. Caminhei pela sala, analisando uma por uma, depois fui até o consultório para refletir por alguns instantes a respeito daquela situação:

"Bem, quero ajudar essas mulheres, mas tenho que fazer isso sem que ninguém perceba minhas reais intenções, ou terei grandes problemas aqui. Sei que o aborto foi proibido quando Hitler chegou ao poder e que os nazistas repudiam esse tipo de procedimento médico. Por outro lado, sei que a SS é muito receptiva a qualquer iniciativa que implique controle da natalidade de judeus, ciganos e poloneses. Talvez não faça sentido... diante das ameaças de fim da guerra, posso estar me precipitando ao fazer o aborto em todos os casos. Mas se durar mais tempo que uma gestação, que vida terão essas crianças? Nascer para morrer logo em seguida? Posso mentir para algumas e dizer que devemos esperar até o fim do primeiro trimestre para então fazer o aborto, mas quanto maior fica o bebê, maior o risco de óbito materno. Céus, em que situação complicada fui me colocar".

Depois de algum tempo, eu disse:

— Irei retirar os fetos de todas. Isaac, você irá colocá-los em frascos com formol e armazená-los no laboratório. Ao final de cada procedimento, limpe a sala da cirurgia, retire o sangue do chão e da maca e esterilize os itens de metal.

Ao terminar a frase, percebi diferentes reações. Olhei de relance para os rostos daquelas mulheres, com cautela para não levantar suspeitas, e notei que muitas reagiram com indiferença ou até mesmo alívio, o que me fez pensar imediatamente na origem indesejada daquelas gestações. Em dois ou três casos, entretanto, percebi a sensação de angústia que minha decisão causara. Lembrei-me de Helène, que também chorara ao saber da perda do bebê, e imaginei se aquelas crianças poderiam significar algo mais, tendo sido frutos de relacionamentos verdadeiros, de amor. Baixei meus olhos por um instante.

— Onde posso fazer a esterilização, doutora? — Isaac trouxe-me para a realidade.

Levei uma das mãos à cabeça e permiti-me refletir por mais um momento, antes de responder. As reflexões brotavam e brotavam em minha mente silenciosa e dividida. Não consegui imaginar nada positivo e decidi seguir com meu plano. Levantei a cabeça, mas preferi não olhar mais para as mulheres, esclarecendo a dúvida de Isaac:

— Ali — apontei para o *Aesculap* perto do lavatório —, e use o óxido de etileno que está no armário. Se estiver trancado, pegue a chave com a enfermeira Thomann.

— Sim, doutora. Os lençóis da maca também deverão ser trocados ao final de cada procedimento?

— A maca ficará sem lençóis por enquanto, limpe bem a maca para não termos qualquer problema de contaminação. Se precisar limpar alguma peça de tecido daqui, leve ao lavatório e enxague com sabão, depois traga de volta.

— Sim, doutora.

— E antes que eu me esqueça, informe ao oficial responsável por você no galpão das armas que precisarei de seus serviços até terminar esse trabalho. Peça a ele para lhe substituírem por enquanto. Avisarei a senhorita Thomann e o capitão de sua participação aqui para não termos problemas.

— Sim, doutora.

— Vamos começar?

. . .

Nos dias que se seguiram, dedicava minhas tardes e noites a fazer a interrupção das gestações. Já havia notado certo prazer de Gerta em monitorar o tempo que dedicava às minhas atividades, e que o fazia com mais afinco no início do dia. Assim, mantinha minha rotina no consultório pelas manhãs. Entretanto, como percebi que o interesse dela em minha pesquisa e no destino das gestantes não acabaria tão cedo, pedi a Isaac que me ajudasse a montar uma sala cirúrgica no laboratório e passei a fazer os procedimentos ali, um pouco mais fora do alcance dela. Isaac estava sempre atento e em silêncio, muito eficiente. Os fetos retirados eram imediatamente entregues a ele, que os colocava em frascos e os levava a uma antessala, onde eram realizados os testes químicos e biológicos das amostras.

No início, vieram poucas mulheres, somente as que a SS conseguira identificar. Porém, logo que perceberam que eu não tinha a intenção de matá-las, apareceram outras, surpreendendo a mim e causando estranheza nos guardas e em Gerta, que logo levaria a notícia ao capitão e, logicamente, ao conhecimento de meu pai.

Talvez até pelas anteriores eliminações em grupo de grávidas que Gerta comentara, na maioria dos casos as gestações eram apenas de primeiro trimestre ou início de segundo trimestre. Isso facilitava meu trabalho, pois o risco de alguma delas acordar durante o procedimento era baixa, porém eu tinha que ficar sempre com um uma dose de morfina a mais ao meu lado, assim como o balão vaginal, caso houvesse alguma hemorragia interna por causa da curetagem. Também tinha que manter doses pequenas e calculadas de sulfanilamida no armário para o caso de alguma delas ter alguma infecção após o procedimento, o que chegou a ser necessário em poucos casos.

No começo, ainda me ressentia cada vez que realizava um novo aborto. Mas amenizava minha culpa ao pensar que, da melhor forma que eu podia, estava dando alguma perspectiva de vida para aquelas mulheres, já que elas certamente morreriam se continuassem grávidas. Ainda assim, eu sabia que, a qualquer momento, poderia me deparar com uma situação diferente, onde a retirada do feto não fosse "tão simples". E me perguntava se teria coragem de fazer o que fosse necessário para justificar a legitimidade de minha pesquisa.

Por causa da má alimentação e do excesso de trabalho das mulheres, eu esperava que os recém-nascidos apresentassem sequelas decorrentes das condições de vida das mães, talvez nem mesmo resistindo ao nascimento. Mas era apenas uma hipótese e, talvez, uma esperança para que eu não tivesse que lidar com algo diferente daquilo que já estava à minha frente.

Não demorou muito até receber uma gestante já com 36 semanas, e percebi que o bebê provavelmente nasceria vivo. Perguntei à prisioneira como conseguira ficar tanto tempo escondendo a gravidez, e ela me explicou que, como estava com o corpo todo inchado, pensaram que sua barriga era algum tipo de contaminação ou uma simples retenção de líquidos.

O parto durou cerca de uma hora, e assim que a criança foi retirada, notei que tinha baixo peso, mas parecia bem. Era um menino franzino e de cabelos escuros. Saí da sala com o recém-nascido nos braços e uma sensação amarga tomou conta de mim, como se todo o embasamento para seguir com aquelas interrupções não fizesse mais nenhum sentido. Tentei permanecer firme em minhas convicções, fui até o lavatório, enchi a cuba de água e aproximei o bebê, segurando-o pelo pescoço. Ele ainda estava roxo, além de choramingar e tremer por conta do choque térmico. Com os braços bambos, tentei afundá-lo, mas a água fria o fez tremer ainda mais e, assustada, retirei-o dali. Respirei fundo e tentei mergulhá-lo com o rosto virado para a cuba, mas começou a gritar de medo e, sem muita hesitação, trouxe-o para perto do peito. Ele se acalmou assim que sentiu meu colo. Suas mãozinhas pequenas tentavam arranhar minha blusa, e ele abria a boca como se estivesse procurando o seio, ainda com os olhos fechados.

Meus olhos começaram a se encher de lágrimas e senti um nó na garganta enquanto olhava para aquele pequenino tão indefeso. Minha respiração ficou difícil e percebi meu rosto quente, como aquela sensação que temos quando estamos prestes a nos desmoronar em nós mesmos. Senti-me um monstro... acho que destruiria a mim mesma se insistisse em tirar aquela vida. Não tive coragem...

Passados alguns segundos, peguei um pano que estava ao lado e enrolei o bebê. Retornei à sala de cirurgia onde a mãe estava prostrada e o devolvi. Assim que pegou seu filho, abraçou-o e escondeu o rosto enquanto chorava. Disse-lhe:

— Acho que ele precisa comer alguma coisa. Você sabe amamentar?

Isaac se aproximou e disse:

— Não se preocupe, doutora. As outras mulheres que estão aqui poderão ajudá-la. Vamos continuar com sua pesquisa?

Fiquei pensativa, pois tinha dúvidas se alguém teria percebido o que eu tentara fazer há pouco. Certifiquei-me de que Gerta não estava por perto. Amarrei então uma pulseira no bebê e outra na mãe com um número de identificação, e a avisei que aquela pulseira não deveria ser removida sob hipótese nenhuma, pois significava que eram parte de meus estudos e estavam sob minha responsabilidade. Procedi da mesma forma com outras poucas mães cujos bebês nasceram vivos. Infelizmente, nem todas sobreviviam aos procedimentos...

Cheguei a ter alguns casos nos quais a criança nasceu e a mãe, muito fraca, não resistira. Nessas ocasiões, com os devidos cuidados, eu pedia a Isaac que entregasse a criança para outra mulher que perdera seu bebê recentemente, selecionando aquelas cujas gestações foram interrompidas em fase mais avançada, para não levantar suspeitas.

Certo dia, chegou até mim uma moça muito machucada, suja e doente. Ela queria que eu verificasse se estava grávida para já fazer o aborto, mas estava claro que não resistiria a nenhuma conduta. Coloquei-a na maca e comecei a examiná-la. Não havia bebê nenhum ali de fato, mas uma mulher com gravidez psicológica que estava delirando por causa de um bebê que só existia em sua mente. Depois que terminei o exame, disse-lhe:

— Veja, você não está grávida e precisa voltar ao seu trabalho, eu nada posso fazer.

Mas ela continuava com os olhos fundos de tristeza.

— Eu sei que tem algum bebê. E eu não quero que nenhum bebê nasça de mim — disse, chorando. Esticou os braços, mostrando-me seus pulsos. Vi que seus braços estavam com marcas e cortes, e ela usava uma roupa com dois triângulos sobrepostos.

— Sabe o que é isso? São marcas de chicote e de cordas dos guardas e dos *kapos* — e continuava chorando.

— Por que veio até mim?

— Sou prostituta. Quer dizer... fui obrigada a me tornar uma aqui. Sabia que um dos barracões serve somente como prostíbulo?

— Não sabia. Pensei que fosse proibido os guardas se relacionarem com judias — comentei.

— O Reich diz que é proibido, mas o capitão faz concessões quando pedem por algumas mulheres, como em meu caso. Muitas ficaram grávidas por motivos semelhantes aos meus.

— O que quer dizer?

— Trocamos sexo por comida, por remédios, para proteger nossas famílias, para simplesmente continuarmos vivas. Pode ser com guardas, *kapos* e até mesmo com presos que nem teriam esse direito. Porque nada importa a eles quando o assunto é sexo...

Fiquei em silêncio. Não sabia o que dizer.

— Já cheguei a receber mais de 20 homens por dia, durante semanas. Sou obrigada a fazer coisas que nem eu mesma poderia imaginar, sem reclamar — ela continuou. — Tenho medo de estar grávida, estou com dores nos seios e minha barriga está inchando, tenho desejos e parei de menstruar. Não vou suportar olhar para uma criança e me lembrar do que passei. Prefiro a morte!

— Está se precipitando — tentei acalmá-la. — Acabei de examiná-la, não há bebê. Talvez seja uma pseudociese, que pode acontecer em situações de estresse exacerbado.

— Minha religião não aceita o aborto, a doutora sabia disso? — ela perguntou, com o rosto sujo de terra e lágrimas.

— Não sabia — respondi.

— Mas isso é uma loucura, como posso ter um filho de um nazista? De um *kapo*? Isso não é justo. E é por isso que tantas de nós vieram mesmo sabendo que os guardas não tinham percebido que estavam grávidas.

— É preciso muita coragem para vir até mim se sabiam que os guardas não tinham percebido as gestações.

— Não é coragem apenas, doutora. É muita dor, muita tristeza e muito medo. A maioria que está aqui quer continuar viva.

— E você não quer?

— Sei que está sendo pressionada para apresentar resultados e provar sua fidelidade à Hitler, doutora. Ficarei feliz em morrer nas suas mãos, em nome de seus estudos. Só peço que acabe com meu sofrimento, por favor — e se ajoelhou, chorando enquanto abraçava minhas pernas.

— O... O quê? Por favor, solte-me, não faça isso — pedi e a afastei, confusa.

Ela tombou perto do armário, pegou a cureta e enfiou com força na barriga. Jorrou bastante sangue e, aos poucos, foi morrendo.

Desesperei-me com aquela cena de terror e fiz o que pude para parar a hemorragia, mas ela não resistiu e morreu. Quando se foi, tive a impressão de que estava feliz, como se esperasse a morte como algo que a libertaria... e me comovi. Fiquei olhando para seu rosto, tão tranquilo após o falecimento. Seus traços eram delicados e seus olhos tão claros que pareciam verdadeiras janelas de vidro de sua alma, tão ferida por tudo que passara. Pedi a Isaac que levasse o corpo para o crematório e segui com as demais prisioneiras, que aguardavam sua vez.

Levei alguns dias até finalizar os procedimentos previstos para aquele período. As mulheres que morriam eram registradas como "testes inconclusivos". Não conseguia impedir as mulheres de verem aquelas que morriam na mesa de cirurgia, mas isso não as impedia de esperar por sua vez. Sabia que novas gestantes poderiam surgir no campo, mas desejava finalizar meu estudo para que não precisasse mais passar por aquilo, ao menos até pensar em uma nova solução para evitar a morte de todas aquelas mulheres. Quando acabou, disse a Isaac:

— Finalizamos aqui, agora vá, está dispensado. E, como lhe disse, espero seu mais absoluto sigilo sobre este assunto.

— Claro, doutora.

Esperei um instante antes de perguntar:

— Você... sabia da existência de um prostíbulo aqui no campo?

— Sim, doutora.

— E já esteve lá?

— Sim, apenas para fazer a limpeza. Os serviços são exclusivos para os *kapos,* para os trabalhadores que vêm da cidade e para os guardas.

— Somente prisioneiras são obrigadas a trabalhar lá?

— Sim... Bom, não exatamente... É um pouco complicado.

— Como assim?

— Há também homens.

— Homens?

— Todos os que possuem o triângulo rosa são homossexuais e também são procurados para... enfim... — Isaac conteve suas palavras e continuou. — Ficam fora do prostíbulo porque a SS não aceita a homossexualidade, mesmo sabendo que há procura dos guardas por esses homens. E eles, tal como as mulheres, acabam se sujeitando para não morrerem, sendo mandados para as frentes de batalha ou para outros campos.

Fiquei aturdida, pensando no que ouvira.

— A doutora precisa de mais alguma coisa?

— Não, pode se retirar.

Quando estava na porta, quase saindo, lembrei-me e gritei para ele:

— Isaac, um momento. A mãe de Benjamin e sua irmã passaram pela mesma situação das moças que vieram aqui, estou certa?

Ele parou e ficou quieto, sem se mexer.

— Estou certa, Goldstein? — repeti a pergunta.

— A equipe médica que trabalhava aqui antes da doutora realizava experimentos com crianças e adultos, sob a supervisão de um médico da SS que veio transferido de Auschwitz. Devo dizer que ele nutria certo prazer ao executar seus protocolos experimentais. — A feição de Isaac enrijeceu-se antes de continuar. — Alguns desses testes de resistência eram feitos com bebês. A mãe de Benjamin estava grávida e tentou esconder a gestação, mas não conseguiu. Algum tempo depois de dar à luz ao irmão de Benjamin, os guardas o pegaram e levaram-no ao laboratório. A mãe de Benjamin tentou proteger o recém-nascido, então os guardas a afogaram em um cocho de água, na minha frente. Não pude fazer nada para salvá-la... O bebê nunca mais foi visto, e obviamente morreu enquanto faziam estudos com frio, fome e outras coisas desse tipo.

— E sua irmã?

— Gisella tinha dado à luz pouco antes de nos aprisionarem. Os médicos também pegaram meu sobrinho para seus testes, enquanto minha irmã foi colocada na área de procriação do prostíbulo para que engravidasse novamente. Eles possuíam uma área assim para gerar mais bebês para testes, no que chamavam de melhoramento genético para a "raça pura". Ela não suportou e se jogou na cerca elétrica.

Ele deu uma pausa, parecendo esperar se acalmar, e continuou com a voz embargada:

— As duas morreram quase na mesma época, e quando vi, Benjamin e eu estávamos sozinhos. Por isso decidi cuidar dele.

— Foi muito generoso de sua parte, Goldstein. Deve ter sido um período muito difícil para vocês dois.

— Foi só o começo, doutora... Só o começo...

Medicina nazista

Passou quase um mês desde o início do ano e apenas alguns dias desde que concluíra meus testes com as gestantes e puérperas. A partir daquilo, percebi um certo incômodo por parte de Gerta, ainda não convencida de que minhas intenções eram legitimamente nazistas. As mulheres e os bebês que eu atendera agora usavam pulseiras de identificação, sobre as quais recorrentemente os guardas perguntavam para que serviam, uma vez que todos os presos já tinham números de identificação em suas roupas. Além disso, em Auschwitz as cobaias, como gostavam de chamar, ficavam presas em alojamentos especiais à disposição dos pesquisadores, e ali as recentes mães podiam circular pelo campo e continuar a trabalhar, embora eu insistisse que evitassem chamar a atenção dos guardas ou dos *kapos*.

Em razão das constantes perguntas, solicitei a Isaac uma lista com os nomes e números de todas elas para evitar desaparecimentos repentinos, constantemente promovidos por Gerta ou Karl, e passei a convocá-las periodicamente no laboratório para um "acompanhamento de pesquisa". Durante as consultas, eu pesava os bebês, verificava seus batimentos cardíacos e condições gerais de saúde, anotava todos os dados em fichas que ficavam em uma pasta com o nome fictício da pesquisa, e por fim passava algumas orientações para as mães referentes à amamentação e a cuidados básicos com os bebês. Além disso, algumas vezes pegava comida da despensa de minha mãe, levava escondido dentro da maleta até o laboratório e fingia esquecer uma parte sobre a mesa para que pegassem, tomando o cuidado de lhes dar somente o suficiente para permanecerem vivas, evitando permitir qualquer aumento de peso ou sinal de saúde.

• • •

Meu pai retornou de viagem em meados de fevereiro. Estava quase na hora do jantar quando ele entrou pela porta da frente de casa e a bateu com força. Minha mãe foi correndo até ele:

— Andreas, o que está acontecendo?

— Hitler está furioso! — gritou meu pai, visivelmente preocupado e andando de um lado para outro. — Perdemos a batalha de Ardenas, nossos aliados estão se voltando contra nós e Auschwitz foi tomada pelos soviéticos.

Corri até eles para ver o que estava acontecendo. Meu pai sentou-se na poltrona com força, encheu um copo de uísque puro e bebeu de uma só vez. Colocou o copo na mesa e encheu-o novamente, respirou fundo, e falou:

— Nessa última reunião, fomos informados que não haverá mais transporte de prisioneiros por trem ou caminhões sob nenhuma hipótese. Cada campo na mira dos inimigos será responsável por providenciar a Solução Final, e teremos que encontrar um meio de dar fim aos prisioneiros sem chamar atenção. Nosso campo ainda continuará os trabalhos, mas estamos por um fio de perdermos a guerra — ele estava vermelho e parecia usar todas as suas forças para se controlar.

— Devo... interromper os estudos médicos? — perguntei, preocupada.

— Como eu disse, nosso campo continuará os trabalhos, então entende-se que não iremos parar os estudos, certo? — respondeu, em tom de ironia.

— Sim, desculpe-me.

— E o dinheiro da SS? — perguntou minha mãe.

— Magda, por favor... a SS está à beira da falência. Não haverá mais financiamento para a produção de armas nem receberemos mais os produtos da IG Farben para continuar as pesquisas ou manter o ambulatório. Terei que planejar como usar as pastilhas de cianureto e a munição que ainda restam para fazer o melhor aproveitamento e, assim, conseguirmos nos manter enquanto for possível.

Ficamos paradas, em pé olhando para meu pai, enquanto ele continuava a beber seu uísque. Perguntei, depois de um tempo de silêncio:

— Há algo que eu possa fazer?

— A senhorita Thomann me disse que você já começou seus estudos, mas não me recordo de tê-la instruído quanto a quais pesquisas eu gostaria que retomasse. Também deixei claro que deveria pedir à Gerta para lhe explicar o que tinha sido feito pelos médicos anteriores e como você conduziria seu trabalho.

Fiquei com raiva de Gerta por ter sido tão rápida em me delatar e com medo que ele desconfiasse do que eu estava fazendo. Tive que pensar rápido:

— Bem, presumo que o senhor entenda algumas limitações que a senhorita Thomann possui como enfermeira, e não como médica envolvida diretamente com os estudos — respondi em tom educado, mas firme, posicionando-me de forma a não demonstrar qualquer insegurança. — Além disso, já havia lido alguns estudos prévios e soube que o doutor Mengele aprecia testes com crianças.

— Creio que saiba que ele aprecia testes com gêmeos.

— Sei, sim, senhor.

— E há crianças gêmeas em seus estudos?

— Não... senhor.

— E o que está querendo estudar então, Adelaid?

— Eu... — pensei por um momento. — Lembra-se que estávamos com surto de tifo até pouco tempo, correto?

— E daí?

— Soube que em Auschwitz estavam tentando desenvolver uma vacina contra o tifo. Algo que usava piolhos ou coisa parecida... Mas soube que não obtiveram o efeito desejado, além de um resultado ruim nos soldados voluntários para os testes. Pensei em usar as crianças para reproduzir os testes. As pesquisas com bebês são escassas, como os recém-nascidos não possuem uma resposta imunológica bem formada, talvez fosse melhor pesquisar nos que estão aqui do que esperarmos que crianças arianas sejam infectadas.

— E por que as mães estão vivas se só precisamos das crianças? — continuou desafiando-me.

— Porque as crianças precisam ser alimentadas e sua resistência melhora significativamente com o convívio materno. Poderia alimentá-las com o leite que temos na despensa, mas teríamos dificuldade em controlar outras variáveis, como alergias. Pela amamentação, precisamos apenas disponibilizar um mínimo de comida para as mães até terminarem os estudos.

— Soube também que você fez alguns abortos — ele acrescentou.

Pelo jeito, Gerta foi bem específica sobre tudo que eu havia feito.

— Sim, fiz alguns abortos.

— E por que perdeu seu tempo com isso?

— As mulheres relataram que já tinham tido tifo. Achei que poderia usar os fetos como parte da pesquisa, para avaliar se poderiam ter contraído tifo através da placenta.

— E por que se deu ao trabalho de manter as mulheres vivas?

— Como elas se recuperaram do tifo, estou fazendo um trabalho paralelo com retiradas de sangue imunizado para termos em estoque caso seja necessária alguma transfusão em massa para nossos soldados. Estão sendo separados de acordo com o tipo sanguíneo para não termos problemas, o senhor pode verificar no laboratório todos os registros se tiver qualquer dúvida.

Meu pai olhava-me fixamente, batendo o dedo no copo que segurava. Parecia um pouco contrariado, mas incapaz de confrontar-me tecnicamente. Inspirou e se levantou:

— Bem, fico satisfeito que esteja tudo sob controle. Por um momento, estávamos preocupados que suas intenções não estivessem de acordo com os princípios nazistas, que estivesse me desobedecendo e usando de sua posição para salvar essa escória.

— Eu não faria isso com o senhor — respondi sem titubear. — Aliás, parece-me que a senhorita Thomann tem bastante a melhorar em seus relatórios periódicos, talvez passando a incluir os racionais médicos que motivam nossas pesquisas, e não apenas suas opiniões acerca do que acredita fazer sentido ou não — emendei já deixando clara a insatisfação com tal questionamento sobre minha competência.

— Ótimo, pois seria muito difícil tomar atitudes contra minha própria filha se descobrisse que você está nos traindo. Mas vejo que está tudo sob controle — e levantou o copo como se me cumprimentasse.

Permaneci imóvel e respirava lentamente enquanto ele continuava a me observar, fixamente.

— Bem — ele continuou —, orientei Gerta a lhe mostrar os estudos que foram realizados aqui no campo e os experimentos de Mengele em Auschwitz. Ela começa amanhã e espero que, depois das orientações que receber, possa aproveitar o que já foi feito para aperfeiçoar esse seu trabalho com essas mulheres e esses bebês.

— Sim, senhor — respondi, ainda apreensiva. — Agora gostaria de lhe pedir licença, estou cansada e amanhã terei um dia atarefado.

Ele me dispensou acenando com a mão que segurava o copo de uísque, ainda me olhando com certa desconfiança. Subi aliviada e fui dormir.

• • •

No dia seguinte, enquanto ia em direção ao ambulatório, encontrei-me com Isaac caminhando em direção a minha casa.

— Bom dia, doutora.

— Bom dia, Goldstein. Está indo até minha casa?

— Sim, a senhora Eckle me disse que quer que eu termine logo as tintas e os acabamentos das peças para poder me dedicar somente aos trabalhos do campo.

— Conseguirá terminar isso hoje?

— Acredito que não, pois preciso de algum tempo e a produção de armas e munição aumentou muito. Como tenho mais conhecimento na linha de fabricação de pistolas, estou responsável pelo controle de qualidade. Então, ficarei somente um pouco para mostrar à sua mãe o que ainda precisa ser feito.

— Entendo. E... Goldstein?

— Sim?

— Além do que houve com sua irmã e com a mãe de Benjamin, tem conhecimento do que mais os médicos daqui faziam?

Ele suspirou profundamente.

— Não sei dizer ao certo — ele respondeu —, mas o doutor Eppinger e o doutor Beigelbock trabalhavam fechados o dia todo no laboratório, e os presos que entravam nunca saíam de lá. A enfermeira Thomann deve ter mais informações sobre as atividades deles.

— Ah, sim, claro. Irei verificar com ela, só queria me adiantar. Obrigada e pode ir.

Ele acenou com a cabeça e saiu. Continuei em direção aos laboratórios. Pela janela empoeirada, vi os jarros com os fetos natimortos que Isaac guardara e, ao lado, um escritório fechado que provavelmente tinha sido dos médicos que trabalharam lá. Quando me virei, deparei-me com Karl:

— Oh, bom dia, capitão, não havia visto você por aqui.

— Bom dia, doutora. Interessada no escritório do doutor Eppinger e do doutor Beigelbock?

— Eles foram os tais médicos que minha mãe comentou que fugiram?

— Sim, nos disseram que iriam viajar para uma visita ao doutor Wirths, chefe da equipe médica da SS. Mas nunca mais tivemos notícias depois que se foram.

— Que coisa... Soube que aqui eram realizadas as experiências médicas, é verdade?

— Sim, muito bem-sucedidas inclusive, o doutor Eppinger era um médico muito respeitado nas universidades alemãs e tínhamos orgulho em tê-lo em nossa equipe.

— E você acompanhava esses estudos?

— Claro. Eles tinham diversas frentes de pesquisa. As duas principais aqui eram os testes de sobrevivência e imunização, enquanto os testes de eugenia se concentravam em Auschwitz. Sei com detalhes esses estudos, os médicos sempre contavam histórias a respeito dos testes do doutor Mengele. Minha equipe e eu ficávamos à disposição deles, responsáveis por recrutar alguns presos para participarem dos estudos, e também monitorávamos aqueles submetidos aos testes para garantir que cumpririam os protocolos. Lembro-me que, numa das pesquisas, eles deram água do mar a um grupo de ciganos para avaliar se poderiam sobreviver sem água potável. Eles começaram a lamber os pisos que lavávamos, tivemos que controlá-los para que não bebessem o próprio mijo — comentou, rindo.

Permaneci séria, mas ele continuou a sorrir enquanto me olhava.

— Seu pai me disse que hoje Gerta irá lhe apresentar os principais experimentos conduzidos pelos médicos anteriores, não é mesmo?

— Bem, é o que me disse.

— Ela os auxiliou durante todo o tempo em que estiveram aqui, aproveite essa conversa de hoje para extrair toda informação que conseguir e dar continuidade às pesquisas deles ou melhorar sua pesquisa atual. Bom, tenho que voltar ao meu trabalho agora, nos falamos mais tarde, pode ser?

Quando se virou, chamei-o novamente:

— Capitão Himmler?

— Sim?

— Outro dia, enquanto conduzia minha pesquisa, percebi que Goldstein ficou abalado ao ver aquelas mulheres, mais do que eu esperava.

— Já disse à sua mãe que ele tem pouca serventia. Não sei por que insistem em chamá-lo para auxiliá-las.

— Minha mãe é só uma artista buscando a melhor forma de expressar sua arte. Mas diga-me, o que aconteceu com a irmã de Goldstein e com a mãe de Benjamin?

Karl fechou o rosto:

— A doutora tem estado muito envolvida com esses presos, na minha opinião.

— Não me importo com a vida de nenhum deles. Pergunto porque, como sabe, estou dando sequência aos testes com crianças e bebês e soube que elas participaram de testes semelhantes aos meus.

— Tivemos alguns experimentos que envolveram gêmeos e bebês, pois a SS tinha muito interesse em saber como resistiam a algumas doenças, como tifo e malária, além dos testes de resistência militar. Ambas as mulheres que você comentou fizeram parte desses estudos médicos, mas a mãe de Benjamin não aceitou os procedimentos que envolviam o bebê e tivemos que matar os dois. Já a irmã do Goldstein, se não me engano, atirou-se na cerca elétrica logo depois que seu filho morreu. Uma morte dolorosa, se posso dizer.

— E meu pai chegou a acompanhar esses trabalhos?

— Sempre mantivemos o comandante informado de todos os nossos trabalhos, nada aqui é feito sem o conhecimento dele — respondeu, surpreso que eu não soubesse disso.

— Claro, só queria ter certeza — falei com a voz baixa.

— Precisa de mais alguma coisa, doutora?

— Acho que não. Agora preciso ir ao ambulatório, obrigada por todas as informações.

— Não há de quê. Até mais, doutora Eckle — acenou e saiu.

Assim que cheguei ao ambulatório, Gerta me aguardava.

— Peço desculpas pelo atraso, estava conversando com o capitão.

— Sabe que o comandante não aprova atrasos, não é mesmo, doutora?

— Sei, sim, mas ele não está aqui e, como lhe disse, estava com o capitão. Podemos começar?

Ela fechou o rosto, contrariada.

— Estou com as chaves do laboratório em minhas mãos, vamos?

E seguimos juntas. Quando chegamos, ela abriu a porta e percebi um equipamento de filmagem montado na recepção e duas cadeiras ao lado.

— Os médicos daqui gravavam as experiências, além de anotar todos os resultados nos prontuários dos prisioneiros. Pouco antes de Auschwitz ser invadida, todos os documentos oficiais foram levados a Berlim e, como seu pai estava por lá, trouxe algumas cópias dos registros médicos para lhe apresentar. Deixei tudo preparado para começarmos, pode se sentar.

Sentei-me e ela foi para a frente da sala, como uma professora:

— O trabalho de pesquisa médica é um dos trabalhos mais importantes para a SS, como a doutora já deve saber. Por isso, em todos os campos os médicos participam da seleção das cobaias que farão parte das pesquisas assim que os trens e caminhões chegam ao campo. Em Auschwitz, o doutor Mengele fazia questão de estar presente sempre que chegavam novos presos para selecionar pessoalmente suas cobaias. Os transportes foram interrompidos, então sua seleção deverá ser feita com o que já temos. Está acompanhando minhas explicações, doutora?

— Sim, Gerta.

— Ótimo. Para a seleção de novas cobaias, você deve definir seus critérios: se são jovens ou idosos, homens ou mulheres, crianças, bebês, com características especiais como serem gêmeos ou anões, entre outros. Essas pessoas serão, então, separadas pelos soldados e ficam à sua disposição.

— Obrigada, mas não necessito que me explique os detalhes de como definir meus critérios de pesquisa — confrontei-a um tanto desagradada com aquele tom magistral. — E se algum preso resistir e não quiser participar?

— Isso não existe, doutora — olhou-me com estranhamento e mais uma vez contrariada com meu comentário anterior. — Eles não têm autonomia para decidir se querem ou não participar.

— Ok. Só queria me certificar.

— A especialidade do campo de Dachau são os estudos relacionados a melhorar a capacidade de nossas forças militares e a sobrevivência dos soldados durante combates e em ambientes hostis. Por isso, nossas linhas de pesquisa principais são a resistência a congelamento ou hipotermia, resistência à fome, privação de sono, altitude e também reações a gases. Irei mostrar-lhe algumas imagens para que tenha mais clareza de cada estudo — e ligou o equipamento para iniciar o vídeo.

Comecei a ver as imagens, enquanto ela explicava como conduziam os experimentos. Bebês foram gravados enquanto eram submetidos à privação de sono, frio, calor, fome ou sede, e seus resultados eram detalhadamente registrados até o óbito de todos. Dezenas de bebês, uns ao lado dos outros, com suas mães atrás, nas filmagens; depois, cada grupo era fotografado e apresentado junto aos resultados, com as crianças já mortas.

Nos estudos com hipotermia, os médicos posicionavam um cano de metal no reto dos prisioneiros para controlar a temperatura, e lhes entregavam coletes salva-vidas antes de serem mergulhados em piscinas congeladas, ficando lá para avaliação de sua resistência até não mais resistirem. Em alguns casos, os médicos ainda tentavam reanimar as vítimas para testar sua capacidade de sobrevivência, mas eles nunca voltavam à vida.

Nos testes com altitudes elevadas, os presos eram pendurados em equipamentos de paraquedismo e fechados em câmaras especiais que simulavam a baixa pressão; à medida que a pressão era reduzida, os presos gritavam e se debatiam, chegando a morder os próprios lábios e cortar-se com as unhas, afundando as mãos com força no rosto, como se enlouquecessem.

No experimento com desidratação, vimos exatamente o que Karl já havia descrito sobre os presos lamberem pisos úmidos na tentativa de encontrarem água, desesperados, enquanto os guardas os observavam e os médicos anotavam os resultados.

Nos experimentos com malária e tuberculose, os médicos infecta-vam propositalmente os pacientes de forma organizada e distribuída. Na sequência, mostravam os medicamentos usados para tratamento, além do efeito placebo. As imagens registravam esses presos nas semanas seguintes, até morrerem, e os que sobreviviam eram mortos e disseca-dos, enquanto artistas ilustravam as imagens à medida que os médicos faziam os cortes para análise.

Por fim, vi os experimentos com gás mostarda, que provocavam queimaduras e ferimentos profundos, também levando à morte. As imagens iam passando rapidamente no vídeo, enquanto eu tentava absorver tudo aquilo sem conseguir me afastar da piedade que sentia por aqueles presos.

Gerta ficara assistindo também, com um sorriso satisfeito de quem contribuíra veementemente com todas aquelas pesquisas bem-sucedi-das. Por vezes, olhava para meu rosto, que eu procurava manter sem qualquer expressão para que não percebesse como estava me sentindo com tudo aquilo. Quando terminou, ela desligou o equipamento e disse:

— Esses trabalhos que vimos foram somente os de Dachau, há estudos nos outros campos, e o comandante comentou que espera que a doutora avalie aqueles envolvendo tifo. Pelo que sei, a doutora decidiu começar pelos testes de esterilização, estou certa?

— Na verdade, são estudos relacionados a tifo, já avisei o coman-dante dos procedimentos que estou seguindo.

— Claro — Gerta respondeu, parecendo não acreditar em mim.

— Há prisioneiros que sobreviveram aos testes que me mostrou?

— Nos casos de sobrevivência, fizemos uma vivissecção e depois todos são mortos para a realização de autópsia e também para evitarmos contágio. Não queríamos provocar uma epidemia acidental.

— Os insumos desses experimentos vêm da matriz, de outros campos?

— Nosso principal fornecedor é, ou era, a IG Farben. Eles pos-suíam, até pouco antes da invasão soviética em Auschwitz, um campo exclusivo para condução de seus experimentos, a unidade de Monowitz.

Acredito que o comandante já tenha comentado que são os fornecedores de Zyklon B para as câmaras de gás de todos os campos de concentração da SS. Mas, com as recentes invasões dos inimigos, estamos sem o fornecimento das pastilhas, além dos medicamentos e produtos químicos para as pesquisas.

— O doutor Mengele era o principal responsável por Auschwitz, não é?

Os olhos de Gerta pareceram brilhar ao ouvir esse nome.

— Sim, é um dos médicos mais importantes da SS. Ele liderava os estudos de eugenia em Auschwitz, era um gênio. Tenho algum material aqui, deixe-me ver... Ah, sim, aqui está.

Gerta ligou de novo o equipamento de projeção e começou a mostrar as imagens com os estudos de Mengele: gêmeos dilacerados e costurados como siameses, crianças com olhos destruídos por injeções de tinta na tentativa de mudar a cor dos olhos, jovens com cabeças arrancadas para testes de encolhimento e meninas grávidas para testes de inseminação. Em determinado momento, pedi a Gerta para parar, alegando que precisava ir ao banheiro. Quando cheguei, vomitei no sanitário, com minha cabeça girando de mal-estar. Coloquei as mãos no rosto e me perguntei se era isso que eu havia aprendido na faculdade... Se era para isso que eu havia sido preparada. Fazer uma sutura ou uma cirurgia era uma coisa. Outra bem diferente era submeter crianças àqueles experimentos horríveis, cruéis, somente para provar teorias malucas de médico e monstro.

Quando voltei à sala, Gerta me perguntou:

— Está tudo bem?

— Sim, estou bem. Acho que comi demais hoje de manhã, deve ser uma indigestão.

— Bem, antes de terminarmos, solicitei ao capitão que me auxiliasse em uma demonstração de nossos estudos. Pode me acompanhar?

— Demonstração?

— Sim, foi um pedido explícito do comandante. Já vai ver — e sorriu.

Seguimos até uma sala que reconheci pelos vídeos anteriores: ali eram feitos os testes de pressão. Quando chegamos, vi pelo vidro da porta um preso pendurado dentro da câmara.

— Sente-se aqui, doutora, em frente a esse equipamento. Vamos ligar para ver como funciona?

Ela ligou o equipamento enquanto o preso nos olhava, assustado.

— A partir de agora, a doutora irá manejar o equipamento enquanto eu a instruo sobre como operá-lo, está bem?

Fiz que sim com a cabeça.

— Comece acionando o botão para o nível 1, por favor.

Girei o botão. Percebi que o homem que estava ali começou a ficar incomodado, colocando as mãos nos ouvidos, abrindo e fechando a boca.

— Pode aumentar para o nível 2, aqui — e apontou para o botão.

O homem deu um grito, que me fez tremer levemente.

— Agora, aumente mais um pouco — e apontou novamente para que eu girasse o botão.

Ele então começou a gritar sem parar, pedindo ajuda, tentando retirar o equipamento.

— Terminamos? — perguntei, preocupada.

— Gire novamente o botão — recuei por um momento, com a mão no ar, e ela repetiu a ordem.

Girei o botão novamente, e nesse momento aquele homem gritava sem parar, arranhava o próprio rosto e mordia as mãos com força, desesperado.

— Enfermeira, acho que já é o bastante.

— Gire novamente o botão.

— Mas...

— Gire novamente o botão — ela repetiu, em tom alto e firme.

Percebendo que eu hesitara, ela apoiou sua mão sobre a minha e me forçou a girar novamente o botão. Vi então aquele homem praticamente destruir a si mesmo em desespero. Levantei-me da cadeira e disse:

— Já vi o bastante! — e tentei desligar o aparelho, mas ela segurou minha mão, tentando me impedir.

— Não recebeu orientações para parar. Sente-se agora e gire novamente o botão.

— Não farei isso, enfermeira — reforcei bem o título, com certa arrogância proposital. — Como médica responsável pelo campo, exijo que solte minha mão agora! Esse experimento está encerrado — respondi determinada, empurrando a mão dela, e desliguei o equipamento.

— Muito bem — ela respondeu, nervosa. — Soldado, cuide desse preso.

O soldado então abriu a porta da câmara com o homem ainda gritando e o matou à queima-roupa. Fiquei olhando incrédula para aquela cena aterradora.

— Por favor, siga-me, doutora Eckle.

— Por que aquele homem foi morto? — perguntei

— Ele não tinha mais utilidade científica, pois a doutora interrompeu o experimento.

— Ele morreria de desespero se continuássemos.

— Era essa a intenção, e depois faríamos a autópsia para que a doutora pudesse analisar os resultados do teste no cadáver. Ele iria morrer de qualquer forma.

— Se já foram feitos experimentos dessa natureza antes, por que repetir?

— Para a doutora ser treinada, é claro. Ou está com pena desses presos que não merecem nem serem chamados de seres humanos? — ela ironizou.

— Não tenho pena. Apenas acho uma perda de tempo repetir trabalhos e sacrificar pessoas sem necessidade em vez de criar novos estudos, é um desperdício de tempo e de dinheiro. Gostaria de esclarecer que não sou uma estagiária, senhorita Thomann. E não gostaria de ser tratada como tal. Talvez seja por isso que tenhamos ficado para trás nas pesquisas.

Ela contraiu a mandíbula e me olhou com raiva, mas não respondeu. Fomos até o escritório que ficava ao lado do laboratório:

— Todos os papéis com os resultados dos estudos estão nesse armário, o comandante solicitou que a doutora leia com atenção tudo o que está escrito aqui e, se precisar de mais informações, veja essas pastas identificadas como "confidencial", aqui — e apontou para a prateleira do alto do armário.

— Perfeitamente.

— E estarei à sua disposição para auxiliá-la nos estudos. Conversei com o comandante e ele acha que será mais adequado a doutora autorizar minha presença nas próximas consultas com suas cobaias para garantirmos que todos os procedimentos sejam seguidos conforme as diretrizes da SS.

— Não creio que seja necessário.

— Sugiro que converse com o comandante, pois essa é uma decisão dele.

— Conversarei — respondi rispidamente. — E até que tenhamos chegado a um acordo, quero que permaneça com suas atividades sem interferir em meus estudos e sem importunar minhas cobaias.

Gerta me olhava com profundo ódio, mas manteve o controle:

— Como quiser, doutora.

— Obrigada pelas demonstrações, senhorita Thomann, sua apresentação foi muito esclarecedora — respondi já em tom mais calmo, recuperando-me depois daquela experiência bizarra.

— Caso queira saber mais, posso providenciar uma conversa sua com o doutor Rascher. Ele e sua esposa estão presos com os *kapos* por irregularidades financeiras enquanto ele trabalhava para a SS. Talvez ele possa acrescentar algo que seja de seu interesse nas pesquisas.

Chamavam-no de doutor Frankenstein, gostaria de saber o que ele fazia aqui — e sorriu para mim no que parecia uma tentativa frustrada de fazer as pazes.

— Obrigada pela sugestão. Vou avaliar e lhe mantenho informada.

— Ficou com mais alguma dúvida, doutora Eckle?

— Não. Estou satisfeita com o que vi, e também irei repassar ao comandante Eckle o que aconteceu hoje para que ele tenha uma perspectiva ampla de nossos trabalhos.

— Não vejo necessidade, eu o comunico de tudo que acontece em nossas dependências.

— Eu o avisarei durante o jantar, mas ele estará ciente de que deixarei os relatórios a seu cargo. Não se preocupe com isso.

— Perfeitamente, doutora — respondeu, seca.

— Agora vou para voltar para casa, depois podemos continuar com esse assunto, se necessário. Até amanhã, Gerta.

— Até amanhã, doutora — e se retirou.

Respirei profundamente quando me vi livre daquela figura macabra disfarçada de enfermeira, nada condizente com a imagem zelosa dos profissionais que eu conhecera durante minha formação. Virei-me para voltar para casa.

Uma questão de ética

Assim que Gerta se retirou, comecei a andar pela trilha do bosque em direção à minha casa. Apertei o passo até que comecei a correr, como se tentasse fugir do que vira há pouco naqueles experimentos científicos. Cada nova informação que recebia me deixava mais assustada com a falta de escrúpulos dos médicos nazistas, e não conseguia entender a naturalidade com que todos reagiam ao que acontecia ali.

Agachei embaixo de uma árvore quando cheguei ao quintal da casa, sentindo meu corpo tremer e as veias de minha cabeça latejarem, escondendo meu rosto entre os braços para que não me vissem. Não conseguia controlar meu corpo, comecei a sentir uma dor que tomou conta de mim, corria pela minha pele e pressionava minha cabeça com muita força. Era horrível, horrível. Como tinham coragem de fazer tudo aquilo, como podiam dormir à noite vendo todas aquelas pessoas, aquelas crianças, aqueles bebês chorando e sofrendo, morrendo como se suas vidas não significassem nada. O ar frio no meio das folhas caídas não me afetava, eu não conseguia olhar para os lados nem movimentar meus olhos, não conseguia raciocinar, estava imóvel.

Minha mãe estava na cozinha fazendo comida quando me viu da janela da casa. Veio correndo em minha direção:

— Aletta, minha filha, o que está acontecendo?

Ela se abaixou e me abraçou.

— Você está tremendo! O que aconteceu, alguém lhe fez algum mal?

— Não, mamãe, ninguém me fez mal... eu me sinto confusa, angustiada.

— Do que é que você está falando?

— Fui até o consultório do doutor Eppinger e a enfermeira Thomann me contou sobre os experimentos médicos que ele e o doutor Beigelbock estavam à frente. Como puderam fazer aquilo com crianças, com aquelas pessoas indefesas? — e olhei para ela, como se esperasse alguma empatia, alguma reação.

Mas ela se levantou, e só recebi uma expressão de repreensão:

— Está desse jeito por causa desses prisioneiros? Ora, não seja ridícula.

— O... o quê? — levantei o rosto e a olhei.

— Recomponha-se. Está agindo de forma patética, sensibilizada por aqueles presos que não merecem simpatia ou piedade. Todos estão aqui porque causaram essa situação de pobreza, desemprego e violência em nosso país, eles são responsáveis por estarmos hoje sendo obrigados a controlar essa crise. O doutor Eppinger e o doutor Beigelbock foram médicos excepcionais e estavam fazendo o melhor para aperfeiçoar as técnicas de salvamento de nossos militares, das pessoas que hoje lutam para nos proteger.

— Como pode dizer isso, mamãe? Como pode dizer que salvamos vidas matando outras pessoas?

— Está colocando muita importância na vida desses presos, Aletta.

— A vida de qualquer ser humano importa, mamãe.

— Algumas coisas que viu e ouviu durante a faculdade eram apenas histórias para encantar os alunos. A vida real é muito diferente, e precisa entender que seu trabalho como médica não inclui ter piedade desses ratos imundos que chamamos de presos. Seu trabalho inclui salvar vidas de pessoas que realmente importam. Acredito que a convivência com essas pessoas tenha prejudicado seu bom senso.

— Não posso acreditar no que está falando — respondi, desiludida. — Você está falando de vidas inocentes.

— Vidas inocentes... Que piada! — ela riu com sarcasmo. — Pode ter certeza de que eu acredito em tudo que acabei de lhe dizer, acredito na

SS e acredito em Hitler, e talvez fosse a hora de você acreditar também. É uma vergonha que ainda duvide de nossos princípios.

Tentei esconder dela o que estava sentindo, toda dor e decepção com o que acabara de ouvir, mas não conseguia. As lágrimas vertiam pelo meu rosto corado com toda aquela agitação.

— Agora preciso terminar de preparar o jantar — ela concluiu. — Recomponha-se que logo seu pai estará em casa, não quero que ele a veja nesse estado deplorável.

Ela se virou e saiu, enquanto eu a observava caminhar impassível. Continuei sentada ali por mais algum tempo, tentando recuperar minhas forças, e depois me levantei para trocar de roupa e comer.

. . .

Mais tarde, quando nos sentamos à mesa para jantar, fiquei em silêncio com meu prato:

— Espero que a comida esteja de seu agrado, Aletta.

Não respondi, nem olhei para ela.

— Responda sua mãe, Adelaid — disse meu pai.

Respirei fundo e olhei para ele:

— Você sabia dos experimentos com os presos? Sabia de todas aquelas coisas que fizeram com aquelas pessoas?

Minha mãe bufou, e ele me olhou sério.

— Você sabia, papai? — repeti a pergunta. — Você sabia?

— CALE-SE! — gritou meu pai, batendo com a mão na mesa. — Quer questionar meu trabalho, o trabalho de todos aqui? Com que direito? Acha que é melhor que nós? Foi com esse trabalho que paguei seus estudos, sua moradia em Heidelberg, sua viagem de férias com Margareth, TUDO! Você me disse que viria para dar continuidade aos estudos médicos, e estou acreditando que é isso que tem feito, convocando todas aquelas mulheres para o seu consultório. — Nesse momento, arregalei os olhos. — Enquanto você estava na universidade estudando, nós estávamos aqui dando apoio aos nossos líderes e tentando reerguer nosso país. Você viveu uma vida distante de tudo o que acontecia e agora está questionando exatamente o quê? Eu comando centenas de homens, oficiais que morreriam por nossa causa. Eu e sua mãe trabalhamos todos os dias para lhe dar tudo, então fique quieta e continue a fazer o trabalho para o qual foi chamada unicamente graças à minha reputação junto ao *Führer*.

Tentei levantar-me da mesa, ele disse em tom alto e firme:

— Sente-se agora e coma o que sua mãe nos preparou, e só vai levantar quando eu permitir que se levante.

Sentei-me novamente, assustada, e voltei a comer. Tentei controlar as lágrimas e o tremor em minhas mãos. Quando ele se sentou, minha mãe voltou a conversar como se nada tivesse acontecido, e eu fiquei ali, quieta. Quando todos terminamos, ele me disse:

— Permitirei que continue indo ao consultório. Mas se voltarmos a ter essa conversa, asseguro-lhe que nunca mais voltará a exercer a medicina aqui ou em qualquer outro lugar da Alemanha. Tenho sido muito condescendente com você e com toda essa sua necessidade de independência, e espero que a partir de agora seja mais grata e entenda, de uma vez por todas, a quem deve respeito, obediência e compaixão.

Assenti com a cabeça e me retirei. Fui para o quintal e então vi uma estrela de madeira caída no chão. Era uma pequena estrela dourada, feita para as festas de fim de ano. Olhei para a trilha parcialmente iluminada, que dava acesso aos fundos do campo, e caminhei até meu consultório enquanto o ar gelado enchia meus pulmões e controlava meu coração, que batia rápido. Quando cheguei ao ambulatório, vi que a porta estava aberta e Isaac estava lá dentro, varrendo:

— Boa noite, doutora. Veio trabalhar?

— Oh, boa noite, Goldstein — surpreendi-me. Estava com a voz trêmula. — O que está fazendo aqui?

— Fui designado pela enfermeira para limpar o consultório e a enfermaria depois do expediente. Posso voltar outra hora se achar desejável.

Ele olhou para minha mão e viu a estrela.

— Encontrei-a caída no quintal de minha casa — expliquei.

— Benjamin fez a estrela, mas a deixou cair, não sabíamos onde estava até agora.

— Pode entregar a ele?

— Claro — e pegou a estrela de minha mão. — Posso fazer outra para a senhorita, se quiser.

— É muita gentileza sua — senti o rosto ficar quente outra vez, com algumas lágrimas a insistirem em tentar escorrer pelos meus olhos. Tentei enxugar discretamente, mas ele havia percebido.

— Está se sentindo bem?

— Estou, sim, só cansada.

Ele ficou me observando.

— Por que... por que tudo isso? — perguntei, olhando para os lados.

— Bem... É uma pergunta difícil de ser respondida. Quando vim para cá, também tentei entender o que estava fazendo aqui.

— Acho que estamos em situações diferentes, Goldstein.

— Claro, eu estou preso aqui e a doutora não, não é mesmo?

Olhei para ele, pensativa.

— Antes de tudo isso — ele continuou — imaginava que teria um futuro muito diferente. Cresci em uma cidade chamada Bernkastel e acreditava que ali casaria, teria filhos e uma profissão. Quando nos mudamos para Munique, mudei meus planos, viajei e depois comecei a fazer faculdade de artes, enquanto meus pais abriram uma loja no centro da cidade.

— Então já queria ser um artista?

— Sim, mas quando estava quase para concluir minha formação, meu pai adoeceu e pediu que eu assumisse os negócios da família com minha irmã. Tranquei a faculdade para me dedicar em tempo integral ao trabalho, e minha irmã fez o mesmo. Com o tempo, passei a gostar daquele emprego e comecei a fazer brinquedos, itens de decoração e peças de arte, além de cuidar da produção de tintas para artesanato. Logo recebia pedidos de vários lugares, e minha reputação cresceu, juntamente da minha habilidade para criar peças e cores. Descobri meu real talento, aquilo para o qual eu havia verdadeiramente nascido — e sorriu.

Mas logo seu sorriso desapareceu:

— Na noite em que minha família e eu fomos capturados, todas as lojas judaicas foram destruídas, inclusive a nossa. Morávamos na parte de cima do estabelecimento e, quando ouvi quebrarem as vitrines, desci correndo para ver o que estava acontecendo. Homens com pedaços de pau e pedra quebravam os vidros, as peças de arte, os espelhos, tudo. Entraram em nossa casa e fizeram o mesmo, quebraram as janelas e os armários, e atiraram os móveis para fora. Vi pessoas entrando e retirando o dinheiro do nosso caixa, tentei reagir, mas me impediram com chutes e cacetadas. Quando nos arrancaram de casa, vimos todas as lojas destruídas, o chão da rua cheio de cacos de vidro e nossas coisas reunidas com as de nossos vizinhos. Então atearam fogo em tudo. Vimos a sinagoga ser incendiada. O hospital teve suas portas e janelas quebradas e todos os pacientes foram arrancados de lá. Os muros das casas e das escolas foram pichados com a estrela de Davi e com as palavras "judeus fora". O cemitério israelita de nossas famílias foi invadido, as lápides foram arrancadas e os túmulos foram abertos. As pessoas gritavam pela rua, pedindo ajuda, mas nenhum de nossos vizinhos que não era judeu ofereceu qualquer apoio.

— Vi nos jornais, chamaram de "Noite dos Cristais" — deixei escapar.

— "Noite dos Cristais" — ele repetiu. — Um belo nome para uma noite tão sombria.

— E o que aconteceu depois?

— Fomos arrastados para dentro de vagões de trens e trazidos para cá. Alguns de nossos amigos foram para os guetos e outros morreram ali mesmo, na rua. Logo que chegamos em Dachau, fomos colocados no trabalho forçado. Para meus pais era difícil fazer as tarefas, eles se cansavam com facilidade. Minha irmã e eu fazíamos de tudo para ajudá-los. Mas quando Auschwitz foi inaugurada, nossos pais foram mandados para lá e não soubemos mais deles. Depois, com a morte do meu sobrinho e o suicídio de minha irmã, eu me vi sozinho no mundo e não queria mais viver. Tentei me matar, mas naquela época eu já prestava serviços para sua mãe e os guardas não me deixaram morrer, e cortaram minha orelha para que eu não me esquecesse disso. Quando passei a cuidar de Benjamin, toda aquela alegria cativante dele, mesmo diante de tanta perda e dor, me fez ver uma luz em meio a esta terrível escuridão. Sua mãe descobriu esse meu novo vínculo com o garoto e eu insisti que Benjamin era essencial para que meus serviços continuassem. Aos poucos, voltei a gostar de confeccionar as peças de arte, e hoje faço até alguns brinquedos para as crianças daqui, além dos itens que a senhora Eckle me pede, mesmo sabendo da desaprovação do comandante — e me olhou, mostrando que sabia do desconforto de meu pai com aquela situação.

Fiquei pensando em toda aquela história, sentindo-me mal por sofrer com meus próprios problemas. Ele continuou:

— O que quero dizer com tudo isso é que eu escolhi viver, senhorita Eckle. Tive a chance de desistir, mas encontrei motivação para continuar sobrevivendo. Imagino que esteja chateada com a situação na qual se encontra, mas a única que poderá lhe ajudar a encontrar um caminho é você mesma. Você é a melhor pessoa para saber do que precisa, e quando encontrar o que toca seu coração, será fácil compreender o que quer e o que não quer para si.

Sorri para ele, com o rosto vermelho e ligeiramente inchado.

— Parece fácil da forma que fala — comentei, dando um riso tímido —, e Benjamin é uma excelente escolha de motivação. Uma pena que também esteja preso aqui.

— Vou mostrar-lhe algo — disse Isaac, pegando uma pequena carteira de couro marrom do bolso, uma espécie de capanga. Por um momento, pareceu recuar, baixando a carteira novamente no casaco, como se quisesse desistir de mostrar o conteúdo, mas ergueu-a e continuou. — Mas saiba que nunca mostrei isso a ninguém, só está vendo isso porque Benjamin gosta muito da doutora, e vejo que também gosta dele. E, depois do que fez com aquelas mulheres e seus bebês, acho que posso lhe dar um voto de confiança.

Olhei para ele intrigada. Ele me olhou de volta e abriu a carteira cheia de selos lindos, organizados com cuidado. Fiquei encantada de ver aquilo: tantos, de tantos países diferentes, coloridos e monocromáticos, com desenhos e gravuras.

— Aqui guardo todos os selos das cartas que recebi até hoje com pedidos para confecção de brinquedos e obras de arte. Tinha essa carteira comigo o tempo todo e a trouxe quando vim para cá. Tinha também uma pasta com cartas de agradecimento, mas foi destruída na invasão da... Como foi mesmo chamada? Ah, da Noite dos Cristais.

— Que lindo! — Fiquei admirada. — Lembra-se de cada uma delas? Digo, das cartas?

— Da maioria sim. Minha irmã me ajudava a retirar os selos das cartas e a colocá-los nessa carteira, fazia isso toda semana pela manhã, assim que as cartas eram entregues pelo correio. Ela as organizava bem cedo e, à noite, depois que fechávamos a loja, líamos o que haviam escrito. Depois guardávamos as cartas. Era um momento muito gratificante para nós porque víamos o resultado de nosso trabalho. Ficávamos agradecidos com as mensagens de carinho que nossos clientes nos enviavam e não perdíamos a oportunidade de agradecê-los quando voltavam para nos visitar.

— Parece ter sido muito especial.

— E era. Lembro-me que o fim do ano era uma época trabalhosa para nós, pois a quantidade de encomendas triplicava em relação aos outros meses. E, quando começava o ano seguinte, sempre recebíamos muitas cartas dos clientes contando o que tinham achado das encomendas que lhes mandávamos. Ler todas aquelas correspondências com minha irmã era divertido. Chegamos a ler uma ou outra carta para nossos pais, mas na maioria das vezes fazíamos isso só nós dois, como um momento entre irmãos. Quando viemos para cá, às vezes nos escondíamos para rever os selos e lembrar das cartas, das mensagens e das encomendas que recebíamos. Minha irmã e eu nos sentíamos felizes, parecia que nem estávamos aqui, era somente nós e os selos. Depois que ela morreu, nunca mais olhei para eles da mesma forma...

— Imagino.

— Ainda os guardo comigo porque tenho medo de perdê-los, os guardas sempre revistam os dormitórios e não posso me arriscar a ter essa carteira confiscada.

— Isso deve valer alguma coisa.

— Tenho certeza de que sim. Ouvi falar que o capitão Himmler cobra um valor para nos permitir fugir sem sermos descobertos. Sei que não conseguirei escapar daqui sem que sua mãe ou *Herr Komman-dant* percebam, mas talvez eu pudesse salvar Benjamin. Gostaria de conseguir mais selos para ajudar outras pessoas ou até mesmo para ter o suficiente para mim um dia, mas o que tenho até o momento só permitiria a saída de um preso.

— E por que está me contando tudo isso? — perguntei, estranhando ter acesso a todas aquelas informações.

— Benjamin não saberia sobreviver sem mim e sem uma família para ajudá-lo. Tenho tentado juntar mais selos quando encontro cartas jogadas no lixo ou quando os guardas no setor de correspondência solicitam ajuda. Mas a quantidade de cartas com selos diminuiu significativamente, e eu não tenho conseguido completar o valor que o capitão exige.

— Por que a quantidade de cartas diminuiu?

— A SS mudou a forma de envio e recebimento de correspondência. Como as cartas comuns eram pesadas quando acumulavam, criaram uma espécie de formulário padrão que, uma vez preenchido, era fotografado. Quando o filme do carretel estava completo, eles enviavam todas as correspondências para seu destino. Isso barateou bastante o transporte, mas praticamente eliminou o envio de cartas com selos. Passaram a vir somente algumas cartas que não eram da própria SS, e conseguir os selos delas passou a ser um desafio quase impossível.

— Já teve vontade de partir sozinho?

— Benjamin é como um filho, como alguém da família. Não poderia partir e deixá-lo aqui sozinho.

— Benjamin tem sorte de ter alguém como você ao seu lado.

— Não podemos escolher nossa família ou as surpresas que a vida nos reserva. Mas podemos escolher o que fazer com o que temos, e tentar dar nosso melhor. Sei que gosta do menino e confio que meu segredo está seguro com a senhorita.

Sorri para ele.

— Agora com licença, doutora, mas preciso terminar meu serviço aqui. Se precisar de mais alguma coisa, estarei à sua disposição.

Então percebi que havia algo junto da capanga:

— O que é isso? — perguntei, apontando para o pedaço de livro preto. Ele o recolheu e manteve escondido.

— Nada de importante...

— Deixe-me ver — e estendi a mão para pegar aquele pedaço.

Ele me entregou com certo receio. Folheei o livro, que estava sem alguns capítulos:

— O que é?

— É um *Talmude*, doutora. Bem, só uma parte dele. Eu estava lendo esse livro quando fomos expulsos de casa. Atearam fogo nas coisas que tinham sido jogadas na rua, e esse livro estava no meio do incêndio. Tentei salvá-lo, mas boa parte se queimou. Guardo-o apenas como uma recordação.

— O que é um *Talmude*?

— É um conjunto de livros com as leis judaicas, com discussões e reflexões de diferentes épocas. O *Talmude* nos esclarece a respeito das dúvidas que temos quanto ao que fazer em diferentes situações.

— E ele explica como reagir ao que está acontecendo hoje?

— De certa forma, sim. Ele ajuda a refletir sobre nossas escolhas, sobre quem queremos ser e o que queremos, com base em nossa história.

— Deve ter muita história nesses livros.

— Com certeza. Sem história, não há memória. E sem memória, não há futuro. Se aprendemos com os erros de nossos antepassados, evitamos cometer os mesmos erros no presente.

— Uma boa forma de aprender sobre moral e ética.

— Acho que sim. Sei que teve uma mostra sobre os experimentos realizados pelos nazistas. Agora, pode dar continuidade aos trabalhos ou pode se perguntar o que realmente acha desses estudos e o que quer fazer com isso. Perguntar-se o que é realmente importante e escolher o que fazer é o que nos ensina o *Talmude*.

— Uma leitura dessas me cairia bem.

— Acho que a doutora precisa descansar. Deixe seus pensamentos mais calmos e encontrará mais rápido o equilíbrio.

— Poderia ter sido um bom médico.

— Sou um bom artista. Mas a senhorita é uma boa médica.

— Não tenho tanta certeza.

— A doutora teve o poder de matar aquelas mulheres e não o fez. Já se perguntou o porquê?

Fiquei em silêncio, observando-o.

— Talvez seja isso que a torne especial e diferente dos outros. Deveria pensar nisso.

Sorri para ele e perguntei:

— Não é uma ironia aquela frase na entrada?

— O que quer dizer? — e pareceu estranhar o comentário.

— "O trabalho liberta" — e dei uma risada debochada. — Mas aqui as pessoas não são libertadas pelo trabalho, são pressionadas a continuar sem errar — expliquei.

— Para nós, um bom trabalho não liberta, mas permite viver um pouco mais — ele justificou. — Por isso precisamos dar o nosso melhor aqui.

— Nem todos sobrevivem, mesmo dando seu melhor — eu argumentei. — Sei que muitos morrem aqui e em outros campos de tanto trabalhar.

— É verdade — ele respondeu. — Os médicos anteriores costumavam visitar a produção para avaliar as condições de saúde de todos que estavam trabalhando, retirando os doentes e menos produtivos. Então os substituíam por novos presos, mais saudáveis, e refaziam as visitas depois de algum tempo. Tínhamos que acompanhar a velocidade das máquinas se quiséssemos viver, diziam que nossa eficiência precisava ser como a de uma fábrica com suas linhas de produção.

— Nunca me disseram para fazer esse trabalho de acompanhamento com os presos — comentei.

— Pouco antes da doutora chegar, os médicos pararam com as visitas porque a quantidade de mortos e doentes era muito grande e eles precisavam se concentrar em atender aos guardas se quisessem manter a segurança do campo. Então esse trabalho passou a ser feito pelos chefes de linha e pelos *kapos*.

— E o senhor sempre conseguiu manter um bom desempenho?

— Nem sempre. Mas, para minha sorte, ainda não é tão fácil encontrar bons substitutos para fazer meu trabalho com as peças de arte, então preferem me manter vivo trabalhando do que se arriscarem com outro preso menos habilidoso.

— Que bom para você — eu disse, e ele sorriu.

Baixei os olhos e pensei que, mesmo sem a ameaça de morrer, eu também precisava dar o meu melhor se quisesse sair de lá com alguma sanidade.

— Bem, posso ajudá-la com mais alguma coisa? — ele perguntou depois de alguns segundos.

— Não, obrigada. Quer que eu guarde seu livro aqui com a carteira?

— Estão bem comigo, não se preocupe — e bateu duas vezes a mão do lado de fora do bolso, mostrando que estavam protegidos.

— Como preferir. Seu segredo estará bem guardado comigo.

— Obrigado, doutora Eckle.

— Bem, acho que preciso voltar para minha casa. Boa noite, Goldstein.

— Boa noite, doutora — curvou-se e se retirou, e eu fiquei sentada ali no consultório por mais algum tempo, pensando no que tinha acontecido.

. . .

Quando cheguei em casa, vi somente uma luz acesa no corredor. Subi as escadas, entrei no ático e comecei a me despir. Assim que fiquei nua, soltei os cabelos e fui tomar banho. Enchi a banheira com água morna, entrei devagar e me sentei ali. Comecei a me limpar enquanto pensava no que tinha acontecido, e quando terminei não consegui me levantar para sair da água. Quis chorar, mas as lágrimas se misturavam com a água e eu só sentia o calor do meu rosto. Afundei-me na banheira e prendi a respiração.

Abri os olhos debaixo da água e tentei ficar ali, sem respirar, vendo o movimento de meus cabelos e a imagem borrada do teto do banheiro... Não queria casamento, já não tinha nenhum orgulho de minha família e me perguntava que tipo de médica eu queria me tornar. De repente, não suportei a falta de ar e me levantei, abrindo a boca para inspirar o mais fundo que conseguia. Tive tontura e um pouco de dor de cabeça, e quando toquei minhas narinas, senti algumas gotas de sangue escorrerem para meus lábios. Olhei para meus dedos manchados e senti uma tristeza profunda dentro de mim, um vazio perdido em sangue.

Levantei-me, fui até a pia, lavei as mãos e olhei meu rosto no espelho. Toquei minha face e meus cabelos, meu corpo e tive vergonha. Vergonha de que eu era, de quem eu amava e do que eu vivera até aquele momento, alienada. Chorei, encolhida. Peguei então uma tesoura que estava no armário e quis cortar meus cabelos como o dos presos, mas não consegui. Não consegui porque sabia que ainda tinha escolha, eu ainda estava em posição diferente e poderia fazer alguma coisa.

Cortei meus cabelos pouco acima dos ombros e olhei para os que ficaram em minha mão. Imaginei que se fosse uma prisioneira, aqueles fios seriam reaproveitados em travesseiros ou enchimento de colchão. Mas aqueles cabelos eram meus e eu os poderia jogar onde quisesse. Coloquei-os no lixo, levantei o rosto, enxuguei-me e fui para o quarto.

Coloquei uma calcinha e uma camisola roxas e, assim que me sentei na cama, olhei para a mesinha de cabeceira que estava com uma pequena vela branca sobre um porta-velas de metal. Acendi-a e fiquei observando a chama esquentar ao seu redor. Aproximei meus dedos para sentir a temperatura da chama e girei lentamente a mão para sentir aquele calor que Benjamin e Isaac certamente sentiam somente quando iam até o crematório. Olhei para a gaveta entreaberta da mesinha e vi meu estojo cirúrgico ali dentro.

Peguei-o, abri e admirei as lâminas e facas que estavam cuida-dosamente guardadas naquele estojo de couro. Peguei uma lanceta e coloquei-a sobre o fogo, até que o metal começou a ficar vermelho com o calor da chama. Apoiei meu braço na mesinha e imaginei que poderia cortar facilmente a veia de meu antebraço: com um corte no sentido de meu braço, eu teria uma morte rápida e com muito sangue; já com um corte na transversal e perto do pulso, essa morte poderia ser mais lenta e eu teria tempo de me preparar até que minha pulsação cessasse.

Continuei olhando para aquele braço: não tinha a intenção de me matar, de acabar com a minha vida, mas algo tinha que mudar. Coloquei a palma da mão para baixo, coloquei a lanceta novamente no fogo e, assim que a tirei, mergulhei-a na tinta da caneta tinteiro que estava em um frasco de vidro ao lado do porta-velas e escrevi no meu braço a data daquele dia para que eu nunca mais me esquecesse que eu teria que renascer se quisesse sobreviver a tudo aquilo, como médica e como pessoa: 1702.45. Lembrei-me do ponto que faltou somente depois que já tinha escrito o dia e o mês, e coloquei um ponto para separar o ano. Não fazia mal, eu sabia o que significava. Saberia para sempre o que uma tatuagem como aquela significava.

Enquanto escrevia, senti o cheiro da pele queimada, o mesmo cheiro que sentira quando fui pela primeira vez visitar o crematório do campo. Mas ali eu ainda estava viva, anestesiada com toda a adrenalina que percorria meu corpo, um misto de medo e raiva. Pensei em Benjamin e em sua gatinha, lembrei-me daquele sorriso e daqueles olhos que ainda tinham uma doçura que não estava perdida, mesmo em meio à guerra. Pensei nas outras pessoas que vira no campo, tanto sofrimento e tanta dor, e aquilo de alguma forma não me deixava sentir a dor daquela queimadura que eu mesma acabara de me infringir. Quando terminei, enrolei um pano molhado no braço, embora soubesse que aquela cicatriz ficaria para sempre ali, deitei-me, apaguei a vela e olhei as estrelas pela janela até adormecer.

Existem muitos Hamans,
mas só um *Purim*

Depois do ocorrido, passei a sair mais cedo de casa para trabalhar e voltava mais tarde. Comia alguma coisa na cozinha e logo saía, utilizando a trilha que dava acesso aos fundos do campo para não cruzar com ninguém durante o trajeto. Quanto menos ficasse em casa, melhor. A guerra estava por um fio, outros campos já haviam sido destruídos e vários países começaram a declarar guerra contra a Alemanha. Hitler dera ordens para executarmos a Solução Final, o que significava exterminar os presos do campo. Mas como Dachau era um campo de trabalho voltado à produção de armas e munição não podíamos simplesmente matar os presos e ficar sem mão de obra. Também não podíamos gastar munição perante o risco iminente de um ataque, e não podíamos enviá-los a outros campos porque os meios de transporte tinham sido interrompidos por causa da ameaça soviética. A alternativa encontrada por meu pai e Karl foi reduzir o fornecimento de comida e água, que já era pouco, e deixá-los morrer à míngua.

Nesse período eu quase não via mais meu pai, que passava a maior parte do tempo no escritório, tentando controlar a situação dos nazistas com os outros oficiais. Minha mãe cuidava de seus afazeres domésticos e evitava qualquer diálogo comigo sobre a discussão daquele dia. Mesmo tendo visto que eu cortara o cabelo, ela não fez qualquer comentário. Eu não estava mais disposta a discutir, então a deixava seguir dessa forma, como se nada tivesse ocorrido.

Estávamos no final de fevereiro, quase quatro meses desde que eu chegara ali para assumir o posto de médica. A ansiedade inicial de provar do que era capaz foi substituída pelo simples desejo de permanecer sã e não ter que ser responsável por torturas e assassinatos, que continuavam a fazer parte do dia a dia do campo.

Eu precisava seguir com os estudos, conforme havia me comprometido com meu pai. Mas, para evitar questionamentos de Gerta sobre minhas motivações, assim como evitar suspeitas sem praticar qualquer crueldade com os presos, precisava de alguns cuidados em minha rotina: continuei a receber as mulheres e seus bebês no laboratório, da mesma forma que havia feito na ocasião dos abortos, e deixei a enfermaria somente para os guardas e empregados do campo.

Comecei a estudar os fetos natimortos que estavam armazenados no laboratório, e passei a fazer a análise dos presos que morriam em função de pneumonia e tifo. Em alguns casos, eu informava da necessidade de retirar órgãos como coração e pulmões, com a alegação de que seria possível encontrar algum vestígio da doença que os afetara e, com isso, desenvolver um novo tratamento. Deixava os Atlas de Pernkopf — livros de anatomia que eu ganhara de presente de um amigo de meu pai — sempre sobre a mesa para reforçar a legitimidade de meus estudos.

Como o laboratório estava com poucos recursos como insumos para análise biológica, eu obtinha praticamente nenhum resultado, mas ao menos mantinha os guardas ocupados com o transporte dos corpos para a retirada de órgãos. De vez em quando, recebia queixas de Karl argumentando que utilizar pessoas vivas era muito mais fácil, às quais eu sempre respondia:

— Essa frente de pesquisa é nova e pouco se sabe ainda, temos presos morrendo diariamente e fui informada que não devemos desperdiçar munição matando-os. Tenho tudo o que preciso utilizando este material humano.

— Não se preocupa com o risco de contrair alguma doença mexendo nos corpos, doutora?

— Estou segura de que não há qualquer risco para minha saúde ou para a saúde dos guardas.

Eu evitava ir até a sala de Karl, cheia de medalhas e troféus que ganhara em corridas e campeonatos e que ele fazia questão de mostrar. Sempre que ia lá, ele gostava de contar vantagem sobre seus feitos e insistia em me cortejar e demonstrar uma sensibilidade inexistente:

— Tudo o que digo é porque me preocupo com você, Adelaid — e pegava minha mão. — Minha proposta ainda está em pé e gostaria que pensasse nela com carinho.

— Estamos com inúmeros problemas aqui, capitão — retirando devagar minha mão para não transparecer que eu o repudiava. — Não creio que estejamos em momento apropriado para um romance. Vamos conversar quando as coisas estiverem mais calmas.

Ele apertava minha mão para impedir que eu a tirasse dele, depois sorria e me deixava puxar a mão de volta, lentamente. Dava-lhe um sorriso sem jeito e me retirava assim que podia.

· · ·

Gerta me olhava com desconfiança e eu sabia que contava para meu pai tudo o que acontecia ali, todos os dias, apesar de nunca dizer nada a ela. Por isso, procurava não deixar qualquer vestígio de dúvidas sobre minha fidelidade à causa nazista, fazia relatórios diários sobre o andamento de minhas pesquisas e os entregava nas mãos de meu pai assim que ele chegava em casa. Com certa frequência, procurava ver Benjamin após o almoço para ter certeza de que ainda estava vivo. Procurava sempre levar algo para ele comer, claro, tomando o devido cuidado de não estar sendo vigiada. Gostava de ficar perto e ouvir suas histórias ou vê-lo brincar com a gatinha, mas Isaac sempre se afastava com o menino quando percebia a aproximação de Karl ou Gerta.

Depois da ordem de meu pai para reduzir a quantidade de comida, os presos ficaram ainda mais magros, mais fracos, com o rosto inchado pela desnutrição e os olhos fundos de tanto trabalhar. Quando algum deles caía pelo esgotamento, os guardas chutavam e batiam com porretes, e depois empurravam o corpo para algum canto, já acumulado com outros. Procurava não demonstrar minha pena por ver aquelas pessoas definhando, doentes e desesperadas, e seguia em frente tentando não olhar para trás. Um dia, após algumas consultas de rotina, fui caminhar pelo campo para me distrair um pouco. De repente, vi Benjamin e outras crianças com os rostos sujos de terra, panos amarrados na cabeça de forma torta e engraçada, todas rindo e batendo os pés em roda, felizes. Os presos que estavam por perto observavam a brincadeira, e os guardas tiravam fotos sob vários ângulos. Fui até o oficial Rust quando percebi que ele estava entre os guardas:

— Doutora Eckle, posso lhe ajudar? — ele se dirigiu a mim.

— O que está acontecendo ali, entre as crianças? — questionei. — E por que vocês estão tirando fotos?

— O capitão nos disse que a situação alemã na guerra está crítica, ele achou que deixar as crianças brincarem um pouco enquanto tiramos fotos seria bom para depois termos provas de que o ambiente aqui não é tão cruel quanto alegam.

— O comandante sabe da existência de todas essas crianças?

— Sim, só não sabíamos quantas eram. Se quiser, vá para perto delas, assim poderemos fazer fotos com a doutora interagindo com os presos, irá criar uma boa impressão. Depois, se quiser, poderá assistir ao jogo de futebol que teremos mais tarde entre os presos e os guardas, será bom sua presença caso alguém se machuque durante a gravação. Na verdade, será ótimo vê-la em ação diante das câmeras, o comandante ficará feliz com a impressão que iremos causar.

Assenti com a cabeça e murmurei:

— Claro, por que não?

Fui em direção às crianças, receosa e preocupada com aquela súbita empatia dos nazistas para com os presos. Aproximei-me e perguntei:

— Olá, Benjamin, o que estão fazendo?

— Estamos disfarçados para não nos verem... Shhh, não pode fazer barulho — e deu um sorriso enorme enquanto os outros riam baixinho e o puxavam.

— Quem não pode ver vocês?

De repente, um menino apareceu de trás de uma árvore e todas as crianças correram, pegaram pedras e começaram a batê-las no chão, gritando. O menino fez que se assustou e voltou a se esconder. As crianças riam e voltavam para suas posições, e assim o fizeram algumas vezes. Nem parecia que estávamos ali, ainda em guerra. Uma das prisioneiras que eu atendera se aproximou de mim por trás.

— Olá, doutora.

— Olá, não a havia visto aí. Quanta bagunça as crianças fazem, não?

— Sim, nem parece que estamos aqui, *nesse lugar*.

— Não mesmo... por que elas estão brincando disso?

— Estamos em Purim, uma celebração judaica — ela respondeu —, então fizemos algumas fantasias com o que tínhamos para as crianças brincarem — e me mostrou a de Benjamin, que parecia algo como um pirata.

— E essas pedras? — perguntei.

— É para vaiar o menino atrás da árvore que está fantasiado de Haman. Acredito que a senhorita não conheça este nome... O Haman é um personagem malvado nesta celebração — ela explicou.

— Parece divertido, só cuidado para não exagerarem na bagunça — comentei.

Benjamin e as outras crianças ouviram e pararam de bater os pés, olhando-me preocupadas.

— Calma, não precisam parar de brincar, só tomem mais cuidado com a baderna. Não queremos os guardas bravos — e coloquei o dedo na boca, o que foi repetido por todas elas, que abaixaram e fizeram um "shhhh" conjunto.

Passei a mão na cabeça de Benjamin, que tocou em minha mão e logo voltou a brincar. Afastei-me, deixando-as se divertir, e fui na direção dos guardas:

— Até quando farão as fotos?

— Acho que já acabamos por aqui, doutora. Agora vamos para o campo de futebol, depois voltamos para dar um jeito nessa arruaça.

— Creio que não precisem mais se preocupar com essas crianças. — Tentei fazê-lo mudar de ideia. — Além disso, se tentarem executá-las agora, causarão uma grande comoção entre os adultos que estão aqui — concluí, na tentativa de tê-lo convencido a desistir de fazer qualquer coisa contra aquelas crianças.

— Tem toda razão — o oficial concordou. — Iremos então para a praça gravar a partida, gostaria de nos acompanhar?

— Mais tarde — respondi. — Boa filmagem para vocês.

Eles assentiram e se retiraram, para meu alívio. Enquanto isso, as crianças continuavam a sorrir e brincar. Sujavam seus rostos felizes, batiam os pés e as pedras, rindo. Eu tentava sorrir em ver a alegria delas, quando Isaac se aproximou de mim:

— As crianças têm uma forma mágica de viver as experiências, não acha, doutora?

— Tem razão. Eu sempre me impressiono... como lidam com seus medos e problemas, tão diferente de nós.

— Sim. Elas também sofrem quando percebem os problemas que nos cercam e as preocupações de suas famílias, mas não vivem somente para aquele sofrimento. Também sonham, procuram umas às outras... e quando encontram uma oportunidade de brincar e se divertir, são rápidas em abraçar essa chance. O brincar é terapêutico para elas.

— Uma pena que geralmente perdemos essa capacidade de brincar quando crescemos.

— Às vezes só nos esquecemos. Mas ainda está em nós e, quando nos permitimos, podemos recordar essa experiência.

— Talvez tenha razão.

— Acredito que sim. Venha comigo — e fez um aceno com as mãos para que eu o seguisse.

Passamos pela praça, onde guardas e presos disputavam uma partida de futebol, e fomos a um dos alojamentos.

Quando chegamos, havia um pequeno grupo de oito presos, homens e mulheres, sentados no chão entre as camas do dormitório, ao redor de um tabuleiro. Estavam todos conversando, felizes. Mas, assim que me viram com Isaac, pararam imediatamente de sorrir.

— Olá a todos — disse Isaac. — Fiquem tranquilos, a doutora Eckle não está aqui a serviço.

Quando vimos Helène abaixada entre as pessoas, comentei:

— Olá, senhorita Blum, não havia notado que estava aí. Vejo que está melhor.

— Sim, estou melhor, obrigada — respondeu enrubescida.

— O que estão jogando? — perguntei.

— Chama-se Monopoly — um dos presos respondeu. — Conhece o jogo?

— Sim, mas não essa versão que está com vocês. Como o conseguiram?

— Recebemos dos guardas — falou Isaac. — Disseram que foi enviado pela Cruz Vermelha para nos entreter. Parece que a Alemanha começou a permitir a aproximação desses grupos humanitários agora que estão perdendo a guerra.

— Poderiam enviar comida e bebida também! — observou um dos presos.

O comentário chegou como uma flecha em meu peito, diante da péssima situação que aquelas pessoas enfrentavam. Mas como não podia fazer nada, fingi não saber que a comida também estava sendo enviada e retida no estoque.

— Não reclame — disse outra mulher —, temos esse jogo.

O rapaz ficou quieto, contrariado.

— Vocês fizeram mudanças no jogo? — perguntei, quando percebi que havia alguns desenhos em locais como a prisão e anotações na própria caixa.

— Bem, sim. Incluímos alguns detalhes para ficar mais parecido com Dachau, e fizemos adaptações nas regras. Veja — e se abaixou para me mostrar o que haviam feito —, nessa entrada fizemos um desenho da entrada de Dachau, e aqui — apontando para a prisão —, fizemos um desenho da área dos fornos, mas no jogo podemos sair se conseguirmos tirar o número certo. Todos nós colocamos algumas ideias — e apontou para um outro canto do jogo. — Eu, por exemplo, sugeri colocarmos o ambulatório aqui, na área de espera.

Sorri para ele.

— Bom, fiquem à vontade para continuar, preciso voltar ao consultório. Com licença.

Eles me cumprimentaram e retomaram o jogo. Saí do alojamento e parei por um instante para olhar a vastidão do campo. Senti uma certa paz, e fiquei feliz por ter visto que ainda era possível alguma alegria para aqueles presos. Isaac saiu também e se aproximou:

— Está vendo? Todos nós podemos encontrar uma forma de nos divertir de vez em quando e esquecer dos problemas. Afinal, nossos problemas ainda estarão conosco depois que voltarmos à realidade.

— Tem razão, Goldstein — disse e abaixei a cabeça, olhando para minha mão dentro do bolso.

Eu havia encontrado algo ali e retirei para ver o que era.

— O que essas pedras estão fazendo nesse bolso? — perguntei a mim mesma em voz alta.

— Benjamin deve tê-las colocado aí para proteger a senhorita de Haman. É apenas uma brincadeira da festa de *Purim*.

Ri e coloquei as pedras novamente no bolso.

— Benjamin não precisa se preocupar comigo, posso me proteger sozinha — brinquei, e Isaac sorriu.

Olhei para ele e perguntei:

— E você... como se sente com essa estrela em sua roupa?

— Sinto-me bem, a *Maguen Davi* é motivo de orgulho para o nosso povo, apesar de estar costurada por motivos diferentes de seu real propósito. Mas não quero lhe criar problemas contando essas coisas sobre os judeus.

— Não está criando nenhum problema, Goldstein. Está tudo bem, não precisa se preocupar — e toquei seu braço.

Nesse instante, Karl estava parado nas sombras do alojamento, observando-nos enquanto bebia. Estava com os cabelos desajeitados, a roupa amassada e um cheiro forte de álcool. Quando Isaac o viu, deu um passo para trás e Karl se jogou na direção dele, empurrando-o contra a parede e segurando-o pelo pescoço.

— Seu judeu imundo, por que está falando de novo com a doutora?

— Oh, meu Deus — gritei, assustada. — O que pensa que está fazendo?

— Afaste-se dela, judeu, seus serviços são necessários somente para a senhora Eckle, nada mais.

— Largue-o agora! — ordenei. — Não há nada acontecendo aqui.

Mas Karl continuava segurando Isaac como se o quisesse enforcar.

— Capitão, largue-o agora, você está bêbado. Se fizer algo a ele, poderão pensar que está com ciúmes de um preso.

Ele enrubesceu e largou Isaac, voltando a si.

— Suma daqui! Agora! — Karl gritou com Isaac, que saiu naquele mesmo instante, com a cabeça abaixada.

— O que deu em você? — perguntei, mas ele não estava mais me ouvindo.

Olhava para todos os lados, com os olhos arregalados, peito aberto e os punhos fechados, vermelho de raiva. Deu um soco na porta por onde Isaac havia saído e a derrubou, expondo o local onde os prisioneiros estavam sentados ao redor do jogo de tabuleiro.

— Que absurdo é esse no meu campo? — ele se contorceu, franzindo o cenho nervoso. — Como conseguiram esse tabuleiro?

— U-um dos guardas nos entregou — respondeu um dos rapazes, assustado. — Disse que foi enviado pela Cruz Vermelha.

Karl gritou o nome de um dos guardas, que veio rapidamente até nós.

— Por que entregaram essa porcaria para os prisioneiros? Irão pensar que estão em alguma festa e se divertindo às nossas custas!

— Peço desculpas, senhor. Tive a informação de que deveria distribuir o jogo e...

— E quem lhe deu essa orientação?

— Bem, recebemos uma carta informando...

— Eu lhes disse para distribuírem alguma coisa?

— Não, senhor. É que...

— E o comandante lhe disse para distribuírem algo?

— Não, senhor. — O guarda parecia cada vez mais transtornado.

— Então recolham essa quinquilharia imediatamente e joguem no fogo! Não quero mais ver isso em minha frente, agora tenho que tolerar que nossos prisioneiros fiquem brincando em vez de trabalharem e fazerem suas obrigações — e pisou no tabuleiro com força.

As peças pularam e caíram pelo chão ao redor dos presos, que se apressaram para tentar recolher rapidamente o que havia se espalhado. Quando olhei para o chão, percebi que havia algumas nozes e frutas dentro das peças, que se abriram com o golpe. Eles me olharam assustados quando perceberam que eu notara a comida, então desviei o olhar para Karl e o puxei pelo braço:

— Vamos embora. Já presenciamos o suficiente por aqui. E vocês — virando-me para aquelas pessoas abaixadas, sem saber o que fazer —, recolham essas peças e guardem isso logo. Esse jogo deveria ser usado somente quando nenhum de vocês tivesse qualquer trabalho a ser feito, e como acabou de dizer o capitão Himmler, ainda há muito a ser feito — e saí, apressada, puxando Karl dali.

Quando nos afastamos do alojamento, olhei para ele, que continuava irritado, respirando fundo e de punhos cerrados.

— Acredito que precisa voltar para o seu quarto — eu disse. — Tomar um banho e descansar. Está bêbado e nervoso, acredito que a sobrecarga de trabalho está afetando suas percepções.

— Adelaid... — e balançava a cabeça, bêbado. — Você é uma mulher bonita e delicada, não deveria ficar tão próxima dessas pessoas.

— Está preocupado à toa, capitão. Sei me cuidar bem, e esses presos não me representam nenhuma ameaça.

— Acho estranho o jeito que lhe dirigem a palavra, Adelaid. Não aprovo isso, pode lhe trazer problemas ou colocá-la em uma situação difícil com seu pai.

— Sou a médica responsável do campo — reforcei com bastante segurança. — É natural que, mesmo sabendo que não irei ajudar, tenham uma relação de respeito comigo. Isso é comum e não representa perigo algum. Além disso, mantenho o comandante diariamente informado sobre meu trabalho. Portanto, não há por que se preocupar.

— E aquelas crianças?

— Que crianças? — respondi sentindo calafrios.

— Eu vi quando saiu do consultório e foi falar com aquele grupo de crianças. Elas continuaram brincando mesmo após terem visto a senhorita lá. O que estavam fazendo?

— Não era nada, apenas me fizeram algumas perguntas e respondi. Há quanto tempo está me observando? — perguntei incomodada quando me dei conta de que poderia estar sendo vigiada há algum tempo.

Ele me olhou e não respondeu.

— Como já lhe disse — repeti —, está procurando problemas onde não existem. Não lhe fará bem continuar dessa forma, sei que tem uma imagem a zelar e não quero ser responsável por uma exposição negativa sua perante meu pai. Por favor, vá descansar.

— Peço desculpas pelo meu comportamento, isso não irá se repetir, eu lhe asseguro.

— Se precisar de algum remédio, avise-me que verei o que temos no ambulatório.

— É muito gentil, como sempre — e tentou se aproximar para me beijar.

— Não há de quê — e me afastei rápido. — Até amanhã, capitão — ele deu um aceno embriagado e partiu. No dia seguinte, como sempre, saí mais cedo para avaliar alguns prontuários antes de começar os atendimentos. Quando cheguei, encontrei Isaac limpando o consultório:

— Bom dia, doutora Eckle. Peço desculpas por ainda estar aqui, estou terminando meu serviço e sairei.

— Bom dia, Goldstein. Fique e termine seu trabalho, tenho vindo mais cedo todos os dias, deixarei apenas minha maleta no armário e já vou para o laboratório antes de começarem as consultas da manhã.

— Depois que foi embora, doutora, lembrei-me de que tinha algo para lhe entregar — e levantou a estrela de madeira dourada.

— Que bonita!

— Benjamin fizera para a senhorita, mas não tive oportunidade de lhe entregar até então.

— Ele é muito amável — comentei feliz, enquanto guardava o presente no bolso do jaleco.

Esperei alguns segundos enquanto Isaac continuava a limpar o chão e perguntei:

— O que era aquilo que caiu do tabuleiro quando o capitão Himmler chutou as peças?

— O que exatamente, doutora?

— Você sabe a que me refiro, Goldstein. O que eram aquelas frutas e nozes que estavam dentro das peças do jogo? Como vocês conseguiram aquela comida?

Ele abaixou cabeça.

— Foi você quem as pegou em minha casa?

— Peço desculpas, diminuíram a quantidade de comida e muitos estão à beira da morte. Essas frutas estavam no chão de sua casa e, quando a senhora Eckle me pediu para recolhê-las e jogá-las fora, achei que não faria nenhum mal se, em vez de colocar no lixo, eu pudesse trazê-las para dar aos presos. Não gostaria que pensasse que sou um ladrão, apenas peguei o que não iriam mais comer... nada além disso, juro.

— Não precisa se desculpar. Não direi nada sobre o que vi, mas tome bastante cuidado. Se meu pai descobrir que você pegou algo de minha casa, mesmo nessas condições, você estará em sérios problemas.

— Claro, doutora. E obrigado por não ter chamado a atenção do capitão para aquela comida.

— Termine logo a limpeza, voltarei em breve para começar os atendimentos e a enfermeira Thomann irá chegar. Não será nada bom se ela o vir aqui.

— Sim, doutora, já sairei.

— Depois gostaria que limpasse o laboratório. Está uma bagunça. Preciso que esteja limpo e organizado para que eu possa continuar meus estudos. Faça isso ainda hoje.

Ele assentiu e acelerou o trabalho, e eu guardei minha bolsa e saí em direção ao laboratório. Ao chegar, sentei-me, peguei a estrela de madeira e a admirei, balançando com os dedos para tentar refletir um raio de sol. *"Irei deixá-la em um lugar seguro quando chegar em casa"*, pensei e guardei no bolso novamente.

Quando olhei para frente, vi corpos empilhados no laboratório e alguns órgãos em bacias com gelo. Percebi que alguns tinham lacerações na pele e pedaços de dedo faltando, e tentei não pensar na possibilidade de outros presos estarem comendo parte daqueles corpos na tentativa de sobreviver. Outros estavam com enxertos de possíveis experimentos feitos pelos médicos anteriores a mim, cabeças raspadas para que seus cabelos fossem usados na confecção de meias ou enchimento de travesseiros, e evidências de dentes que haviam sido recentemente arrancados, provavelmente de ouro. Examinei os corpos, recolhi amostras de tecido, fiz algumas anotações sobre o estado que se encontravam e voltei ao ambulatório para os atendimentos do dia.

Quando terminei meu trabalho, dirigi-me ao setor de correspondências para enviar uma carta a Margareth, mas descobri que o serviço não estava mais funcionando àquela hora e retornei para casa.

A morte não é orgulhosa

Passaram-se quase dez dias desde aquele episódio desastroso com Karl, na comemoração de Purim. Coincidentemente, Isaac foi remanejado para outro setor de produção de armas, distante do ambulatório e fora de minha rota para casa, e Benjamin o acompanhou. Fingi não ter percebido a mudança e mantive minhas atividades como se estivesse indiferente ao que ocorrera. A essa altura, já tínhamos tantos presos morrendo que certos problemas sanitários e psicológicos aumentaram. Os crematórios não eram suficientes para dar vazão a tudo aquilo e, apesar de os guardas estarem acostumados com torturas e mortes, não era fácil conviver com a decomposição de tantos corpos, ocasionando mau cheiro e um excesso de insetos.

Continuei a testar as amostras que me eram entregues e a emitir relatórios de minhas atividades, porém nem eu mesma tinha mais certeza do que estava fazendo ali; não possuía experiência com estudos *post mortem* e pouco sabia o que fazer com algumas informações que encontrava. Sabia que precisaria de uma equipe e de outros médicos para criarmos uma linha de pesquisa efetiva. Além do mais, os equipamentos precisavam de manutenção, e os materiais do laboratório, como luvas, máscaras e produtos químicos, estavam praticamente esgotados. E, com a situação na qual a guerra estava chegando, os experimentos já não eram mais prioridade.

Minha maior batalha era não transparecer para meu pai ou para Gerta as inseguranças sobre meu trabalho e aquelas pesquisas, ou seria obrigada a abandonar o laboratório e renunciar às pessoas que tentava proteger. Continuei atendendo aos bebês nascidos no início do ano, mas não pude mais incluir nas pesquisas outras mulheres que engravidaram posteriormente, ficando sujeitas a sanções e morte se descobertas por oficiais como Karl.

No campo de concentração, estava cada vez pior ver aqueles tristes moribundos consumidos pela fome, pela dor, pela exaustão e por doenças. A maioria morrera magra, fraca, e nas autópsias eu via os pulmões deteriorados e a massa muscular frágil e enrijecida. Sentia-me impotente perante aquela situação. Tentava dar alguma comida para Benjamin, Isaac e para as presas que eu acompanhava, mas não havia como ajudar os demais.

Diferentemente do que acontecia na enfermaria, Gerta evitava me fazer companhia no laboratório. Acho que por receio de todos aqueles corpos caídos ao nosso redor. Eu ficava feliz quando ela saía, pois podia aproveitar para ler com tranquilidade os artigos e as anotações deixadas pela equipe médica que fugira. Aproveitava o tempo sem pacientes para andar pelo campo, na expectativa de ver Benjamin. Quando retornava para casa, subia para meu quarto para ler ou ia até o bosque e lá ficava, sentada, admirando as árvores.

Quem havia mudado nos últimos tempos era Karl. Parara de treinar para as Olimpíadas com a finalidade de dedicar-se mais ao trabalho em Dachau, fazia rondas constantes para monitorar os guardas e a produtividade dos presos, visitava-me constantemente no consultório para saber como estava a saúde dos oficiais e, quando nos víamos, conversava comigo como se nada houvesse acontecido. Não tocara mais no assunto do casamento nem no acesso de ciúmes para comigo e Isaac. Cheguei a perguntar para meu pai sobre o jogo de tabuleiro que os presos haviam recebido, e ele me informou que tinha liberado novamente para uso conforme instruções da SS, que agora não impedia mais as iniciativas humanitárias das entidades internacionais — exceto pela questão da comida, que continuava sendo retida. Vi mais uma vez alguns presos jogando Monopoly, mas Isaac não estava por perto.

O tifo voltara a se agravar no campo, juntamente a outras doenças, como pneumonia e tuberculose, mas isso já não era mais uma preocupação da SS. Na verdade, havia uma expectativa de que essas doenças pudessem dar cabo de boa parte dos presos antes que Dachau fosse invadido. Cheguei a tentar persuadir meu pai para que me autorizasse tratar algumas daquelas pessoas por motivos sanitários, mas ele dizia que se o quadro entre os oficiais estava controlado, não tínhamos motivo de preocupação. Karl me entregava os relatórios sobre os números de mortes para controle e me perguntava se ainda tinha interesse nos corpos, mas eu respondia que tínhamos poucos recursos no laboratório e que não poderia fazer muita coisa naquele momento. A Alemanha estava em situação cada vez pior na guerra, o que começou a gerar grande preocupação entre os guardas. Afinal, o que aconteceria a eles se perdêssemos?

Meu pai ficava trancado em seu escritório. Falava ao telefone o dia todo e mal interrompia seu trabalho para as refeições, de tal forma que minha mãe passou a levar-lhe lanches e café. Ela tentara retomar suas pinturas, mas meu pai lhe dera a tarefa de pegar os documentos em sua sala no prédio da administração do campo e levá-los para seu escritório em casa, dizendo que estavam mais seguros ali. Meus pais e Karl procuravam transparecer que tudo estava sob controle, mas as coisas não iam nada bem.

Eventualmente, via Benjamin com sua gatinha. Ele dava um sorriso tímido e acenava para mim, e então corria na direção de onde Isaac estava trabalhando. Muitas vezes ficava com vontade de pedir a Benjamin que me acompanhasse em minhas caminhadas após o almoço ou para passar uma tarde comigo, mas sabia que poderia criar problemas se fizesse isso. Vê-lo me confortava e me fazia esquecer dos problemas. Sentia uma espécie de ligação com aquele menino tão doce e esperto. Preocupava-me se ele e Isaac conseguiriam resistir até o fim da guerra e me perguntava se seria capaz de fazer algo para ajudá-los.

Com o tempo, fui notando cada vez menos a presença de crianças no campo. Cheguei até a caminhar na tentativa de encontrar algumas, mas percebi que Benjamin era a única criança que podia avistar entre os presos. Fui até Karl para saber o que estava acontecendo:

— Bom dia, doutora. Posso lhe ajudar?

— Percebi que não há mais crianças no campo. Sei que eram poucas, mas agora já não vejo nenhuma.

— Elas foram levadas — respondeu-me secamente.

— Como assim? Achei que as transferências entre campos não estavam mais ocorrendo.

— Não foram levadas para outros campos, mas sim para Viena.

— Viena? O que foram fazer em Viena?

— Lá ainda há uma clínica associada da SS em funcionamento, com um programa para crianças.

— *Spiegelgrund?*

— Isso mesmo.

— Mas eu tive a informação de que o programa deles estava extinto!

— Não, o doutor Asperger ainda o mantém.

Automaticamente, lembrei-me das pesquisas do doutor Asperger e não pude conter o comentário:

— Mandaram aquelas crianças para a eutanásia? Estamos chegando ao final da guerra, como puderam fazer isso?

— Temos ordens para executar a Solução Final, doutora, já sabe disso. A ordem inicial do comandante era matá-las aqui mesmo, mas soube que teve uma conversa com nossos guardas e eles concordaram que não seria prudente executá-las aqui. Entramos em contato e a clínica se dispôs a recebê-las, então optamos por enviá-las em um transporte disfarçado para que os soviéticos não o interceptassem.

— Poderiam tê-las deixado vivas! Por Deus, eram apenas crianças.

— Não é assim que funciona, Adelaid. Hoje são crianças, amanhã cresceriam e se tornariam adultos. Não podemos nos arriscar a deixá-las vivas para nos procurar mais tarde ou até mesmo procurar nossos filhos e netos caso resolvam se vingar. Trata-se do sangue que carregam. Mas deixei um, por quem a senhorita nutre um afeto especial. Só espero ser recompensado por isso um dia — e sorriu para mim, aproximando-se.

— Sei que não o deixou vivo para me agradar, mas sim porque não pode se dar ao luxo de desobedecer às ordens de meu pai— respondi ríspida, afastando-me dele.

— Se prefere acreditar nisso... saiba que está enganada. Goldstein não é mais tão importante assim como pensa.

— Acho que precisa terminar sua ronda, certo?

— Também acho melhor encerrarmos por aqui. Com licença.

Coloquei as mãos na cabeça e fechei os olhos, lamentando pelo destino daquelas crianças. Senti o sangue subir pelo rosto e, com meus cabelos entre os dedos, dei um grito de raiva, como se tivesse saído do fundo de minha alma, ecoando pelo ambulatório vazio.

. . .

À noite, peguei minha maleta com alguns livros que tinham estado, até aquele momento, guardados na mala. Dentre eles estava o livro *Frankenstein*, o primeiro que lera com Margareth. Folheei as páginas e parei para olhar a imagem do monstro sendo despertado pelo médico.

Da primeira vez que lemos a história, nunca imaginei que aquela criatura reconstruída a partir de pedaços humanos pudesse ser real, nunca imaginei alguém com coragem ou crueldade suficiente para reproduzir aquele experimento maluco. Mas agora aquela imagem não me parecia mais tão fictícia, nem tão incomum... Sentei-me na janela do quarto de pijamas, coloquei uma coberta sobre as pernas e olhei para o bosque, completamente escuro. Encostei a cabeça no vidro frio da janela, e então vi Tufi escondida no canto do parapeito, perto do galho da árvore que ficava ao lado da casa. Imaginei que ela teria escalado até ali para se esconder. Abri o vidro e a chamei:

— Psi, psi, venha, Tufi. Está frio aí fora, não é mesmo? Venha passar a noite comigo, tem comida e água aqui dentro. Só não faça barulho.

A gatinha fez um esforço e pulou até mim. Peguei-a, fechei o vidro e acendi duas velas. Coloquei o roupão, peguei uma das velas, desci as escadas com Tufi nos braços até a cozinha e peguei um pires com água e alguns biscoitos. Todos já estavam dormindo e a casa estava em silêncio, exceto por nós duas ali. Deixei-a comer, depois recolhi rapidamente o que estava no chão e lavei o pires. Subi as escadas sem fazer barulho e levei-a de volta para o meu quarto, tranquei a porta e deixei-a aos pés de minha coberta, enrolada em um cachecol que a aconchegava confortavelmente.

— Acho que será bom ter uma companhia como a sua de vez em quando — sussurrei para ela, que me olhou, miou e voltou a se encolher no meio do cachecol.

Voltei novamente para a janela, sentei-me e olhei para os livros ao lado da mala. Então vi um que lera durante os primeiros anos da faculdade: *Hamlet*.

Gostava das reflexões do protagonista e me perguntava, como médica, qual o limite de minha autoridade e de meu direito sobre a vida de outra pessoa. Afinal, sou a melhor pessoa para julgar o que é certo ou errado? Minhas decisões são realmente baseadas em um bem maior? Meus objetivos ao me mudar para Dachau era tornar-me uma médica melhor e, talvez, alcançar o respeito de meus pais. Mas depois de tudo o que já tinha visto ali, tinha dúvidas se ainda faziam sentido. Olhei para Tufi:

— Ah, Tufi, fazemos tantas reflexões, e você só precisa de um pouco de carinho e comida, não é mesmo? Minha vida, às vezes, poderia ser um pouco mais simples, como a sua.

A gatinha miou baixinho e balançou o rabo, sem tirar a cabeça de cima das patinhas. Então Benjamin me veio à cabeça. Tentei afastar o pensamento: *"pare, Adelaid, não se afeiçoe por esse garoto"*. Senti um pouco de frio, então peguei mais um cobertor e me cobri. Tufi já estava de olhos fechados, esperando que eu também dormisse. Apaguei a vela, fechei a maleta com os livros e fui dormir.

• • •

No dia seguinte, logo que acordei, vi que Tufi não estava na cama. Olhei ao redor do quarto, preocupada, mas vi que a janela estava entreaberta e imaginei que havia escapado por lá. Era sábado de manhã. Troquei de roupas e desci as escadas em direção à cozinha.

— Bom dia, Aletta.

— Bom dia, mamãe.

— Parece estar de bom humor hoje.

— Tive uma noite tranquila.

— Seu pai já comeu e está no escritório, e me avisou que não irá nos acompanhar no almoço. Se conseguir finalizar tudo a tempo, talvez apareça para o jantar... — e se virou para pegar alguns pães, café e um bolo que acabara de fazer.

Sentei-me, peguei um pedaço de bolo e café. Quando comecei a comer, vi Tufi na janela. Arregalei os olhos, prendi a respiração e senti um arrepio. De repente, ela miou. Fiz "shhh" baixinho e gesticulei com as mãos para que saísse, mas ela continuava parada ali.

De repente, ela se precipitou a entrar, mas antes que pudesse pular a janela, minha mãe a fechou rapidamente. Já a tinha visto e gritou:

— Essa droga de gato novamente, fora daqui.

— Acalme-se, é só um gatinho. Deve ter se perdido no bosque e sentiu o cheiro da comida, posso dar um pedaço pequeno de bolo ou de pão e ele irá embora, tenho certeza.

— Você não vai dar nada a esse gato imundo, Aletta. Vou acabar com essa coisa de uma vez por todas!

— Pare! Papai está trabalhando no escritório e se ouvir essa gritaria ficará irritado e virá aqui, não precisamos deixá-lo mais nervoso do que já está.

— Cale-se, Aletta, não estou conseguindo pensar direito. Vou pegar esse gato. Não é a primeira nem a segunda vez que vem aqui, mas com certeza será a última.

Saí para o quintal e continuei tentando afastar a gata da casa, mas ela subiu na árvore e continuou ali, como se aguardasse aquilo tudo acabar para retornar à cozinha ou ao meu quarto. Então Karl apareceu, passeando com dois pastores alemães da matilha da guarda, grandes e fortes. Quando minha mãe o avistou, saiu da cozinha e o chamou:

— Capitão, capitão, venha cá. Aquele gato imundo apareceu de novo na janela e está ali na árvore, veja — e apontou para Tufi. — Não quero mais vê-lo por aqui rondando nossa comida e miando, dê um jeito de acabar com ele de uma vez!

— Imediatamente, senhora Eckle.

Os cachorros começaram a latir. Tufi se assustou e tentou descer da árvore, mas os cães puxavam as coleiras para tentar pegá-la. Quando ela conseguiu descer, correu para dentro do bosque.

— Karl, não faça isso — pedi, imobilizada.

— O que você não quer que eu faça, Adelaid?

— Não deixe os cachorros matarem aquele gato. Ele não fez nada para minha mãe nem para ninguém, só estava ali para ganhar um pouco de comida. O que há de mais nisso?

— Por que se importa?

— Não... não me importo, é que...

Ele só me olhou... e então soltou os cachorros, que correram na direção de Tufi. Fui atrás, mas não conseguia avistá-los. Fui na direção do bosque e depois para a frente da casa. Então ouvi os barulhos das patas dos cachorros pisando rápido nas folhas e o miado fraco de Tufi. Corri para os fundos e então ouvi uma batida de vidro, provavelmente Tufi havia se pendurado na grade de alguma janela.

Continuei a olhar freneticamente de um lado para outro, na esperança de pegá-la antes que os cachorros o fizessem. Então ouvi um gemido alto que soou fundo no meu coração, olhei para o bosque e vi uma sombra que ainda tentara pular para se agarrar desesperadamente nos galhos mais altos, mas que caiu. E então, outro miado de desespero, o último, junto ao barulho dos cachorros rosnando com algo na boca em meio às folhas secas no chão. Corri na direção deles, mas era tarde demais.

Quando cheguei, olhei assustada para aquela cena: os cachorros estavam com os as patas e focinhos sujos e arranhados, com restos de pelo preto e sangue. E Tufi estava ali, caída na grama, com o corpo esticado como se os cachorros a tivessem puxado cada um para seu próprio lado. A cabeça estava esmagada por dentes e as pernas estavam soltas do tronco, não havia restado praticamente nada. Coloquei a mão no rosto ao ver aquela cena, e quando os cães tentaram se aproximar de mim, afastei-os com as mãos:

— Saiam, saiam!

Minha mãe e Karl vieram para perto e, quando chegaram, olharam para aquela cena com satisfação:

— Finalmente acabou o incômodo, muito obrigada por seus serviços, capitão — disse minha mãe, com um sorriso no rosto. — Depois pedirei a um dos empregados para recolher os restos.

— Não há de quê, senhora Eckle. Se precisar de mais alguma coisa, estou à sua disposição — e voltou-se para mim. — A senhorita está bem, doutora Eckle? Parece um pouco abalada.

— O quê... Como? — perguntei, ainda espantada com aquela cena.

— Perguntei se a senhorita está bem.

— Só quero entrar — respondi, tentando não demonstrar que tinha ficado impressionada e triste, embora eu mesma acredite que não tenha sido possível depois daquele episódio repugnante.

— Sim, vamos voltar para o nosso café com tranquilidade — disse minha mãe. — Capitão, faria o prazer de nos acompanhar para um café com bolo? Fiz agora cedo, está muito gostoso.

— Obrigado, senhora Eckle, mas preciso levar esses dois aqui para um banho. Com licença, senhoras — e se retirou.

— Vamos, Aletta?

— Acho que perdi a fome... — respondi, e saí na direção do campo pela trilha do bosque.

Assim que cheguei, vi Benjamin andando e olhando para os lados. Quando me viu, disse imediatamente:

— Doutora, viu minha gatinha? Estou procurando-a por toda parte, mas acho que ela foi para o bosque. Não a viu andando por esses lados?

Sorri para não derrubar lágrimas... Aquilo era tudo o que eu não gostaria de encarar naquele momento. Respirei fundo, abaixei-me até ficar da mesma altura de Benjamin e peguei em suas mãos:

— Tenho uma notícia muito triste para lhe dar. Aconteceu um acidente com a Tufi e ela não voltará mais.

— O quê? — e começou a ficar com os olhos vermelhos de choro. — Mas por que, aconteceu alguma coisa? Ela é tão boazinha, nunca fez mal a ninguém. E eu também sempre me comportei e a protegia direitinho.

— Alguns cachorros do campo a encontraram e a mataram no bosque. Não consegui chegar a tempo de salvá-la, também fiquei chateada. É muito triste quando coisas ruins acontecem com pessoas boas como você.

— E com os gatinhos bons? — Sua voz trêmula mal saiu.

— Com gatinhos bons também. Tenho certeza de que Tufi não merecia o que houve, mas nem sempre podemos controlar o que acontece à nossa volta.

Nisso, seu rosto já estava cheio de lágrimas e começou a soluçar. Abaixei-me para abraçá-lo, mas ele correu para um canto perto dos presos que trabalhavam, quebrando e tirando pedras de cima de um encanamento. Abaixou-se em frente a uma árvore e pareceu ter começado a rezar. Ele estava fora da visão dos guardas, mais preocupados em conversar entre eles do que em vigiar os presos. O local cheirava a esgoto e percebi que aqueles presos usavam triângulos castanhos, eram ciganos.

Assim que viu o menino se abaixar, uma das mulheres foi até ele. Aproximei-me e ela tentou se levantar, assustada com a minha presença, mas coloquei a mão em seu ombro para que permanecesse onde estava. Ela tocou Benjamin e ele retirou sua mão com força:

— Deixe-me rezar! — ele gritou. — "Por todos os que partiram do mundo de acordo com a vontade do Juiz. Possam eles ter uma grande paz pela graça e caridade que eles provêm dos céus..." — ele sussurrava, enquanto as lágrimas escorriam por seu rosto magro e pequeno.

— O que está fazendo, Benjamin? — perguntei.

— Estou rezando o *Kadish*... Nunca pude orar por meus pais, pelo meu irmãozinho, por ninguém desde que cheguei aqui. Deixem-me, quero ficar aqui!

— O que aconteceu, meu pequeno? — a cigana perguntou.

— Mataram minha gatinha, minha melhor amiga! Não gostavam dela só porque tinha o pelo preto. — As lágrimas de Benjamin estavam secas de fome, dor e fraqueza, mas seus olhos permaneciam vermelhos de tristeza.

— Sinto muito, meu querido... Deve ter sido uma boa amiga — a prisioneira disse.

O menino fez que sim com a cabeça.

— Sabe — ela continuou —, nós ciganos acreditamos que os gatinhos pretos possuem poderes mágicos e podem enxergar muito além de nós.

— Sério? — perguntei.

— Sim, são seres especiais e muito sensitivos, por isso são grandes companheiros. Mas por causa de lendas e superstições que foram criadas, muitos acreditam que eles precisam ser mortos para extirpar o mal que há neles, assim como muitas ciganas já foram mortas porque os outros achavam que eram bruxas e responsáveis por rituais de magia negra. Os gatos pretos são animais dóceis e companheiros, e como nós carregam uma imagem negativa que não lhes é justa.

Fiquei em silêncio e voltei a olhar para Benjamin, que continuava a chorar baixinho.

— Não fique assim, meu pequeno — disse a cigana, virando-se para ele. — O que podemos fazer por você para que se sinta melhor?

— Canta uma música para mim? Minha mãe sempre cantava quando eu estava triste.

Aquele pedido foi inusitado para mim.

— Ora, mas é claro — ela respondeu. — Vou cantar uma música que meus alunos da sua idade gostavam muito. A doutora deve conhecer *Wiegenlied*, a canção de ninar de Brahms. Gostaria de me acompanhar?

— Não sei se é apropriado — respondi —, e eu não sei se consigo cantar assim, de repente...

— Podemos cantar juntas se quiser. Minha mãe, antes de conhecer meu pai e se tornar cigana como ele, era violinista em Berlim e me ensinou praticamente tudo que sei. Fui professora de música para crianças e organizava pequenos corais para as famílias. Quando capturados, meus pais foram para Auschwitz e eu vim para cá; às vezes, eu cantava para as crianças daqui. Imagino que minha mãe faça o mesmo se ainda estiver viva — ela murmurou, pensativa.

— Prefiro ouvi-la — respondi. — Pode cantar também se quiser, Benjamin. — Mas ele se encolheu e fez que não, com algumas lágrimas ainda em seu rosto.

Ela então começou a cantar com uma voz suave e afinada, enquanto eu acariciava o rosto do menino. Benjamin me abraçou forte e, aos poucos, foi se acalmando, até que bocejou e se encolheu no meu colo, fechando os olhos até dormir. Acariciei seu ombro.

— Vocês parecem ter uma conexão muito especial — ela disse.

— Não, não temos qualquer ligação, acho que é o momento...

— Fique tranquila — ela me interrompeu —, não é da minha conta e não vi nada aqui.

De repente, Isaac surgiu, procurando por Benjamin, afoito. Estava com uma expressão preocupada ao observar o menino chorando. Contei-lhe o que ocorrera e vi que seus olhos ficaram tristes, pesarosos:

— Obrigado por me avisar — agradeceu Isaac —, eu ficaria muito tempo sem saber o que ocorrera com o gato.

Ele tomou Benjamin nos braços e saiu. Assim que nos levantamos, um guarda se aproximou, agarrando a cigana pelo braço:

— Ora, então temos uma maldita cigana cantora por aqui? E ainda importunando a doutora Eckle!

— Desculpe-me, desculpe-me! Não fiz mal a ninguém — ela falou, desesperada.

Não tive tempo de me pronunciar, quando ele gritou novamente:

— Não quero saber!

Ficamos todos em silêncio, e ele continuou, perguntando de forma assustadora:

— Gosta de cantar? Então cante para mim, bruxa! — e a colocou com força em frente ao grupo que estava trabalhando.

— M-mas o que devo cantar, senhor? — ela perguntou, assustada. Ela parecia não conseguir sequer tremer, estava pálida e com os olhos arregalados de pânico.

— *Das Lied der Deutschen* — ele replicou, ríspido. — Vamos ver se sabe entoar o hino nacional, a Canção dos Alemães. Se cantar corretamente, pode continuar viva.

Ela o olhava, em silêncio. Bastou apenas um segundo para ele gritar novamente:

— CANTE PARA MIM AGORA!

Ela começou, enquanto uma lágrima escorria em seu rosto sujo:

— Alemanha, Alemanha acima de tudo, acima de tudo no mundo — e ele atirou em um dos presos que ali estava, o que a fez tremer os ombros, assustada.

— CONTINUE! — ele gritou.

E ela continuou:

— Quando, sempre na defesa e resistência, fica unida fraternalmente — e ouvimos outro tiro.

Mais um preso caíra, enquanto os outros trabalhavam cada vez mais rápido.

— CONTINUE! — ele gritou, e as lágrimas escorriam no rosto dela, assustada.

— Do Mosa ao Neman, do Ádige ao Belt... — Mais um tiro, como se ele fizesse questão de preencher as pausas da música com mortes. — Alemanha, Alemanha acima de tudo, acima de tudo no mundo.

— REPITA! — ele berrou.

— Alemanha, Alemanha acima de tudo, acima de tudo no mundo.

— MAIS ALTO, REPITA! — e dois tiros disparados para mais presos.

— Alemanha, Alemanha acima de tudo, acima de TUDO NO MUNDO.

Um breve segundo de silêncio.

— Mulheres alemãs, fidelidade alemã... — e ele a matou antes que continuasse.

Ele se aproximou, olhou para o corpo caído e chutou como se quisesse certificar-se de que estava morta. Enquanto isso, fiquei observando, chocada com aquela demonstração de destruição de nosso hino. Ele percebeu que eu olhava e se justificou:

— Ela não cantava tão bem. E errou a letra da música.

— O quê? — indaguei, perplexa.

— Ora, todos sabem que depois da primeira estrofe ela deveria ter entoado a *Die Fahne hoch*, o hino do Terceiro Reich, e não seguido como fez. Não suportei esperá-la cantar tudo, estava me dando náuseas. Não sei como se considera alemã... Deveria ter sido queimada na fogueira junto com o resto desses ciganos nojentos — e chutou os presos que continuavam abaixados, trabalhando sem parar. — Se me permite, isso não é um ambiente adequado para damas como a senhorita — dirigiu-me a palavra de forma desconfiada.

Não suportaria ficar mais um minuto ali na presença daquele guarda, que nem mesmo os próprios colegas nazistas conseguiam olhar depois daquela demonstração vil contra o hino nacional. Dei alguns passos e o chamei, falando baixo para que os demais presos não me ouvissem:

— Preciso ir até meu consultório, oficial. Até onde sei, as instruções do capitão e do *Herr Kommandant* são para não desperdiçar tiros em uma situação completamente desnecessária como esta — comentei propositalmente para deixá-lo desconcertado.

Ele percebeu o que havia feito em minha presença e se desculpou:

— Tem razão, doutora... perdoe meu impulso para defendê-la. Achei que a incomodavam.

— Pois da próxima vez pergunte-me antes de gritar ou atirar — respondi prontamente.

Sabia que nada recuperaria a vida daquelas pessoas, mas me senti satisfeita por ter trazido um pouco de culpa para aquele monstro. Se não fosse pelas mortes que acabara de provocar, que ao menos ficasse receoso pelas possíveis consequências de ter contrariado as ordens de seus superiores no campo. Saí dali levantando a cabeça e sem olhar para trás, deixando clara a minha insatisfação. Quando cheguei ao consultório, Karl apareceu na porta:

— Trabalhando no sábado, Adelaid? Sabe que não precisa fazer isso.

E mais aquela conversa, vinda em péssima hora:

— Não sabia que havia recebido ordens de meu pai para me acompanhar, capitão. Por que fez aquilo? — perguntei, visivelmente irritada. — Por que soltou os cachorros para matarem o gato?

— A senhora Eckle me mandou dar um jeito no gato.

— Mas não precisava ter feito aquilo. Você deixou aqueles cachorros destroçarem um gatinho muito menor que eles, frágil e indefeso.

Karl ficou me olhando.

— Fala como se fôssemos insensíveis, como se não nos importássemos — ele disse, e aquelas palavras visivelmente me confundiram.

— E se importam?

— Importamo-nos com quem importa, doutora. Já lhe disse que precisa rever seus conceitos sobre o que é certo e o que é errado.

— O quê? Ora...

— Acha que é melhor que qualquer um que trabalha aqui? Você é igual a nós, Adelaid.

— Não entendo onde deseja chegar com essa conversa, capitão...

— Percebo que a senhorita se mostra desconfortável com o que se passa com os presos, mas continua desfrutando do conforto de sua casa, comendo e andando pelo campo com a insígnia da SS. Sabe que tem uma posição de segurança aqui dentro. Mas se está tão sensibilizada, por que não renuncia ao que tem para ficar ao lado deles?

Fiquei imóvel. Não sabia se estava mais desagradada pela petulância daquele homem ou pela verdade em seus comentários, que me colocavam em uma situação de superioridade perante todos aqueles pobres coitados que estavam presos ali.

— Sabe por que Benjamin ainda está vivo? — continuou. — Porque eu ordenei que ele ficasse aqui. Não foi a pedido de sua mãe ou de qualquer outra pessoa. Foi uma ordem minha, somente minha. Fiz por você.

Até então, estava ouvindo as palavras de Karl com cuidado para não me exceder. Mas o nome de Benjamin saindo de sua boca me fez perder o pouco de controle que me mantinha estável naquela conversa.

— Então fez isso para me chantagear, capitão? Está usando esse menino para me forçar a ficar com você? Não me compare a vocês... Não somos iguais e não preciso estar no mesmo lugar dessas pessoas para saber que o que acontece aqui é um grande erro.

— E mesmo assim a senhorita obedeceu à enfermeira Thomann e torturou aquele rapaz na câmara bárica, Adelaid?

Mais uma vez, aquelas palavras me atingiram como uma faca no peito.

— Pensa que concordei com aquilo? Só me fez entender por que algumas pessoas aceitam torturar e matar mesmo sendo contra seus princípios... Fez-me perceber que ainda que tenhamos nossos ideais, ainda somos sujeitos a obedecer a ordens absurdas e cruéis. Mas eu não gostei, e recrimino a mim mesma todos os dias por ter feito parte daquilo.

— Está apenas fingindo ser boa, Adelaid.

— Pelo menos eu tento. E você... O que o leva a fazer tudo isso? E como pode me dizer que se importa? A única resposta que me vem à cabeça é seu egoísmo, seu desejo de reconhecimento e promoção. Só pensa em si, usando a força e o medo para conseguir o que quer. Nunca vai conseguir nada assim, Karl. Nem a mim.

Ele ficou sério, e percebi que nossa conversa atingira um ponto que não deveria.

— Vai se arrepender do que disse, Adelaid.

E saiu, batendo a porta atrás de si, irritado. Dei um pulo de susto, sentei-me e coloquei a mão na testa, nervosa. Sentia vontade de chorar... e temia as consequências de minhas palavras.

PESSACH, ÉPOCA DE RENOVAÇÃO

Benjamin ficara diferente depois que Tufi e as outras crianças se foram. Antes, eu o via brincando e se divertindo, mas agora ficava quieto, abaixado com um pequeno graveto nas mãos, com o qual fazia marcas no solo que não pareciam ter sentido algum. Parecia não se interessar mais pelas brincadeiras, não sorria e passava o dia todo ali.

Sentia-me triste em vê-lo daquele jeito e queria fazer algo para ajudá-lo, mas sabia que todo cuidado era pouco. Não podia deixar Karl ou Gerta perceberem o quanto me preocupava com aquele garotinho ou poderia colocar sua vida em risco.

Então tive uma ideia.

Fui almoçar em casa sob a alegação de que não tive tempo de preparar nada para comer no consultório. Quando terminei, coloquei alguns biscoitos e doces no bolso do jaleco e subi para o quarto. Peguei uma manta de retalhos em chenile que havia trazido de Heidelberg, linha de costura, tesoura e um pouco de enchimento que tirei do travesseiro. Enrolei tudo dentro do casaco que estava usando e, em seguida, resolvi procurar Isaac.

Fui ao alojamento onde estavam alguns presos, depois até os fundos do campo, depois ao crematório. Assim que estava retornando, avistei-o sentado em um canto perto dos dormitórios sem Benjamin. Percebia-se que ele, assim como os demais presos, sofria com a fome e o esgotamento. Havia separado os biscoitos para Benjamin, mas conclui que seria adequado compartilhar uma parte com Issac também. Fui em sua direção. Quando me viu, levantou-se rapidamente e bateu nas calças para tirar o pó:

— Doutora Eckle, boa tarde. Peço desculpas por estar sentado aqui, estava no horário de intervalo. Posso ajudá-la em algo?

— Boa tarde, Goldstein. Fui ao alojamento te procurar e não o encontrei. Por isso, vim ver onde estava.

Tirei a manta e os demais itens do casaco.

— Veja — e lhe mostrei as peças. — Como minha mãe já me disse algumas vezes, o senhor é um exímio artista. Sei que é um excelente escultor e faz tintas para pintura como ninguém, e imaginei que soubesse costurar bem. Trouxe esses itens porque quero que faça um brinquedo de pelúcia.

Ele me olhou, pegou as peças e analisou.

— Depois me diga se precisará de mais alguma coisa. Estava pensando em um gato de pelúcia, que eu possa abraçar e que tenha uma costura reforçada e resistente.

— Bem — ele respondeu —, não tenho tantas habilidades com costura, mas acho que posso fazer algo a respeito. Vou precisar de alguns botões para os olhos e nariz, e talvez uma fita. A senhorita gostaria que eu fosse buscar com alguém, ou será um trabalho a ser discutido entre nós?

— Por enquanto, somente entre nós — respondi. — E cuide para que sua atividade seja feita em local discreto. Se precisar, use meu laboratório.

— Sim, doutora. Na verdade, tenho um espaço para esculpir e fazer as tintas que é bastante reservado, farei lá por ora. E ficarei aguardando a senhorita me trazer os itens faltantes.

— Sim, é claro. E... — titubeei por um momento. — Além desse boneco, gostaria que fizesse um semelhante em madeira, pintado com as tintas que costuma fornecer para minha mãe e com os braços e pernas presos com cordão para que eu possa colocá-lo para se sentar. Assim que terminá-los, avise-me para ver como ficaram. O que eu gostar mais, ficará comigo.

— E o que farei com o brinquedo que gostar menos?

— Dê para Benjamin, mas não diga que foi um presente meu.

Ele sorriu.

— Começarei logo e, quando terminar, aviso para que a doutora possa escolher.

— Ótimo. E lembre-se: qualquer coisa de que precise, fale diretamente comigo.

Ele assentiu, sorrindo, e se virou para retornar ao trabalho.

— Goldstein — chamei-o. — Leve esses biscoitos para comer mais tarde com Benjamin. E tire esse sorriso do rosto ou poderão pensar que tivemos uma boa conversa. Não quero que os guardas pensem que está feliz, estamos entendidos?

Ele pegou os biscoitos, colocou-os no bolso e fechou o semblante, virando-se em direção ao serviço. Logo que nos afastamos, notei que Benjamin vinha em minha direção, mas ao perceber que um dos guardas surgira, acenei com a mão para que se afastasse de mim. Ele abaixou a cabeça e retornou para a árvore onde eu o havia visto outro dia.

Antes de voltar ao consultório, fui até o setor de correspondências para ver se havia recebido algo ou se conseguiria enviar uma carta para Margareth. No último envelope que me enviara, havia o novo endereço dela e de John. Quando cheguei, fui informada de que o setor não estava mais operando. Com o avanço da guerra, todas as correspondências eram interceptadas e destruídas pela SS para evitar qualquer vazamento de informações.

Então fui ver meu pai em seu escritório. Estava sentado analisando alguns documentos. Quando me viu, fez um gesto para que eu entrasse. Entrei e sentei-me. Diferentemente de seu escritório em casa, sua sala no prédio administrativo de Dachau era simples e espaçosa, com um grande mapa na parede indicando os campos que ainda pertenciam à SS e o posicionamento das tropas inimigas.

Tinha um grande armário relativamente vazio. Muitas coisas já haviam sido transferidas para nossa casa, mas acredito que aquelas prateleiras já foram repletas de pastas, provavelmente com documentos de soldados e dos presos, além de diversos livros com balanços financeiros.

As janelas tinham persianas simples que nos davam uma boa visão do campo, e sua mesa estava limpa e bem organizada, com alguns papéis sendo assinados enquanto eu entrava.

— Boa tarde, comandante.

— O que quer, Adelaid?

— Bem, tentei enviar uma carta para Margareth agora mesmo, mas soube que o setor está sem funcionamento.

— É um aborrecimento mesmo. Temos telefones se preferir.

— Tem más notícias sobre a guerra?

— Alguns países decidiram agora declarar guerra contra nós, sul-americanos, africanos... Tivemos algumas reuniões com nossos aliados na Itália e no Japão enquanto estive em Berlim, Mussolini não consegue controlar os *partigianos* e a máfia não está mais interessada em ajudá-lo.

— E o Japão?

— O imperador japonês começou uma operação com pilotos conhecidos como *kamikaze*s, mas não entendo como um grupo de suicidas pode nos ajudar em alguma coisa. Soube que a cidade de Tóquio foi atacada pelos americanos, não faço mais ideia do que o Japão fará para tentar reverter a situação.

— E agora?

— Hitler nos deu ordens para concluir a Solução Final. Temos tentado economizar ao máximo para deixar os presos morrerem naturalmente, mas perante a iminência cada vez maior de fim da guerra, orientei o capitão Himmler para acelerar a ação com as marchas.

— Marchas?

— Na metade do ano passado, antes de você chegar aqui, a SS tinha começado a deslocar os presos de campos ameaçados de invasão para outros ainda protegidos. E, durante o caminho, faziam execuções para diminuir ou eliminar o contingente que chegaria ao destino.

— Não é mais fácil continuar deixando as pessoas morrendo no campo? Acha que essas marchas farão alguma diferença agora?

— Precisamos apressar a evacuação do campo, não deixar sobreviventes é a ordem da SS. Além disso, não podemos mais nos expor perante a comunidade internacional. Se ocorrer uma invasão e formos pegos realizando extermínios em massa, nossas condenações poderão ser piores do que se dermos cabo dos presos de forma mais discreta.

— Discreta é uma palavra interessante para essa situação.

— Interessante é sua insistente insolência, Adelaid.

— Só quero dizer que, a essa altura, esconder mais mortes não irá diminuir os riscos de condenação.

— Não sabemos, por isso faremos de tudo.

— E o que será feito se Dachau for invadido?

— Lutaremos até o fim.

Fiquei em silêncio, enquanto ele me olhava, sério.

— É tudo? Achei que tinha um ambulatório para cuidar, doutora.

— Claro, só passei aqui para ver como estava.

— Não perca seu tempo. Agora vá que estou ocupado — e fez sinal para que eu saísse.

Saí quieta, triste por ter percebido que, aos olhos de meu pai, não significava mais que qualquer outro empregado do campo. Então ele me chamou:

— Adelaid.

— Sim? — virei-me rápido.

— Não se esqueça de fechar a porta quando sair.

— Ah, sim, claro... — respondi decepcionada, e me retirei.

Quando cheguei ao ambulatório, alguns pacientes me aguardavam. Atendi um soldado com sintomas de tifo, outro com dores na boca e um com a unha encravada de tal forma que seu dedo sangrava sem parar. Foram quase 15 atendimentos ambulatoriais, além dos exames periódicos e do balanço que Gerta precisava para os medicamentos que ainda tínhamos em estoque. No fim do dia, despedi-me dela e saí, cansada.

Assim que coloquei os pés para fora do ambulatório, vi Benjamin parado e me olhando. Virei a cabeça para os lados e, como não vi ninguém, fui na direção dele:

— Olá, Benjamin. O que está fazendo aqui? E onde está Isaac?

— Ele não sabe que vim aqui. Gostaria de ter uma palavra com a senhorita.

Levantei as sobrancelhas ao ouvi-lo falar com tanta seriedade:

— Ora, então me diga no que posso ajudá-lo.

— A senhorita não gosta mais de mim?

— Como? — Fiquei sem saber o que dizer por um momento.

— A senhorita me viu hoje cedo e nem quis falar comigo, e não tem vindo mais me ver. Depois do que aconteceu com a Tufi, achei que seria diferente.

Abaixei-me e coloquei a mão em seu ombro:

— Benjamin, sei que está chateado com tudo que houve com Tufi e seus amigos. Eu lamento, e se pudesse fazer algo para trazê-los de volta, eu com certeza o faria.

— Mas a senhorita não gosta de mim?

— Por que acha isso?

— O senhor Goldstein me disse que não devo mais falar com a senhorita nem a procurar, mas eu disse que era minha amiga. Não quer ser minha amiga?

— Claro que quero ser sua amiga, meu querido. Mas estamos em uma guerra e algumas coisas podem prejudicar vocês. Só quero que esteja bem e seguro. E talvez, para que isso seja possível, será melhor ficar longe de mim por enquanto.

— Antes de perder minha mãe, ela também disse para me afastar...

— Entendo... Mas é diferente. Sua mãe havia perdido seu irmãozinho e ficou muito chateada, não é mesmo? Ela também estava presa e se afastou porque não queria mais viver, apesar de querer que você continuasse vivo. Eu não estou presa.

— Então você está aqui por que você quer?

— Sim, de certa forma...

— Você é como o capitão?

— O quê? Não, não sou como ele — respondi rápido, incomodada com a comparação.

— Por que está aqui então?

— Eu... — pensei um pouco — sou médica, cuido da saúde e me pediram para cuidar das pessoas até a guerra acabar.

— Hum... Gostaria que você tivesse chegado aqui antes então.

— Por quê?

— Porque poderia ter cuidado da minha mãe, do meu irmão e da irmã do senhor Goldstein, para que não tivessem morrido.

— Posso cuidar somente dos guardas... Infelizmente não teria conseguido cuidar delas, Benjamin.

— Ah, mas eu sei que a senhorita teria tentado — e deu um sorriso tímido.

— Como era a sua mãe, Benjamin?

— Ela era muito bonita. Meu pai sempre dizia que era linda, tinha os cabelos escuros, os olhos iguais aos meus e um sorriso que deixava todo mundo feliz.

— Um sorriso como o seu? — perguntei.

Ele riu e colocou a mão no rosto, fazendo que sim com a cabeça. Continuei:

— E o que mais?

— Ela era professora, a melhor professora da escola. Meu pai dizia que todas as crianças gostavam dela — e abriu os braços para representar quantos gostavam de sua mãe.

— Olha só que legal.

— E ela fazia muitas comidas gostosas, eu sempre comia tudo.

— E estava certo — respondi me lembrando de toda a situação de fome que ele deveria estar passando naquele momento.

— A senhorita não tem filhos?

— Não, não tenho.

— E já pensou em ter algum?

— Ainda não pensei muito nisso.

— Certo, mas se a senhorita um dia quiser ter um filho, pode ficar comigo, daí também cuido de você.

Senti-me lisonjeada com aquele comentário inocente. Sorri, segurei sua mãozinha pequena e respondi:

— Você é muito gentil, Benjamin. Se um dia eu quiser ter um filho, pensarei em sua proposta com carinho e lhe conto. Combinado?

— Sim.

— Agora volte ao alojamento antes que nos vejam aqui, o senhor Goldstein deve estar lhe procurando.

— Está bem, doutora. Até mais!

— Até, Benjamin — acenei e me virei para retornar para casa.

Estava preocupada de alguém ter visto nossa conversa, mas era tarde demais... Karl, encostado em um canto das sombras, observava-nos durante todo aquele tempo. Meu coração pareceu afundar no peito quando o vi. Fui até ele:

— Olá, capitão, como está?

— Estou bem, doutora. E a senhorita?

— Estou bem também. O que faz aqui?

— Estava observando o campo, nada de mais. E você?

— Estava apenas conversando após terminar meu expediente.

— Percebi... — respondeu debochado.

— Sei o que está pensando, mas não há nada entre mim e aquele menino. Não sei por que dá tanta importância...

— Não sou eu quem está dando importância. É você, Adelaid. Não devemos ter presos de estimação, sabia?

— Benjamin não é meu preso de estimação, capitão. Apenas o trato bem porque não há sentido em tratá-lo mal. É apenas uma criança.

— Trata-o bem até demais.

— O que quer dizer com isso?

— Já lhe disse que não deveria se apegar a esses presos.

— Não estou me apegando a ninguém.

— Espero mesmo que não. Detestaria vê-la sofrendo pela morte deles.

— Não há necessidade de matá-los na iminência de um fim para essa guerra. Se perdermos, você pode sofrer duras punições por essas mortes.

— Estamos tomando as devidas precauções. Todos os documentos do campo foram levados para a casa de seus pais, por segurança. Além disso, muitos presos saíram de trem para nos livrarmos de uma parte deles. As marchas estão sendo conduzidas para não levantar suspeitas da evacuação do campo.

— Acredita que tudo isso é mesmo necessário?

— Claro que sim. É uma pena que até hoje a senhorita não tenha entendido que esse é nosso trabalho.

Suspirei com lamento ao ouvir aquilo.

— Bem, minha mãe está me esperando para o jantar...

— Então com licença e boa noite, doutora — acenou, segurando o quepe com uma das mãos.

Olhei para ele com desgosto e saí.

• • •

Três dias depois, reencontrei Isaac em minha casa de manhã. Ele trouxera algumas tintas para minha mãe e conversamos:

— Doutora Eckle, suas peças já estão finalizadas. Gostaria de fazer sua escolha?

— Claro, que bom que terminou. Já estão com você?

— Sim, aproveitei para trazê-las, já que precisava entregar alguns materiais para sua mãe.

Ele retirou os dois brinquedos de um saco e os colocou sobre a mesa: um ursinho de madeira, sentado, com os braços e as pernas amarrados com um cordão. Tinha o rostinho pintado de preto e vermelho e um lindo laço vermelho no pescoço. Peguei o boneco de madeira nas mãos e o admirei:

— Ficou excelente, Goldstein.

O gatinho de pelúcia também era lindo, todo colorido com o tecido de retalhos da manta e parecia pronto para receber um abraço. Os braços e pernas estavam costurados de forma que era possível deixá-lo sentado, com dois botões pretos no lugar dos olhos e um botãozinho no nariz. Tinha uma fita azul amarrada em seu pescoço, decorada com a estrela dourada que Benjamin havia feito:

— Ora, esse também está muito bonito, não é mesmo? Um gatinho e um ursinho?

— Sim, doutora Eckle. Entendi que não fazia questão de qual animal poderia ser. Se preferir, posso fazer outros animais.

— Não, não precisa, e já me decidi. Ficarei com o ursinho — devolvendo o gatinho de pelúcia na mesa.

Isaac pegou o gato e perguntou:

— Posso levá-lo então, doutora?

— Sim, dê para Benjamin, acho que ele gostará. Mas não diga que fui eu quem pediu para lhe entregar — e ele assentiu com a cabeça, segurando o gato contra o peito com uma das mãos.

— Vou entregá-lo agora mesmo — e saiu.

Peguei meu novo brinquedo e pensei em levá-lo até o quarto. Quando minha mãe me viu, perguntou:

— O que é isso, Aletta?

— Oi, mamãe. Pedi a Goldstein para me fazer um brinquedo, pois gostaria de ter companhia à noite. Como ele já havia feito alguns serviços à senhora, imaginei que não teria problemas.

— Claro que não — e se aproximou, olhando para o urso. — Mas que ursinho mais bonito ele fez. Isaac tem muito bom gosto, ficou perfeito!

— Sim, gostei bastante. Pedi que fizesse um outro de tecido, mas não gostei — disse isso tentando simular certo desdém. — Acabei sugerindo que entregasse a Benjamin — comentei, mas percebi que minha mãe não gostara muito.

— Não devia ter feito isso, Aletta. Se não gostou, poderíamos tê-lo jogado fora. Isso pode causar problemas com seu pai.

— Sinto muito... Não havia pensado nisso — menti, fingindo ressentimento. — Mas era somente um brinquedo de pano malfeito.

— Espero que não haja mesmo problema, querida... Espero que não.

Guardei então o brinquedo no quarto e segui para o meu consultório. No caminho, vi Benjamin andando feliz com o gato de pano nos braços. Tinha quase o mesmo tamanho da Tufi verdadeira, e o garoto sorria e abraçava seu novo brinquedo. Fiquei feliz em vê-lo mais animado, mas logo vi Karl, que também avistara o menino e caminhava em sua direção, claramente irritado. Corri até o capitão e, antes que alcançasse o menino, puxei-o:

— Karl, deixe o menino em paz.

— Por que se importa com ele, Adelaid? — virou-se para mim, contrariado

— Não me importo, só não quero que se exponha assim, sem necessidade, já falamos sobre isso.

— Onde ele conseguiu aquele brinquedo?

— Eu pedi a Isaac que me fizesse dois brinquedos, mas um deles não ficou de meu agrado. Ele me perguntou se poderia dá-lo a Benjamin e não me opus. Não há nada de mais, é só um brinquedo inofensivo.

Karl me olhou, desgostoso. Quis dizer algo, mas mudou de ideia e foi embora. Respirei aliviada. Então Benjamin me viu e veio em minha direção:

— Veja o que Isaac me deu, doutora — e sorriu —, é igual a Tufi! Disse que iam jogá-lo fora, então deu para mim, só para mim!

— Mas que gatinho bonito, e que bom que gostou.

— E ela tem uma fita com a estrela de madeira que fiz. Isaac pendurou-a aqui, veja só. Agora tenho uma nova amiga para brincar — e continuava sorrindo com seu brinquedo.

— Essa fita ficou muito bonita, e a estrela deu um toque especial.

— Disse para Isaac que você também iria gostar, doutora. A gatinha está me ajudando a achar uma coisa que Isaac escondeu de nós.

— E o que seria?

— Um ossinho de frango — e colocou a mão no rosto, rindo.

Fiz cara de quem não havia entendido. Quando Isaac se aproximou de nós, perguntei:

— Benjamin me disse que estão brincando de esconder ossinhos de frango? É isso mesmo?

— Sim, fazemos isso durante o *Pessach*, mais uma celebração judaica. Fazemos essa brincadeira de esconder com *matzá*, uma massa de pão sem fermento, mas como não temos aqui, improvisei.

— As crianças devem se divertir bastante.

— Sim, elas gostam. Benjamin está eufórico para encontrar o ossinho.

Ele sorriu, mas pareceu ter visto algo e logo ficou sério:

— Bom, acho melhor irmos para evitar problemas.

— Espere — e coloquei as mãos no bolso. Separei alguns doces para Benjamin. — Pegue para você também.

— Acredito que seja melhor a doutora guardar isso para outro momento — disse Isaac. — Com licença.

Eles saíram e, quando olhei ao redor, percebi que Karl nos observava novamente. Fui até ele:

— Mais uma vez me espionando, capitão?

— Estou apenas fazendo meu trabalho, e a senhorita deveria fazer o mesmo.

— Não se preocupe, mantenho meu trabalho em dia sempre e seus oficiais podem continuar contando comigo para seus cuidados.

Ele continuou me observando, sério. Refleti por um momento e imaginei algo que desviaria seus pensamentos para que não importunasse Isaac e o menino.

— Bem... Minha mãe disse que fará um almoço de Páscoa, e eu gostaria que nos acompanhasse.

Karl mudou de expressão e sorriu para mim:

— Claro que sim, será um prazer.

— Ótimo. Esperamos você. Até mais, capitão.

— Até mais, doutora. Obrigado pelo convite.

· · ·

No domingo, estávamos reunidos meus pais, Karl e eu. Mamãe parecia bem satisfeita com seu belo almoço, um cordeiro assado com batatas e aspargos. Comentei enquanto comíamos:

— Está tudo maravilhoso, mamãe.

— Obrigada, Aletta. Está de seu agrado, capitão?

— Está, sim, tudo delicioso.

— Está tudo bem, Andreas? — perguntou minha mãe.

— Acho que perdi a fome. Com licença — respondeu irritado e saiu.

Continuamos a comer, enquanto minha mãe olhava para baixo, sem graça com aquela cena. Depois do almoço, despedi-me de Karl e subi para o quarto. Quando cheguei, encontrei minha mãe sentada no parapeito da janela, fumando. Aproximei-me dela:

— Sabe que papai não gosta que fume.

— Mas ele não está aqui, está? — replicou. — Desde que chegou, não subi mais para pintar ou passar um tempo.

Encostei-me na parede da casa enquanto a observava. Ela deu um trago, soprou com calma e disse:

— Já faz quase seis meses que está conosco.

— Sim, nem parece que passou tanto tempo.

— O tempo passa de uma forma diferente por aqui, Aletta. Ficamos distantes e não nos damos conta do que acontece fora.

— Pode ser — respondi tentando imaginar exatamente a que ela se referia.

Voltei a ficar em silêncio, enquanto fumava seu cigarro.

— Seu pai está nervoso com o andamento da guerra. Estamos todos muito preocupados com o que vai ser de nós se perdermos, será o fim.

— Acha que a Alemanha não poderá se reerguer se perder a guerra? Que não poderemos retomar nossa economia?

— Se perdermos, viveremos tempos sombrios. Não teremos direito a mais nada, Aletta.

Olhei para o bosque abaixo de nós, pensativa:

— Posso lhe fazer uma pergunta?

— Sim — respondeu, enquanto fumava mais um pouco.

— Por que contratou Goldstein para fazer todos esses trabalhos que estavam aqui no sótão?

Ela me olhou franzindo o cenho, atenta. Continuei:

— Sei que seu trabalho é incrível e que possui um talento nato, mas não entendo por que precisa realmente da ajuda dele. A senhora pode fazer algumas coisas boas, talvez não tão bonitas quanto as dele, mas trabalhos bons.

Ela olhou para a frente e pensou um pouco antes de responder, e então falou:

— Conheço a família dele desde antes da guerra, antes de você ou Isaac terem nascido. Conheço-os antes mesmo de meu casamento com seu pai.

— Não sabia — sentei-me na cama curiosa para ouvir mais.

— Os pais dele e eu tínhamos um certo relacionamento. Eu sempre os visitava para ver as peças que chegavam na loja e, nessas visitas, conversávamos e tomávamos café. Quando Isaac começou a trabalhar com os pais, mostrou um talento que até então não conheciam, encantando a todos que viam o que era capaz de fazer. Logo começaram a receber pedidos de pessoas de todas as partes da Alemanha, que queriam encomendar objetos e peças de arte feitas por ele.

Continuei observando-a, surpresa com aquela história.

— Quando Hitler subiu ao poder, seu pai logo percebeu que essa relação entre mim e os pais de Isaac era perigosa e pediu-me para me afastar deles. Depois de algum tempo, a família Goldstein foi capturada... — e deu uma risada curta. — Não imagina a minha surpresa quando os vi aqui, Isaac e a irmã Gisella, que tinha um bebê nos braços.

— Como descobriu que eram eles?

— No dia em que chegaram, eu estava no campo com seu pai. Acompanhei Andreas porque a SS mandou um grupo grande de presos de última hora e ele não teve tempo de contratar mais guardas e inspetores para auxiliá-lo. Enquanto eu fazia a chamada, vi os nomes da família Goldstein na lista e, logo em seguida, encontrei-os na fila. Quando perguntei sobre seus pais, soube que já tinham ido para outro campo.

— E o que você fez, mamãe?

— Os médicos, naquela época, tinham começado uma série de pesquisas com crianças e bebês, e decidiram usar o bebê de Gisella nos experimentos. Ela enlouqueceu e, quando descobriu que o filho havia morrido, matou-se. Mas antes de se matar, procurou-me e me deu tudo que tinha, suas joias e um pouco de dinheiro, implorando para que eu cuidasse da segurança de Isaac.

— Mas você aceitou aquele dinheiro? — perguntei um pouco confusa.

— É claro. Se eu recusasse, certamente um dos guardas o encontraria e pegaria para si, e ela teria guardado aquilo em vão. Nunca sabemos quando iremos precisar de dinheiro, então não se pode recusar, Aletta, querida.

Nitidamente não concordei com aquela afirmação, mas preferi continuar a conversa sem interrompê-la.

— E o que aconteceu em seguida?

— Ela se matou logo depois que me entregou tudo. Isaac ficou transtornado, mas eu pretendia ser leal ao meu compromisso com Gisella. Pedi a seu pai que me disponibilizasse o rapaz para fazer alguns trabalhos em função de seu talento extraordinário, e exigi que Andreas se assegurasse de sua segurança enquanto estivesse a meu serviço. Logicamente não contei sobre o dinheiro de Gisella. Seu pai poderia se recusar a atender meu pedido e esse era um risco que eu não gostaria de correr.

— Entendo — respondi refletindo comigo mesma que, apesar de tudo, ela mantivera sua palavra de proteger Isaac.

— Seu pai não gostou daquele pedido e, desde então, pede para que Isaac termine esses serviços e que eu pare de pedir novos trabalhos a ele, mas obviamente não posso deixá-lo terminar antes da guerra acabar. Quero me certificar de que Isaac seja grato por minha proteção e retribua, caso sejamos julgados pelo que aconteceu em Dachau.

— E Karl?

— Ele não sabe de nada.

— Vejo que pensou em tudo — disse, reconhecendo que mamãe havia articulado um bom plano diante de todo aquele contexto desfavorável.

— Meu maior problema é aquele menino que Isaac cuida, ele o expõe demasiadamente, em minha opinião.

— Benjamin.

— Sim — ela respondeu. — Não dou a mínima importância para a vida desse menino, mas ele significa muito para Isaac. Por isso, tenho tentado encontrar formas de lidar com sua presença sem levantar suspeitas, mas não é fácil. Sei que o capitão Himmler pensa que sou apenas a esposa tola do comandante, apegada ao serviço de um preso que um dia conheci fora de Dachau. Mas quero que ele continue pensando assim — e olhou diretamente para mim.

— Não direi nada sobre o que me contou, mamãe.

Ela pensou um pouco:

— Não sou uma pessoa ruim, Aletta.

— Não disse isso — respondi um pouco relutante.

— Sei que pensa que sou egoísta e insensível. Eu aprendi a ser dessa forma para garantir a sobrevivência de nossa família, e hoje preciso continuar com o que comecei. Um dia você irá entender que o mundo não se divide apenas entre pessoas boas ou más...

Respirei fundo e olhei para o jardim, não queria discutir o que significava ser bom ou ruim. Só tinha uma certeza bem clara para mim: torturar e assassinar pessoas indefesas não é o certo, em nenhuma circunstância. Ela apagou o cigarro e disse:

— Karl parece muito interessado em você.

— Eu sei, mamãe. Mas não estou interessada nele.

— Deveria pensar direito. Um rapaz tão bonito e promissor. Um pouco tolo, mas isso o torna mais fácil de ser manipulado. Você é uma moça inteligente e tenho certeza de que saberia fazer bem isso se estivessem casados. E vocês me dariam netos lindos.

— Existem outras coisas importantes além de aparência e carreira.

— Se pensar desse jeito, vai acabar sozinha.

— Prefiro ficar sozinha a casar-me com alguém como ele.

— Que bobagem, Aletta.

— Se continuar reclamando, mamãe, meu pai saberá que costuma se esconder aqui para manter seus velhos hábitos — e apontei para o cigarro.

Ela torceu os lábios.

— Você é terrível.

— Eu sei — respondi, com um meio sorriso no rosto.

— Vamos mudar de assunto e dar uma volta no bosque, quero que me mostre os caminhos que já conhece para ver se tem algum atalho que eu ainda não tenha descoberto — e apagou o cigarro no parapeito.

Sorri com desdém. Ela se levantou e descemos para uma caminhada até a trilha, para aproveitar o resto daquele dia de Páscoa.

O trecho que vou contar agora foi, na verdade, um tópico que eu soube por Benjamin muitos anos depois, quando lhe perguntei o que havia acontecido entre Isaac e o capitão e como as coisas se desenrolaram até chegar no ponto no qual eu fui diretamente envolvida. E transcrevo o relato a vocês aqui:

Terminado o almoço, Karl foi para o campo e, logo que chegou, encontrou Isaac sentado, sozinho. Benjamin estava brincando em um canto naquele momento, mas se escondeu assim que viu o capitão, que não percebeu a presença do menino ali. Benjamin ficou ali em silêncio, escutando e observando. Karl olhou bem para trás e para os lados, para ver se alguém o observava, e então se dirigiu a Isaac:

— Boa tarde, Goldstein.

— Capitão Himmler — respondeu Isaac, ficando em pé rapidamente —, terminei agora há pouco meu trabalho. Posso fazer algo pelo senhor?

— Está tudo bem, Goldstein. Como está o trabalho na área de carvões?

— Estamos fazendo o abastecimento de alguns caminhões que sairão nos próximos dias em direção à cidade de Tegernsee, recebemos orientações para deixá-los prontos até amanhã.

— Faz bem, não podemos ter nenhuma falha nesse trabalho, está me entendendo?

— Sim, capitão Himmler. Não haverá falhas.

— Ótimo. E... soube que tem uma quantia para sair daqui. Estou correto?

— Ainda não tenho tudo, senhor. Bem, não para mais de uma pessoa.

— É seu dia de sorte. Posso ajudá-lo se quiser.

— Desculpe a pergunta, capitão. Mas por que me ajudaria?

— A guerra está acabando e possivelmente Hitler perderá. Irei precisar de aliados depois que sair daqui, e sei que poderei contar com a sua gratidão no futuro se o ajudar agora. O que acha, teremos um combinado?

Isaac olhava para Karl com desconfiança e medo. Então assentiu com a cabeça, respondendo:

— Sim, senhor.

— Ótimo. Em algumas semanas haverá bastante movimentação na área dos fornos, pois os caminhões sairão com algumas cargas a pedido da SS. Encontre-me ali com Benjamin e com o que tem. Assim que receber a minha parte, colocarei vocês dentro de um dos caminhões para que partam em segredo.

— Obrigado, capitão, muito obrigado — Isaac assentiu com a cabeça.

— Só tenho uma condição.

— Qual, capitão?

— Não conte à doutora Eckle sobre nossa conversa. Não quero que ela se envolva.

— Sim, senhor. Não direi nada à doutora.

— Ótimo. Agora preciso ir. Foi bom fazer negócios com você, Goldstein — e se retirou.

Isaac ficou olhando enquanto Karl se afastava, preocupado. Assim que Karl sumiu nas imediações do prédio administrativo, Benjamin foi até Isaac:

— O que aconteceu?

— Nada — respondeu — e não conte a ninguém o que viu aqui. Mas fique atento e, se alguma coisa acontecer comigo, quero que conte à doutora tudo que souber e peça ajuda a ela, estamos entendidos?

Benjamin fez que sim com a cabeça, preocupado com o perigo que Isaac poderia enfrentar.

Os ianques estão chegando

Era domingo, três semanas após aquele almoço de Páscoa. Depois, descobri com minha mãe que a profunda irritação de meu pai naquele almoço estava diretamente relacionada à sua frustração em não ver mais alternativas para vencer a guerra, e sua preocupação com nosso futuro depois que tudo acabasse. E, principalmente, sua preocupação em ver sua carreira ruir caso fosse condenado por tudo o que ocorrera em Dachau.

Naquele dia, diversos caminhões estacionavam nos fundos do campo. Conforme combinado, Isaac foi se encontrar com Karl, que já o esperava. Levou consigo a carteira com os selos e deixou Benjamin escondido ali perto, na intenção de chamá-lo assim que finalizasse a negociação. Quando Karl o viu, logo percebeu a ausência do garoto:

— Bom dia, Goldstein.

— Bom dia, capitão.

— Onde está o menino como havíamos combinado?

— Está terminando de pegar suas coisas, ele virá logo.

— Não temos como finalizar essa negociação sem a presença dele, Goldstein.

— Não se preocupe, eu o chamarei assim que aceitar meu pagamento e der ordens ao motorista para que me deixe subir com o garoto. Garanto que seremos rápidos.

Karl ficou olhando Isaac, visivelmente contrariado. Isaac percebeu, o que o deixou ainda mais preocupado:

— Algum problema, capitão?

— Não há problema, creio apenas que tivemos um mal-entendido. Está com o que pretende me oferecer?

— Bem, senhor, tenho muitos selos de grande valor. Sei que pagam pela saída de Benjamin, e espero poder sair também, como me garantiu.

— Ótimo, então me entregue.

— Claro, senhor — e antes que colocasse a mão no bolso, recuou.
— Mas antes, pode informar seu motorista que iremos embarcar?

— Ele não está aqui, vou informá-lo depois.

— E como saberei se poderemos embarcar no caminhão depois que eu entregar os selos ao senhor?

— GOLDSTEIN, ENTREGUE-ME ISSO AGORA MESMO!

Isaac arregalou os olhos, assustado. Continuou com a mão em seu bolso, segurando a carteira com força:

— Capitão, terei sua palavra de que Benjamin e eu sairemos daqui?

Fez-se um silêncio repentino. Então, ouviram-se tiros. Eram os soldados americanos que forçavam a entrada no campo. Isaac se afastou de Karl, que ficara olhando na direção dos portões de entrada de Dachau. Quando percebeu que Isaac tinha fugido, ficou furioso e saiu à sua procura. Benjamin correu para tentar achar Isaac, assustado com o que Karl poderia fazer e com os tiros que ouvia ao seu redor.

...

Estava em meu consultório com Gerta quando ouvimos tiros e gritos, o que nos deu um susto:

— Enfermeira, está ouvindo isso? O que está acontecendo?

Ela correu e pegou uma bolsa grande e cheia dentro do armário, colocou um casaco e estava pronta para partir. Também vesti meu casaco e saímos do ambulatório para ver o que ocorria, mas ela rapidamente desapareceu em direção aos fundos. Vi meu pai correndo na outra direção para tentar conter a situação. Os guardas reuniam os presos e atiravam a esmo na tentativa de acabar com os sobreviventes de Dachau. Corri para meu pai, em pânico:

— Papai, o que estão fazendo?

— Vá embora, Adelaid, vão invadir Dachau. Os americanos estão forçando os portões, preciso controlar essa situação.

— Por que estão matando os presos?

— Não podemos deixá-los aqui, vivos, para serem resgatados. Essas pessoas não devem sair daqui vivas! Irão nos destruir se conseguirem a liberdade.

— Acabou essa guerra, papai, não está vendo? Deixe-os aí e vamos embora enquanto ainda temos tempo — implorei, puxando-o, mas ele não me ouvia.

Olhei para os lados e via as pessoas correndo perdidas. Então vi Benjamin, agachado com o gato de pano nas mãos sob uma árvore, tentando se esconder. Abandonei meu pai e fui até o menino:

— Benjamin, onde está Isaac?

— Não sei — disse chorando, tremendo. — Ele me disse que encontraria o capitão Himmler e logo voltaria para me pegar, mas não voltou. E-e-eu estou com medo, doutora, o que está acontecendo?

— Acalme-se, estou aqui — e o abracei. — Agora preciso da sua ajuda, pode ser?

Ele balançou a cabeça, afirmativamente.

— Ótimo, venha comigo, vamos procurar Goldstein — pedi-lhe.

• • •

Enquanto isso, Karl continuava a procurar Isaac, até que o viu correndo na direção dos caminhões. Seguiu-o furioso e, quando o alcançou, segurou seu braço com força e disse:

— Você vem comigo, está me devendo aqueles selos.

— Eu lhe disse que queria sua palavra de que Benjamin e eu sairíamos livres.

— Idiota! Vocês nunca sairão daqui com vida se depender de mim — e puxou a carteira e o *Talmude* que estavam dentro do bolso de Isaac.

Então, empurrou-o para dentro do caminhão junto aos outros presos, que tinham acabado de serem colocados ali, e falou para o motorista:

— Leve esses prisioneiros para fora daqui e garanta que todos morram no caminho. Sem sobreviventes, está entendido?

— Sim, senhor — respondeu o motorista, que logo falou para dois guardas subirem na boleia para o ajudarem a transportar aquelas pessoas.

Isaac ainda tentou sair, mas sem sucesso.

— Deixem-me sair, preciso buscar Benjamin. Capitão, tínhamos um acordo! — gritou Isaac, olhando desesperado enquanto partia.

Mas Karl não respondeu, apenas se virou para o campo e olhou para a carteira e o livro. Acendeu um fósforo e colocou fogo no livro, e à medida que queimava, sorriu e jogou-o no chão:

— Somente a carteira de selos me serve — murmurou.

. . .

Benjamin olhava para todos os lados e então avistou de longe Isaac partindo dentro do caminhão. Ele gritou, apertando o brinquedo contra o peito:

— Senhor Goldstein, senhor Goldstein! Não me deixe, não vá embora! Doutora Eckle! — gritou para mim, enquanto corria para alcançá-lo. — Por favor, não deixe levarem o senhor Goldstein... Por favor, não deixe — e gritava desesperadamente, chorando e correndo atrás do caminhão.

Assim que Karl viu Benjamin tentando alcançar o caminhão para fugir com Isaac, ele o agarrou:

— Faltou você, mas não tem problema, farei com você algo muito pior do que fiz com Isaac.

— Não, não, por favor, senhor Himmler — e se debatia, mas não tinha forças para sair dos braços de Karl. Corri o mais rápido que consegui e agarrei o braço do garoto:

— KARL, O QUE ESTÁ FAZENDO?

— Vá embora, Adelaid. Não há nada para você aqui — e tentou puxar o braço de Benjamin. — E largue o braço dele, irei levá-lo comigo.

De repente, com toda aquela agitação, a carteira de Isaac com os selos caiu do bolso de Karl, indo parar no chão. Olhei fixamente para os selos, e Karl, quando percebeu, prendeu a respiração e parou:

— Essa é a carteira com a coleção de selos de Isaac. O que você fez com ele, Karl?

— Saia, Adelaid, isso aqui não é da sua conta!

— Não vou sair, largue esse menino — e voltei a puxar Benjamin.

Começamos a puxar o menino cada um para um lado, então ele me deu um empurrão e eu caí sobre uma pilha de ossos. Fiquei atordoada por alguns segundos com a batida, um som agudo ecoou em meus ouvidos e minha visão ficou branca, e Karl arrastou o menino para dentro da câmara:

— Vou acabar com você, judeuzinho maldito! — e Benjamin se debatia o máximo que conseguia, gritando e tentando sair das mãos daquele homem.

Karl tentou jogar o menino para dentro da câmara, mas Benjamin se abaixou e agarrou na perna de Karl com força.

— Largue-me agora, é uma ordem — mas o menino não soltava, mesmo com Karl balançando a perna com força contra a parede e o piso na intenção de soltar o menino ali, sozinho.

— NÃO QUERO MORRER, NÃO QUERO MORRER! — gritava Benjamin, chorando.

Logo que retomei os sentidos, voltei a ouvir os gritos de Benjamin. Rapidamente, peguei um fêmur que estava ao meu lado e fui na direção de Karl, que estava de costas, ainda tentando empurrar Benjamin. Bati em sua cabeça com força, e ele caiu para na frente. Benjamin então o largou e segurou minha mão.

Puxei o menino para meus braços, mas na queda o gato de pano ficara sob Karl.

— Minha Tufi caiu embaixo dele, preciso pegá-la de volta — chorava.

— Não temos tempo, Benjamin. Vamos embora!

— Não, não vou deixar a Tufi aqui, não vou deixar o presente do senhor Goldstein com esse homem. Por favor, me ajude, doutora — ele puxava o meu braço, desesperado.

Tentei puxar o gato de pano, mas assim que o brinquedo se moveu, Karl começou a acordar. Benjamin também tentou puxá-lo pela fita azul, mas o laço se desfez e somente a fita ficou nas pequeninas mãos de Benjamin. Ele se desesperou:

— Não, por favor, não podemos desistir, doutora Eckle.

— É tarde demais, Benjamin. Por favor, vamos, você poderá ter outro.

— Mas nenhum outro terá sido presente do senhor Goldstein — seu rosto me comovia, mas eu sabia que já não tínhamos mais tempo.

Quando Karl voltou a si, tentou pegar a perna de Benjamin, que se assustou e deu um grito. Pisei na mão de Karl, puxei Benjamin para fora da câmara o mais rápido que consegui e a fechei antes que Karl pudesse colocar suas mãos em nós. Ele bateu contra a porta que acabara de se fechar e começou a gritar:

— Tirem-me daqui agora, tirem-me daqui.

Abracei Benjamin com força:

— Sinto muito, não podemos mais pegar a Tufi.

Ele chorava e soluçava e apertava a fita em suas mãos. Karl ficou em silêncio por alguns segundos, e então descarregou a arma no trinco da porta, mas não conseguiu abri-la. Assustamo-nos com os tiros e começamos a caminhar devagar para trás. Logo ouvimos mais tiros contra a porta, uma batida de metal e então batidas seguidas: Karl percebera que estava preso e agora batia na porta com toda a força. Olhei para Benjamin e disse:

— Vamos fugir daqui antes que nos encontrem, rápido.

Mas antes de nos afastarmos, Karl gritou:

— Isso não vai ficar assim, Adelaid. Não vai ficar assim, irei atrás de vocês a todo custo e você irá me pagar por isso!

Fiquei imóvel por um momento. Naquele instante, percebi que Karl não nos deixaria em paz mesmo que a guerra acabasse, ele queria Benjamin morto e eu seria penalizada por tê-lo prendido ali. Então, olhei para os lados e, ao perceber que Karl preparara a câmara para matar Benjamin — já com as pastilhas de cianureto dentro da caixa que permitia o acionamento do sistema —, sem nenhuma dúvida ativei o mecanismo, peguei a carteira com os selos do chão e puxei o menino.

— Vamos agora, Benjamin!

Quando o gás começou a invadir a câmara, Karl se desesperou e ouvimos gritos, chutes e batidas fortes na porta. Corremos sem olhar para trás.

De repente, estouraram os portões. Enquanto me aproximava correndo, vi os soldados americanos parados na entrada do campo, chocados com aquelas pilhas de corpos e presos semimortos.

— Sem sobreviventes! — ouvi o grito dos americanos, que começaram a atacar na tentativa de eliminar todos os oficiais nazistas.

Gritei para meu pai, que se virou assim que me ouviu chamar. Quando os soldados americanos começaram a atirar, ele veio em minha direção, mas foi atingido por uma bala nas costas. Continuei correndo em sua direção, vendo-o cair de joelhos e apoiar as mãos no chão.

— Papai? PAPAI? — solucei.

— Vá embora, minha filha. Acabou... — e tombou o corpo no chão, imóvel, com os olhos semiabertos e sem vida.

Abaixei-me chorando e o abracei, enquanto Benjamin segurava-se em meu casaco. Benjamin apertou meu ombro quando um oficial da SS passou próximo de nós, gritando para os outros guardas, e então percebi que o som dos tiros e dos gritos pareciam se aproximar cada vez mais.

Reergui-me, olhei para os lados e corri com Benjamin na direção oposta à luta que começou a ser travada na entrada de Dachau. Soldados americanos e alemães lutavam entre si. Além dos presos sobreviventes, que buscavam o pouco de forças que lhes restavam para sair daquele inferno ou para se vingar dos guardas e dos *kapos* que os haviam maltratado até aquele momento.

Durante minha fuga com Benjamin, senti-me ser puxada duas vezes para trás. Na primeira, um dos guardas me protegia, morrendo em seguida ao gritar:

— Saia daqui, doutora, ou irá morrer!

Na segunda vez, ouvi disparos dos americanos. Em seguida, uma mão ossuda me puxou para baixo e sussurrou: "vá embora, doutora". Mas, antes que eu pudesse ter visto quem era, a multidão tornara a se agitar e a me empurrar para fora junto com o menino. Peguei-o pela mão e o mantive junto de mim, firme:

— Vamos, meu querido, vamos logo!

Corri pela trilha do bosque com Benjamin e, quando chegamos em casa, minha mãe veio em nossa direção:

— Filha, onde está seu pai? E o que esse menino...?

— Papai está morto, mamãe — eu disse chorando. — Ele foi atingido.

— O quê? Não, não pode ser verdade. Não pode ser — dizia chorando, com o rosto escondido nas mãos.

— Sinto muito, mamãe, mas não temos tempo. Os soldados americanos acabaram de invadir Dachau e abriram fogo contra todos nós, não podemos ficar aqui. Temos que fugir.

— Não irei a lugar nenhum sem seu pai.

— Papai está morto! — repeti, tentando puxá-la.

Mas ela não se movia.

— Vou procurá-lo, não pode ter morrido. Ele não pode ter me deixado. — Suas lágrimas escorriam pelas bochechas.

— Você está escutando o que está dizendo, mamãe? Ele morreu, acabou. Vamos embora daqui.

— Vá você, minha filha. Seu pai me deixou responsável por cuidar da casa se algo acontecesse, e é o que vou fazer: defenderei o que é nosso.

— Mas...

— Mas antes, vá até seu quarto e troque essas roupas, vocês não podem ser identificados. Não sabemos como irão reagir se a virem nesses trajes da SS. E... troque o menino também.

Corremos até o ático, troquei minhas roupas e coloquei em Benjamin uma blusa, uma bermuda e um casaco. Esvaziei os bolsos das vestimentas que usava no campo e, sem conferir nada pela euforia do momento, transferi todo o conteúdo que encontrei para o casaco de Benjamin. Descemos as escadas, e assim que chegamos à porta, aproximei-me de minha mãe, que estava com uma bolsa nas mãos e disse:

— Leve isso com vocês, irão precisar de comida e dinheiro. Coloquei também seus documentos, o número de nossos registros de banco para que não passe dificuldade depois que tudo acabar e... uma foto nossa — e sorriu, apontando para a foto de nós três, tirada na noite de Natal.

— Mamãe, vamos. Por favor, não faça isso — supliquei, ofegante.

— Não quero discutir com você, Aletta. Vá agora — e me abraçou muito forte.

Eu a abracei de volta e comecei a chorar:

— Você não tem que ficar aqui, mamãe.

— Mas eu quero ficar, é meu dever ficar. Tenho muito orgulho de você, Aletta — e me deu um beijo carinhoso.

Puxei Benjamin e corremos em direção à garagem. Fui até o conversível de meu pai e abri o porta-luvas para ver se estava com as chaves. Coloquei Benjamin no banco de trás, sentei-me ao volante, liguei o carro e partimos a toda velocidade, levantando muita poeira na estrada.

Enquanto isso, minha mãe entrou na casa, trancou as portas e pegou o isqueiro que estava na cozinha. Foi para o escritório de meu pai e então começou a colocar fogo nos papéis que lá estavam guardados. O fogo se espalhou rapidamente pelo escritório, a ponto de eu conseguir ver a casa em chamas pelo retrovisor do carro. *"Ah, mamãe...",* lamentei.

Continuamos em direção ao porto de Munique. Assim que chegamos, estacionei em uma rua lateral, sem ninguém à vista, ajudei Benjamin a se levantar. Limpei seu rosto com um lenço e o peguei no colo, como se fosse meu filho. Olhei para o cais e logo avistei um navio que se preparava para partir. O comandante estava próximo a um rapaz que recebia e checava os tickets de embarque, e que gritava chamando passageiros atrasados para embarcar rumo à Londres. Desesperada, fui até o comandante em pé na entrada do navio, que nos disse:

— Passagens, por favor.

— Sou a doutora Adelaid Eckle e esse é meu filho. Sou médica e preciso ir a Londres. Tenho algum dinheiro para pagar. O senhor pode nos ajudar?

— Sinto muito, doutora. Mas estamos lotados e, sem os tickets, não posso deixá-los embarcar.

— Por favor, é uma questão de vida ou morte.

— Lamento, mas estamos lotados.

— Podemos ficar em qualquer acomodação. Mas, por favor, precisamos partir.

— Deixe-me ver quanto tem.

Peguei uma boa quantia e dei ao homem, que examinou o dinheiro enquanto me observava. Finalmente, respondeu:

— Documentos, por favor.

Entreguei minha identificação e fingi procurar os documentos de Benjamin na bolsa, como se estivesse aflita por não conseguir localizá-los.

— Trouxe somente os meus, acho que esqueci os do meu filho — menti.

Ele apertou os olhos desconfiado, como se tentasse desvendar o que se passava em minha mente, e disse:

— Bem, sem documentos será mais caro para embarcar.

Coloquei as mãos na bolsa novamente, peguei mais um pouco de dinheiro e supliquei, tentando encerrar aquela negociação:

— É tudo o que tenho. Por favor, deixe-nos subir.

— Muito bem. Mas devem ir para a área das cargas, não quero problemas com a presença de vocês no navio. E mais uma coisa — ele acrescentou —: cuidado ao pronunciar esse sobrenome, nem todos nesse navio a considerarão uma pessoa bem-vinda se souberem o que ele significou para o Terceiro Reich.

Subi, um pouco perplexa com aquele comentário. Quando chegamos ao subsolo do navio, percebi que não éramos os únicos tentando fugir. Havia várias pessoas sentadas ali entre as malas, com marcas de que também acabaram de sair da guerra. Quando me sentei com Benjamin em um canto, uma mulher se aproximou de nós e perguntou:

— De onde vocês vieram?

— Por que quer saber?

— Somos judeus. A maioria de nós, pelo menos.

— Meu filho e eu também somos — menti.

— Não parece judia.

— Judeu tem um rosto? — perguntei rispidamente.

— Não foi isso que quis dizer. — A mulher se desculpou. — É que a senhora está bem, não parece que ficou presa em algum campo.

Não respondi. Olhei para Benjamin, que parecia estar com medo da conversa.

— De onde está vindo? — perguntei.

— Do campo de Mauthausen. Morávamos em Berlim e tentávamos conseguir um visto em Hamburgo para fugir para o Brasil quando percebemos o que Hitler pretendia fazer com os judeus. Chegamos a receber os documentos do consulado, mas fomos pegos antes de sair do país.

— Que falta de sorte — observei.

— Sim, com certeza. Quando começaram as invasões nos campos de concentração, a SS nos colocou em uma marcha da morte. Durante a noite, enquanto os guardas estavam distraídos observando a estrada, entramos no meio da mata e ficamos escondidos alguns dias, correndo para chegar até ao cais.

— Como conseguiram embarcar?

— Minha família era da alta sociedade e eu já conhecia o comandante desse navio. Ele prestou serviços para mim e me devia alguns favores.

— Entendo.

— E vocês?

— Estávamos em Dachau até ser invadida pelos americanos. Fugimos durante o tumulto.

— E como conseguiram embarcar?

— Trouxemos alguns bens conosco, entregamos ao comandante para poder subir.

— Entendo.

— Como era lá, em Mauthausen?

— O pior lugar onde já estive. As pessoas trabalhavam até morrer, não havia dinheiro que pagasse nossa fuga e os guardas eram cruéis. Afogavam pessoas em barris de água, faziam fuzilamentos coletivos por qualquer motivo e nos levavam para tomar banho de gelo. Meu marido teve que carregar pedras por uma escadaria do campo e acabou caindo, morreu esmagado junto aos demais presos que estavam com ele. Meu sobrinho foi jogado de um penhasco por nenhum motivo. Espero nunca mais viver aquilo...

— E possui parentes em Londres?

— Não, Londres foi a única opção que me restou para sair desse inferno. Um dia, gostaria de retornar para minha casa. Meu marido era alemão e eu sou polonesa. Quando nos casamos, compramos uma casa perto de meus pais, na província de Mazovia, a alguns quilômetros de Varsóvia. Conseguimos fugir para Berlim quando nossos amigos e familiares começaram a ser enviados para os guetos, e ficamos com a família do meu marido até nos capturarem e nos prenderem em Mauthausen. Todos morreram e não restou nada para mim em Berlim. Agora só espero um dia voltar para Mazovia e retomar minha vida.

— E a senhora acha que ainda conseguirá voltar para a sua casa?

— Espero que sim. O governo confiscou os bens de minha família pouco depois de sairmos da Polônia. Mas, com o fim da guerra, acredito que alguma coisa nos será devolvida. O que será de mim e dos outros que conseguiram sobreviver se não nos devolverem nada do que nos foi tirado? Depois de tudo que passamos?

— Não sei dizer — respondi aquilo imaginando como seria minha vida com Benjamin a partir de agora.

— Seremos sombras de uma história que vão querer esquecer ou dizer que nunca aconteceu? Fantasmas que sobreviveram ao inferno para passar o resto dos dias em eternos purgatórios que dirão ser nossos novos lares? Seria uma ironia, não acha?

— Será que teremos alguma justiça ao final dessa guerra?

— Fui professora de História antes de me casar. As pessoas já foram capazes de muitas atrocidades, e essa guerra só nos mostrou que não mudamos muito desde a escravidão no Egito. Ainda precisamos aprender a nos respeitar e a aceitar nossas diferenças, ou continuaremos a nos destruir. Infelizmente não sei dizer o que nos aguarda, mas espero de todo meu coração que possa ter a chance de recomeçar e deixar para trás esse pesadelo horrível.

Podia ver sua tristeza e meu desolamento por ter perdido tudo, inclusive as pessoas que amava, e disse:

— Sinto muito por tudo.

— Está tudo bem, agora acabou. E você, para onde vai?

— Vou para a casa de uma amiga.

— E sua família?

— Bem, eu... não sei — realmente não sabia o que dizer. — Meus pais morreram e a casa deles pegou fogo, e não imagino o que tenha acontecido com o resto de minha família na Alemanha.

— Sinto muito por suas perdas. Mas vamos superar, pode acreditar.

Sentia como se não tivesse o direito de receber alguma compaixão dela, mas não podia dizer nada. Nesse momento, Benjamin se movimentou, acomodando-se em meu colo, e encostou a cabeça em meu peito, querendo dormir:

— Peço desculpas, mas estamos muito cansados.

— Claro, deixarei que descansem um pouco. Se precisarem de mais alguma coisa, estarei deitada ali no canto, perto da escada. É só irem até lá. Sou Helen.

— Adelaid, muito prazer.

Ela se retirou e coloquei Benjamin deitado a meu lado, com o casaco o protegendo do frio. Nisso, lembrei-me do que havia no bolso, e então puxei a carteira de selos de Isaac. Senti meu rosto ficar quente e meus olhos marejaram. Escondi novamente a carteira para que Benjamin não a visse. Ele me olhou, quando percebeu minha agitação, e perguntou:

— Vamos ficar bem?

Respirei fundo e olhei para cima, ainda tentando conter as lágrimas. Sentia uma energia intensa percorrer meu corpo, como um choque elétrico. Repassei os últimos momentos na minha cabeça, pensei em minha mãe, meu pai, Karl, Isaac. Meu coração parecia ter sido arrancado do peito, deixando um vazio no lugar. Olhei para Benjamin e senti esse vazio se preencher como um balão com água morna:

— Vamos, sim, meu querido — e acariciei a cabeça dele.

Percebi que queria me dizer algo, me acalmar, mas estava cansado demais para isso. Logo adormeceu. Eu fiquei acordada, olhando as pessoas que estavam naquele porão de navio e ainda amedrontada com tudo que havia acontecido. Não via a hora de chegar a Londres.

O amor é, acima de tudo, uma ação

Logo que chegamos ao porto de Londres, East End, o comandante liberou Benjamin e a mim sem que percebessem que o menino não possuía documentos, e nos pediu para sairmos enquanto fazia o mesmo com as outras pessoas que nos acompanharam durante toda a viagem e que também fugiam. Senti-me perdida. O cais estava muito movimentado, o sol permanecia escondido atrás de uma neblina, emitindo um calor agradável, e os navios chegavam e saíam a todo momento.

Muitos trabalhadores circulavam ali, e notei alguns edifícios aparentemente atingidos durante a guerra. Avistei mulheres pobres com crianças, homens que pareciam gangsteres disfarçados e algumas pessoas fazendo piquete com representantes sindicais por melhores salários e condições de trabalho. Caminhamos um pouco e, quando percebi, já não visualizava mais o navio em que estávamos.

Fazia muito tempo desde que estivera ali da última vez, nas férias de verão para passar uns meses com Margareth, antes do início das aulas na universidade. Aquela viagem na área de cargas definitivamente não foi uma das melhores experiências de minha vida. Agora, encontrava-me sem saber para onde ir, suja, cansada, com fome e com um menino nos braços, assustado e também faminto. Olhei para os lados: as pessoas nos observavam e, vez ou outra, alguém nos dava uma moeda pensando que éramos mendigos

Coloquei a mão no bolso do casaco e peguei a última carta que enviaria a Margareth, antes de toda aquela reviravolta em minha vida. Estava guardada comigo desde que não pudera enviá-la devido ao fechamento do departamento de correspondências de Dachau. Logo que a encontrei, sorri e pedi orientação a um dos transeuntes para chegar ao endereço indicado no remetente. O homem me olhou desconfiado de cima a baixo, mas respondeu sem fazer perguntas. Uma boa parte do dinheiro que minha mãe nos entregou quando fugimos foi consumido com as passagens de navio. Agora eu deveria usar com cautela o pouco que restou para nos mantermos naquela situação duvidosa, até que encontrássemos Margareth ou, na hipótese de não podermos contar com sua ajuda, até que eu conseguisse acessar as economias bancárias da família e me reorganizasse profissionalmente.

Com a fome que estávamos seria difícil avançar, então comprei uma porção de iscas de peixe com batatas para Benjamin. Ele comeu de uma vez só e, em questão de segundos, a comida tinha sido devorada juntamente do papel úmido com o óleo da fritura. Na tentativa de chegar até a casa de Margareth, pegamos o primeiro bonde a caminho dos arredores de Londres. Aos poucos, a paisagem foi mudando de ruas movimentadas e sujas para um vasto campo, com algumas vacas e cavalos pastando ao longo do caminho. Descemos alguns quilômetros depois e seguimos a pé até o endereço que estava na carta. Benjamin parecia cansado e com sono, mas segurava firme em minha mão enquanto mantinha, entre seus dedos pequeninos, o laço de fita que restara da batalha com Karl. Tentei conversar para fazê-lo se sentir melhor, falar de Londres e contar sobre Margareth e de como éramos amigas quando crianças, mas ele não parecia ouvir, seguia como se estivesse se arrastando pela estrada, sem perceber o que estava à sua volta. Quando estávamos quase lá, caiu de cansaço, então o peguei no colo e continuei caminhando com ele dormindo.

Enquanto escurecia, a névoa subia rapidamente. Avistei uma casa a alguns metros, com as luzes acesas, que pelo endereço indicado era a de Margareth. Fiquei feliz por ter chegado, mas com receio de como ela reagiria quando me visse. Segui, na esperança de receber uma acolhida rápida, um pouco de água e comida, e uma cama para dormir. A casa era grande e muito bonita, com tijolos à vista nas paredes, uma linda porta de madeira escura com duas luminárias de cobre para clarear a entrada, uma estufa nos fundos que parecia ter alguns vidros quebrados e sujos, e o carro da família na frente da casa, que aparentemente tinham esquecido de guardar na garagem. Ouvi alguns latidos e o som de uma coruja na cerca perto da casa, e ouvi o som das plantas que balançavam com o vento. Respirei fundo para criar coragem e bati na porta. Houve um silêncio e, então, ouvi passos. Pela janela, pude ver uma menina vindo nos atender. Pela fresta da porta, vi uma parte do rostinho de uma garota de 10 ou 11 anos, que me encarou tentando ver se me reconhecia e perguntou:

— Posso ajudar?

— Sim — respondi. — Essa é a casa de John e Margareth?

— São meus pais. Você os conhece?

— Sou Adelaid, Margareth e eu estudamos juntas. Você deve ser Joanne, não é mesmo?

Ela assentiu com a cabeça, desconfiada.

— Eles estão em casa? Pode chamá-los para mim?

— Papai, Margareth, venham aqui rápido — gritou.

Margareth e John desceram as escadas, escancararam a porta e se assustaram ao nos ver. Benjamin e eu estávamos na porta, sujos e cansados da viagem. Os olhos de Margareth se encheram imediatamente e ela me abraçou:

— Adelaid, que bom que conseguiu fugir! Ouvimos no rádio sobre a invasão de Dachau e temi por você, e não tivemos mais nenhuma notícia, pensei que tivesse morrido. Que bom que conseguiu chegar até mim, não deve ter sido nada fácil... Agora está a salvo, minha querida amiga.

Fiquei paralisada e desabei em seus braços, chorando silenciosamente. Tinha tantos receios que não conseguia nem imaginar uma recepção melhor por parte de minha querida amiga. Aquele abraço foi mais que um reencontro cheio de saudades. Foi como seu eu me sentisse compreendida e acolhida em tão poucos segundos. Margareth ainda não sabia, mas, naquele momento, era a única que restara daquilo que eu poderia chamar de família. John ficou nos observando com um sorriso no rosto, e Joanne perto dele. Quando finalmente consegui olhá-lo, ele disse:

— Adelaid, não nos conhecemos pessoalmente, mas você sempre esteve presente conosco nas lembranças carinhosas de Margareth. Você e seu pequeno amigo são bem-vindos aqui, entrem para comer um pouco, tomar chá e descansar.

Ainda era cedo para tirar conclusões, mas senti que o inferno que vivera até então havia acabado. A guerra havia ficado para trás.

• • •

No dia seguinte, acordei cedo. Ainda me sentia agitada com tudo o que acontecera. Margareth e John haviam nos deixado ficar em um quarto no porão da casa enquanto tentavam descobrir a situação de Munique e do campo de Dachau. Então Margareth veio nos ver:

— Como você está, Adelaid? Sente-se bem?

— Agora estou melhor. Muito obrigada por nos receber — respondi, sentada na beirada da cama.

— Que bom, fico aliviada que tenha conseguido descansar um pouco... Achei que estava um pouco abatida quando chegou até nós ontem. E quem é esse menino? — e apontou para Benjamin, que ainda dormia.

— Muito obrigada, minha querida amiga. Nunca poderei agradecê-la à altura por ter nos recebido tão bem. Esse é Benjamin. Trouxe ele comigo.

— Ele estava no campo?

Fiquei em silêncio, mas é claro que Margareth insistiu:

— O que está escondendo, Adelaid? Conte para mim — e tocou em meus ombros.

— Ele estava no campo, sim, era um prisioneiro judeu. Mas não podia deixá-lo morrer ali, não podia...

— Foi muito corajosa, minha amiga. Que bom que estão conosco agora... e bem. Estão seguros aqui.

— Teve notícias de Dachau? — perguntei.

— Os aliados venceram. Infelizmente nos jornais só dizem que todos que estavam administrando os campos e seus guardas foram mortos ou presos, mas nada específico. Antes de você chegar aqui, tentamos encontrar notícias suas e de seus pais, mas não tínhamos nada. Ninguém sabia de seu paradeiro, pensamos que tivesse morrido. Soubemos que a casa de vocês foi queimada, ficou completamente destruída. Não sabemos se sua mãe fugiu ou se a pegaram.

Abaixei a cabeça:

— Ela morreu, Margareth, assim como meu pai. Ela queria proteger um lugar que não existia mais, queria ficar ali por meu pai, mas eu disse que ele já estava morto. Por que ficou ali, esperando os americanos? O que ela achou que ia acontecer? Eu não podia ficar. Matariam a mim e ao Benjamin — e senti um aperto forte no peito, as lágrimas escorriam incessantes no meu rosto.

— Acalme-se, Adelaid. Sei que você a amava apesar das divergências. A culpa não é sua. Nem sempre podemos salvar as pessoas que amamos.

Eu continuava chorando. Depois de tudo, eu queria ter podido fazer algo para salvá-la, mas só pensei em mim e em Benjamin. Ela continuou:

— Sei que vai precisar de tempo para se recuperar, e estamos aqui para ajudá-la. Temos alguns hospitais muito bons em Londres, você poderá achar um emprego e se estabelecer perto de nós. Mas antes, vocês precisam descansar e se recuperar. Fiquem aqui por um tempo, até as coisas se acalmarem.

Assenti com a cabeça. De repente, Benjamin acordou com toda aquela conversa ao seu lado e se sentou na cama, com os joelhos próximos do corpo, puxando a coberta para cima, como se tentasse se esconder.

— Bom dia — disse Margareth. — Você deve ser o Benjamin, estou certa?

Ele confirmou com a cabeça.

— Sou Margareth — ela continuou. — Estudei com Adelaid por muitos anos e nos tornamos grandes amigas, e parece que agora você se tornou um grande amigo dela também, não é mesmo?

— Acho que sim — dando de ombros.

— Pois eu tenho certeza.

— Como está se sentindo, Benjamin? — perguntei, virando-me para ele.

— Com fome — respondeu, enrubescendo.

— Isso podemos resolver imediatamente. Venham comigo — Margareth nos chamou. — Irei servir-lhes um pouco de café. John já está lá em cima.

— Obrigada, Margareth — agradeci-lhe.

— Ora, nem começamos, Adelaid. Caso queiram, deixei roupas limpas para vocês, tenho algumas peças que lhe cairão bem por ora e algumas roupas de Joanne que talvez sirvam em Benjamin, pelo menos até poderem comprar algo para vocês. Irei esperá-los com as torradas — e piscou para Benjamin.

Ele se aproximou de mim, escondendo o rosto em meu braço.

— O que há, Benjamin? — perguntei.

— Por que ela está sendo gentil? Ninguém, além do senhor Goldstein e da senhorita, é gentil comigo.

— Ora, isso não é verdade. Muitas outras pessoas ali no campo eram gentis com você.

— Mas eles morreram. Estou com medo, não quero que mais ninguém morra.

— Acalme-se, Benjamin — e passei a mão em sua cabeça. — Não estamos mais em Dachau, viajamos de carro e de navio até chegarmos aqui, lembra-se? — e ele concordou.

— E você se lembra que caminhamos muito até chegarmos aqui, você dormiu e eu te trouxe no colo? — e ele fez que sim.

— Estou aqui com você, e nada vai acontecer — eu disse, e ele me abraçou. Um abraço quente, de um menino tão pequeno e magro que eu não queria largar nunca mais.

— Agora vamos nos trocar para comer.

— Doutora Eckle?

— Sim?

— Pode me ajudar a me trocar?

— Não sabe se vestir, Benjamin?

— Acho que me esqueci. Eu não trocava de roupa no campo e tinha medo de acabar indo para os banhos.

— Mas aqui não há banhos como aqueles, Benjamin.

Mas ele ficou parado, olhando para baixo:

— Acho que estou bem assim... Não precisa se preocupar.

— Vou lhe ajudar, mas com uma condição.

— Qual? — ele perguntou com receio.

— Por enquanto, quero que me chame de Adelaid.

Ele sorriu com timidez e assentiu, e o ajudei com a calça e a camisa. Quando o vi naquele estado, sujo e magro, passei a mão pela sua barriga, por seu peito e seus braços, impressionada com o estado que havia ficado. Acariciei seu rosto:

— Vamos cuidar para que fique melhor, combinado?

— Combinado — respondeu sorrindo.

Limpei-o da melhor forma que pude naquele momento e o vesti com roupas limpas, depois me troquei e subimos. Quando chegamos à mesa, os três já estavam nos esperando. Benjamin se escondeu atrás de mim quando os viu.

— Querem comer algo? — perguntou John.

— Claro, por favor — respondi.

— Venha se sentar aqui do meu lado, Benjamin — disse Joanne, filha deles. — A Margareth faz uma comida deliciosa, você tem que experimentar.

Mas ele continuava escondido, com medo. Sentei-me e o coloquei ao meu lado, mas continuava segurando minhas roupas, e parecia ter medo de que alguém o tirasse de mim e o levasse.

— Benjamin — disse a ele —, está tudo bem, vamos comer alguma coisa, disse que está com fome, não é mesmo? — e ele continuava sem falar, apenas acenando com a cabeça para confirmar ou recusar.

— Coma um pedaço de pão doce com creme — disse Joanne, que aproximou o cesto de pães para que o menino alcançasse um.

Ele olhou com receio. Então peguei um pão e entreguei em sua mão, e só então ele começou a comer, tirando alguns pequenos pedaços por vez. Aproximamos o cesto dele, e aos poucos ele acelerou até começar a devorar os pães, o leite, as frutas e todo o resto que estava a seu alcance. Ficamos observando.

— Acho que vamos precisar de mais comida por um tempo — observou John em tom de brincadeira.

— Agradeço a generosidade de todos aqui — eu disse. — Não sei o que faria ou para onde iria se não fosse por vocês.

— Não há de quê — respondeu John. — Margareth e eu precisamos sair para trabalhar daqui a pouco, e Joanne vai para a escola. Vocês podem ficar à vontade. Descansem e comam o que quiserem. Assim que voltarmos, Margareth sairá com você para comprarem algumas roupas para os dois.

— Não há necessidade — respondi.

— Ora — disse Margareth —, depois de tudo o que passou claro que precisa de roupas. Irá procurar um emprego, irá trabalhar, precisa ter algo para vestir.

— Muito obrigada. Não se preocupe que logo devolverei esse dinheiro — eu disse, agradecida.

— Não precisa pensar nisso — disse Margareth. — Agora, vamos nos preocupar em comprar roupas para Benjamin e para você, depois visitamos a escola onde Joanne estuda para tentar uma vaga para ele e, em seguida, vamos ao hospital conseguir uma vaga para você. John irá nos ajudar com a regularização da documentação de vocês aqui, temos alguns amigos para isso.

— Obrigada — respondi.

...

Semanas se passaram. Meses. A guerra havia acabado. Minha mãe se matara dentro de casa com um tiro na cabeça e seu corpo fora encontrado carbonizado no escritório. Karl fora identificado como morto na câmara de gás, com os dedos esfolados até os ossos tentando abrir a porta para escapar. Tentei descobrir se o gato de tecido havia sido encontrado, mas sem sucesso.

Nos outros campos de concentração, muitos líderes nazistas foram presos, alguns fugiram para outros países e mudaram seus nomes, e Hitler se suicidara. Mussolini fora morto e seu corpo exibido pelas ruas de Milão, e o Japão ainda tentava impedir sua derrota até as últimas consequências. Vários presos foram resgatados dos campos e levados a hospitais, e eu não tive mais notícias de Gerta ou de qualquer outra pessoa que conheci no campo.

Com o fim da guerra, a área médica do mundo todo começara a discutir sobre a ética na medicina e o que precisava ser feito para evitar que outras pessoas viessem a sofrer as mesmas atrocidades executadas nos campos de concentração.

Benjamin e eu estávamos tentando retomar nossas vidas. Alguns dias depois de minha chegada, apresentei-me à justiça inglesa acompanhada de John e Margareth. Levei Benjamin comigo para que soubessem que o menino havia sobrevivido e estava conosco, e prestei declaração para que pudessem me encontrar caso fosse feita uma investigação dos crimes de guerra ocorridos durante o período em que estive em Dachau. Infelizmente, eu não sabia o que dizer do trabalho de meu pai, e o incêndio em minha casa impossibilitou qualquer investigação nos documentos do campo.

John me ajudou com as documentações para permanecer e trabalhar legalmente em Londres, e registrei Benjamin como meu filho. Naqueles meses que se passaram, mais do que nunca nos sentimos ligados um ao outro. Verdadeiramente conectados. A adoção apenas formalizou um vínculo que já havíamos estabelecido naturalmente. Àquela altura, podia perceber que nossa relação começara há muito tempo, desde que nos encontramos às escondidas naquele consultório e de forma tão inusitada. Acho que já adotara Benjamin em meu coração naquele dia.

Encontrei um apartamento para alugar no centro de Londres, e Benjamin começou a estudar em uma escola próxima de nossa nova casa. Depois de conseguir todos os vistos e licenças, comecei a trabalhar no Paddington Green Children's Hospital, que naquele momento estava recrutando médicos para ajudar na recuperação e no tratamento dos refugiados. Ali percebi que poderia exercer plenamente a medicina em prol da saúde de meus pacientes, sem vieses.

Na faculdade de Paddington, tive a oportunidade de começar uma residência em obstetrícia, e comecei a participar de alguns eventos e cursos destinados a discutir os experimentos realizados nos campos de concentração. Médicos de todas as especialidades participavam desses eventos, o que me permitia aprender bastante. Eu participava de todas as discussões com empenho e entusiasmo. Entretanto, era ciente do cuidado devido para não expor meu passado desnecessariamente, o que poderia provocar julgamentos precipitados sobre mim ou até mesmo sobre minha idoneidade profissional.

Íamos todo fim de semana à casa de Margareth e John para que pudéssemos conversar enquanto Joanne e Benjamin brincavam ou faziam as tarefas da escola juntos. Ele já estava mais forte e saudável, mas continuava tímido. Eu ficava ao seu lado até que se sentisse mais à vontade, e Margareth sempre tinha que prender os cachorros quando saíam para correr, pois Benjamin desenvolvera um medo de cães que, ao menor som de latidos, escondia-se e não queria mais sair. Ainda tinha receio de interagir com as pessoas e respondia às perguntas que lhe faziam somente balançando a cabeça. Na escola, a diretora relatava que ele não fazia amigos e era muito sensível a críticas. Continuava sempre com o cordão que sobrara da Tufi de pano, algumas vezes amarrado em seu pulso, outras vezes entrelaçado entre os dedos. Em casa, tinha pesadelos e corria para minha cama quase toda noite, dizendo ter escutado um barulho de tiro ou algo parecido.

Quando lhe perguntava, Benjamin sempre tentava se mostrar bem, mas eu percebia que ainda estava triste e assustado com tudo o que passara. Nunca queria falar sobre Isaac, Tufi ou mesmo sua mãe, e sempre que abordávamos o assunto, ele segurava o cordão com força, entrelaçando e apertando até seus dedos ficarem azuis, ou amarrava o cordão nos pulsos e segurava a ponta com a mão; também tinha o hábito de colocar as pontas da fita na boca, mesmo estando sujo. Estava preocupada com sua recuperação, mas com a morte de meus pais e de Isaac (que provavelmente morrera naquele caminhão onde Karl o jogou), eu mesma não conseguia falar sobre tudo aquilo.

. . .

Um dia, John nos convidou para ir com ele, Margareth, Joanne e alguns amigos professores para assistir a um jogo do Chelsea contra o Dínamo de Moscou. Ele era um torcedor fervoroso do Chelsea e sabia que eu também gostava de futebol. Além disso, Benjamin precisava mesmo de novas distrações. Após a guerra, os times europeus ainda estavam se reestruturando, os estádios que tinham sido destruídos por bombardeios estavam em reforma e os grandes campeonatos não haviam recomeçado. Esse era o primeiro grande jogo, e estava animada para levar Benjamin.

Assim que chegamos, vi uma multidão circulando ao redor do estádio, entrando aos poucos para tomar seus lugares. Parecia haver muito mais pessoas do que o estádio era capaz de comportar, e as barracas de comidas e bebidas estavam cheias. John conseguira lugares excelentes na arquibancada. Tinha adquirido os ingressos com um de seus pacientes assim que começaram a ser vendidos. Muitos torcedores usavam as respectivas camisas de seus jogadores preferidos, estavam com os rostos pintados e balançavam a bandeira dos times. John e seus amigos também estavam vestidos a caráter. Benjamin olhava ao redor animado, pois era a primeira vez que veria uma partida de futebol em um estádio de verdade. Apesar de estarmos quase no inverno, a quantidade de pessoas aglomeradas não permitia a sensação de frio. Pelo contrário, estavam todos excitados, e cada ataque do Chelsea fazia com as pessoas gritassem e balançassem suas bandeiras, pedindo a vitória.

Assim que o placar chegou a 2 x 0 para o Chelsea, Benjamin me pediu para beber algo. Pedi que Margareth o vigiasse e desci sozinha até uma barraca para comprar um suco. Entrei na fila e notei que um grupo de torcedores me observava enquanto aguardava meu pedido, lançando-me olhares de vez em quando. Parecia que falavam de mim, mas fingi não ter percebido. Paguei e, quando o vendedor foi me entregar os sucos, arregacei as mangas para não me sujar. A cicatriz que eu havia feito em meu braço ficou visível, o que fez com que um dos rapazes que me observava do grupo viesse imediatamente em minha direção, seguido dos demais. Ele segurou meu braço com força e sussurrou:

— Não deveria estar aqui. Esse lugar não pertence a pessoas como você.

— O que está dizendo? Quem é você? — assustei-me.

— Vá embora daqui. Judeus não são bem-vindos.

— Não tem o direito de me dizer isso — e afastei meu braço com força. — E largue-me.

Ele pegou meu braço novamente e apertou com força, empurrando-me para perto da parede.

— PARE! Está me machucando! — ordenei.

— Ora, querendo me dar ordens? — ele zombou e me puxou para perto de si. — Tome cuidado, ou poderá se machucar ainda mais.

— Largue meu braço!

— E o que fará se eu não largar, sua judia? — e me encarou com aquela ameaça.

Depois dessa frase, senti um puxão forte e um punho vindo com força na direção daquele rapaz. Era John. Tinha descido com os outros professores para me procurar e viram o que acontecera. Aquele soco iniciou uma briga generalizada entre os homens daquele local. Os seguranças vieram correndo, e Margareth desceu as escadas com as crianças logo que ouviu os gritos de John mandando aquele rapaz se afastar de mim. Ela veio correndo em minha direção e saímos dali. Pouco depois, John e os outros professores vieram para perto de nós.

— Adelaid, o que estava acontecendo ali? — Margareth perguntou. Comecei a chorar e a abracei.

— Aquele rapaz me agarrou pelo braço e me ameaçou. Puxei a blusa para pegar os copos e, quando viram a marca em meu braço, pensaram que eu fosse uma das prisioneiras do campo de concentração. John chegou bem na hora, estava com medo do que poderiam fazer comigo...

— Que marca, Adelaid? — ela perguntou.

Mostrei a cicatriz com a data que tinha escrito quando estava em Dachau.

— Não esperava que aquilo acontecesse. Fiquei apavorada, Margareth — eu disse, nervosa.

— Acalme-se, minha amiga — e me abraçou.

Olhei para John e para os outros amigos deles.

— Obrigada por me protegerem. Obrigada, a todos vocês.

John nos abraçou e respondeu:

— Vamos embora daqui.

Voltamos todos para a casa de Margareth e John. Os amigos deles ficaram conosco por um tempo, até que pudessem limpar os ferimentos e colocar curativos, depois beberam e se despediram. Benjamin e eu dormimos lá aquela noite, estava com medo de voltar para casa e encontrar aqueles torcedores pelo caminho. Benjamin não soubera exatamente o que tinha acontecido, pois Joanne o manteve afastado durante a briga e não contamos sobre o verdadeiro motivo pelo qual aqueles torcedores tinham tentado me agredir. No dia seguinte ao incidente, depois de mais calma, voltamos para casa.

. . .

Uma semana depois, fomos à casa de Margareth. John estava de plantão. Pedi a Joanne que cuidasse de Benjamin enquanto dávamos uma volta pelas redondezas, depois daquele episódio no estádio os dois pareciam muito mais próximos e estavam se dando bem.

Margareth e eu fomos caminhar no campo:

— Como está se sentindo, Adelaid? — perguntou Margareth.

— Acho que estou bem. Melhor depois daquele episódio infeliz. Tem um marido muito corajoso, sabia?

— Os torcedores são por vezes muito inadequados. John nunca vai sozinho porque sabe que essas brigas podem acontecer, principalmente por motivos como esse que você presenciou, de intolerância e discriminação. Ele e nossos amigos foram muito corajosos porque sabiam do risco que corria quando viu aquele rapaz agarrando seu braço.

Segurei meu braço e abaixei a cabeça.

— Como se sente, Adelaid?

— Bem. Consegui um emprego, um lugar para morar e uma boa escola para Benjamin. Consegui também ter acesso à conta bancária de meus pais, então agora estamos mais bem estabelecidos financeiramente.

— E como se sente realmente? — insistiu.

— Confusa. Sinto muita tristeza por tudo que aconteceu, pela morte de meus pais. Estou feliz que a guerra tenha acabado, mas foi às custas de muitas vidas. Durante a faculdade, ouvi muito sobre o que acontecia nos campos, mas só tive uma real percepção quando estive ali, convivendo com os guardas, com os presos e com meus pais. As pessoas não sabem o que é passar por uma experiência como essa, pensam que há vítimas e vilões de lados bem definidos... Mas a verdade é que muitos guardas e presos só estavam tentando sair vivos daquela situação, assim como eu. E, por mais que eu soubesse que o que estávamos fazendo ali, com aquelas pessoas, era errado, eu não conseguia transmitir isso. Briguei com meus pais, e o capitão Himmler parecia não ter a menor ideia do que eu dizia. Sentia-me como em um mundo ético paralelo ao deles.

— Capitão Himmler? Karl Himmler, aquele que você havia comentado que trabalhava para o seu pai?

— Esse mesmo. Ele era bonito, promissor, mas não tinha nenhuma consciência de culpa. Ele agia como se fosse normal matar as pessoas para reerguer o país e, acredite, ainda me ofereceu um matrimônio. E não foi uma única vez...

Margareth arregalou os olhos:

— O que você respondeu?

— Sempre que tocava no assunto, pedia que falássemos em outro momento e o evitava.

Margareth começou a gargalhar:

— Adelaid, você é terrível.

Olhei para ela e sorri. Mas logo me lembrei de como Karl morrera, e meu sorriso se foi. Olhei para a frente tentando esquecer.

— Está tudo bem, Adelaid?

— Não queria ter matado Karl, Margareth. Eu não queria, mas era ele ou nós. Ele agarrou Benjamin e tentou matá-lo na minha frente, eu não podia deixá-lo fazer aquilo. Às vezes fico pensando sobre isso e me questiono se, por um momento, não fui tão fria quanto ele e outros oficiais...

— Não diga uma coisa dessas! Você estava diante de uma típica situação de guerra, de vida ou morte... Além disso, ele via como estava afeiçoada por Benjamin. Esse menino já havia conquistado seu amor naquele momento, não é verdade?

Acenei com a cabeça, confirmando:

— Sim. Sentia que Benjamin já fazia parte da minha vida, e quando Karl o segurou para jogá-lo dentro daquela câmara, não pensei duas vezes. Eu o matei porque não poderia permitir que viesse atrás de nós, atrás de Benjamin. Jamais me perdoaria se deixasse algo acontecer com esse menino.

— Não se culpe, Adelaid. Em uma guerra não há como tomar decisões, você fez o que estava a seu alcance, e Karl sabia que Benjamin significava muito para você. Ele estava com ciúmes.

— Acho que sim. Só gostaria de ter recuperado o brinquedo de pelúcia que Isaac fez, Benjamin ficaria muito feliz se o tivesse de volta.

— Acha que Isaac morreu?

— Não sei, acredito que sim. Não tive nenhuma informação de que encontraram Isaac entre os sobreviventes, muitos corpos foram queimados e enterrados nas estradas. Não temos como saber.

— E Benjamin? Irá deixá-lo seguir como judeu depois de tudo?

Pensei por um instante:

— Não creio que eu deva interferir nessa decisão antes de saber o que ele quer.

— E o que você quer, Adelaid?

— Quero ver meu filho feliz, Margareth. Levarei ele à sinagoga quantas vezes for necessário e falarei com o rabino se ele assim desejar. Deixarei que siga sem religião se preferir. Enfim, só quero que seja feliz.

Ela me abraçou, e ficamos por alguns instantes em silêncio.

— Estou preocupada com Benjamin, Margareth. A diretora da escola me disse que ele vem tendo dificuldades, continua tímido com os adultos e com os colegas da turma. Tem pesadelos toda noite e passa horas brincando com aquele cordão que era da Tufi de pano. Já tentei conversar, mas ele sempre me diz que está bem ou me abraça e esconde o rosto.

— Ele ainda está traumatizado, Adelaid. Ele tem apenas 7 anos, e foram anos de muito sofrimento. Essa criança viu e vivenciou coisas que não temos a real dimensão... Além disso, você o conheceu no final do ano passado, tiveram menos de um ano juntos. Dê tempo a ele.

— Pode ser. Mas quero fazer mais por ele, sinto que posso me esforçar para ajudá-lo a superar.

— Ouvi falar que tem alguns pediatras muito bons lá em Paddington. Fale com seus colegas, tenho certeza de que irão indicar alguém para ajudá-los.

— Obrigada por tudo, Margareth. O que seria de mim sem você? — e sorri.

Ela sorriu de volta e me abraçou:

— Vamos dar mais uma volta — e seguimos caminhando.

Inscritos para um bom começo

Depois da conversa com Margareth, passei a me envolver mais com as rotinas escolares de Benjamin. O tempo passou e ele já estava com pouco mais de 7 anos de idade. Depois que seu cabelo cresceu, percebi como era preto, assim como o pelo de Tufi. Cheguei a comentar essa semelhança com ele, mas fingiu não ter ouvido, e preferi não retomar o assunto.

Um dia, soube que a escola estava organizando uma semana das profissões e resolvi me oferecer para falar da carreira de médica. Tinha a esperança de aproveitar a oportunidade para conhecer mais de perto os colegas de Benjamin e ver como ele agia em sala de aula e, com isso, aproximarmo-nos mais.

Assim que cheguei na escola, vi algumas crianças correndo felizes perto do parque, enquanto os professores conversavam em um banco próximo. Era uma escola pequena. Desde a primeira visita, fiquei encantada e logo quis colocar Benjamin ali. De paredes brancas com as janelas de um marrom escuro, bastante acolhedora e com um jardim logo à frente. Dentro, algumas crianças caminhavam com suas professoras em direção à cantina, enquanto outras retornavam às suas salas, obedientes e atentas aos olhares sérios dos inspetores.

Assim que cheguei na sala de Benjamin, vi que a porta estava entreaberta e me debrucei para olhar lá dentro. Vi a professora conversando com as crianças, sentadas anotando a matéria, e Benjamin estava ao fundo, concentrado em sua atividade e com aquele cordãozinho enrolado no dedo. Logo que a professora percebeu minha presença, disse:

— Ora, bom dia, doutora Eckle. Que bom que já chegou, as crianças estavam esperando ansiosas por sua chegada.

— Obrigada, senhorita Williams. Estou muito feliz com o convite. Tem alguma instrução? — sussurrei para ela.

— Não, a sala é sua, vamos aproveitar para que as crianças possam conhecer um pouco mais de seu trabalho e tirar todas as dúvidas.

— Bem, espero estar à altura da expectativa deles.

— Com certeza estará. Vamos começar?

Assenti com a cabeça, e ela se virou para a classe:

— Crianças, agora quero muita atenção de todos vocês. Essa é a doutora Eckle, mãe de Benjamin, ela veio hoje para falar um pouco de seu trabalho no hospital. Essa visita é inédita em nossa escola, principalmente porque uma mãe irá falar sobre sua profissão. Tenho certeza de que essa conversa será muito enriquecedora para todos nós. Quero que todos fiquem em silêncio enquanto ela fala sobre seu trabalho e, se a doutora Eckle permitir, depois poderão fazer algumas perguntas. Agora quero silêncio de todos. — Ela se virou para mim e disse, baixinho: — Fique à vontade para começar quando quiser.

Olhei para todos aqueles rostos pequenos concentrados e vi Benjamin, atento ao que eu diria.

— Bem — comecei —, obrigada a todos por me receberem. Confesso que o trabalho do médico é bastante desafiador, todos os dias. Eu me formei na universidade de Heidelberg e trabalhei em hospitais e clínicas com pessoas de todas as idades, até crianças e bebês. Sempre quis ser médica e gostava muito de ler quando tinha a idade de vocês, por isso é importante estudar bastante se também quiserem ser médicos um dia.

De repente, uma criança levantou a mão. A professora disse:

— Ainda não é o momento de fazer perguntas, Elizabeth.

— Está tudo bem — eu respondi. — O que foi, Elizabeth? Gostaria de fazer alguma pergunta?

— É verdade que você era médica em um campo de concentração?

— ELIZABETH!! — gritou a professora.

A menina tremeu e se abaixou.

— É verdade que a senhorita encontrou Benjamin e matou os pais dele? — perguntou outro menino.

— OLIVER, CALE-SE!! — gritou ainda mais alto a professora, ficando vermelha. — Peço desculpas pela falta de decoro das crianças, doutora Eckle, não foi assim que as ensinei aqui na escola, é a primeira vez que eles me surpreendem dessa forma. — Então a professora se virou para os alunos: — Estou muito decepcionada com o comportamento e com os comentários de vocês, Elizabeth e Oliver, não é assim que falamos com as pessoas.

Então um silêncio pairou no ar enquanto Benjamin me olhava triste, com os olhos vermelhos e a boca contraída.

— Bem... — eu disse, olhando para Elizabeth e para Oliver. — Sim, eu fui médica em um campo de concentração, onde Benjamin estava. E não, não matei a família dele, eles morreram antes de eu chegar. A família de Benjamin era judia e eles foram presos porque algumas pessoas não aceitam o fato de que alguns de nós são diferentes ou pensam diferente.

As crianças levantaram as sobrancelhas, espantadas. Olhei para a professora, que parecia bastante preocupada com aquela conversa.

— Mas, doutora Eckle — continuou Oliver —, a minha tia disse que os judeus foram mortos porque eram inferiores a nós.

— Oliver, não é mesmo? — perguntei, e ele assentiu com a cabeça. — O que sua tia disse não está correto. Por que ela acha que os judeus são inferiores?

— O meu pai disse que somente os negros são inferiores, os judeus são iguais a nós — interveio Elizabeth.

— Ninguém é superior ou inferior a ninguém aqui, Elizabeth — respondi. — Como médica, posso lhe assegurar que somos todos iguais por dentro. Ter uma crença religiosa ou uma cor de pele diferente não nos torna melhores ou piores que ninguém. A guerra ocorreu por causa de pessoas que se diziam superiores, e que fizeram muita gente acreditar que os judeus e outros grupos eram inferiores e deveriam morrer.

As crianças e a professora continuavam me olhando.

— A senhorita me autoriza a fazer um exercício, senhorita Williams? — perguntei à professora.

— Não sei se me sinto confortável com a ideia, doutora.

— Garanto que será inofensivo e, se considerar que estamos passando dos limites, a senhorita pode me interromper.

— Então tudo bem, vá em frente.

Eu sorri, olhei para as crianças e disse:

— Vamos fazer uma pequena brincadeira para eu tentar mostrar para vocês o que significa criarmos conceitos que não existem. Digamos que eu decida separar a turma em dois grupos, desse lado ficarão as crianças com cabelo loiro e ruivo, e desse lado ficarão as crianças com cabelo castanho e preto. Por favor, dividam-se.

E as crianças se dividiram, ficando o grupo com cabelo loiro e ruivo do lado esquerdo, e as crianças de cabelo castanho e preto do lado direito. Então eu continuei:

— Agora, se eu lhes dissesse que, a partir de agora, as crianças de cabelos escuros como os meus serão tratadas como superiores, e as crianças de cabelos claros serão consideradas inferiores? — As crianças riram, divertindo-se com a brincadeira. — Ah, mas teremos algumas regras a partir disso: primeiro, posso dizer que fiz essa escolha porque sabemos que as crianças de cabelos claros são menos inteligentes, menos bonitas e menos espertas que as crianças de cabelos escuros.

— Mas, doutora Eckel, para resolver esse problema, bastaria que todas as crianças raspassem suas cabeças, assim não saberíamos quem tem o cabelo claro e quem tem o cabelo escuro. — comentou uma criança, provocando risos nas demais.

— Ok, você tem razão. Então, para resolver esse problema eu colocarei um lenço no pescoço das crianças de cabelo claro, assim saberemos a que grupo cada criança pertence, mesmo com os cabelos raspados.

As crianças me olhavam sérias, intrigadas.

— E, para garantirmos o direito de superioridade das crianças de cabelos escuros, a partir de agora as crianças de cabelos claros não poderão mais brincar no parque, não poderão falar com os amigos, terão um tempo menor de intervalo e não ganharão bolo.

— Não é justo ficarmos sem bolo — disse uma das crianças loiras.

— Mas claro que é justo, afinal, seu cabelo é claro e você não pode ter os mesmos direitos de uma criança de cabelos escuros — eu respondi categoricamente.

Percebi que a criança ficou um pouco decepcionada, mas não retrucou.

— Agora brinquem, cada um com seu próprio grupo — sugeri.

— Está mesmo segura do que está fazendo, doutora? — perguntou a professora, ainda em dúvida com aquela atividade enquanto olhava para as crianças.

— Estou, sim, senhorita Williams. Confie e vai ver.

Depois de um tempo, chamei as crianças e disse:

— Crianças, conversei com a professora de vocês e, agora, decidi que as crianças com cabelos escuros não são superiores, mas sim as crianças de cabelos claros. Por favor, todas as crianças de cabelos claros, peguem seus lanches e venham para perto de mim.

Todos obedeceram, e então uma delas perguntou:

— Doutora Eckle, meu melhor amigo está no outro grupo, posso ficar com ele?

— Não pode — respondi bem direta. — Porque ele está no grupo inferior. Você gostaria de fazer parte do grupo inferior?

— Eu não me importo — respondeu baixinho o garoto.

— Todos concordam? — perguntei às outras crianças que estavam conosco, e todas fizeram que sim com a cabeça.

— Então vamos chamar todos para junto de nós, podem ir até seus amigos — e as crianças correram para junto de seus amigos e todas se abraçaram.

Ficamos observando-as por alguns segundos, até que eu perguntei ao grupo:

— Como vocês se sentiram com essa experiência?

Uma das meninas levantou a mão e disse:

— Me senti excluída quando fiquei no grupo inferior e com muita raiva porque não sou burra. Minha mãe diz que sou muito inteligente.

— Muito bem, obrigada por compartilhar — eu disse, sorrindo para ela. — Quem mais?

O menino que pedira para ficar perto do coleguinha comentou:

— Fiquei triste porque meu amigo estava no outro grupo e não acho que ele é inferior a mim. Eu queria ficar perto dele.

— Percebi como ficou triste, no seu lugar eu também ficaria muito chateada — comentei. — Alguém mais quer compartilhar?

Elizabeth levantou a mãozinha:

— Fiquei com vergonha dos meus cabelos quando fiquei no grupo inferior, tive vontade de esconder ele de todo mundo.

— Eu imagino — respondi. — Bem, a atividade acabou, crianças. Agora, vocês tiveram uma pequena ideia de como as pessoas se sentem quando dizemos que elas são inferiores e as excluímos por causa de sua aparência, de sua família ou de suas tradições, e não podemos acreditar que discriminar essas pessoas está certo só porque alguém nos disse que deve ser assim. É horrível quando ninguém mais nos enxerga como somos por completo somente por conta de um rótulo, concordam? — Vi diversas cabecinhas concordando com olhar atencioso. — Todos nós temos o direito de estar vivos e de viver nossas vidas com dignidade. Vocês são crianças incríveis, cuidem de seus amigos e não maltratem outras pessoas.

— E os animais? — perguntou Elizabeth.

— Nem os animais, Elizabeth — respondeu a professora Williams. — Bem, o que acharam da atividade, crianças?

As crianças gritaram e se abraçaram. Um dos garotos puxou Benjamin para junto do grupo e, então, todas as crianças ficaram em volta dele e o abraçaram. Ele começou a chorar. E a professora ficou emocionada com aquela festa, pois as crianças pareciam ter entendido a lição que eu havia transmitido ali. As crianças continuaram pulando e rindo, conversando sobre aquela experiência, enquanto a professora agradeceu baixinho e eu fui embora, feliz.

Depois daquele dia, Benjamin parecia mais animado com a escola, gostava de estudar e de falar sobre suas brincadeiras com os colegas, embora ainda evitasse falar sobre Isaac ou Tufi. Quando passávamos em frente a alguma sinagoga, ele abaixava a cabeça e tentava acelerar o passo, dizendo não ter mais interesse em nada que dissesse respeito à religião judaica. Considerava-se um judeu convertido, mesmo sendo tão pequeno para compreender o que isso significava.

· · ·

Os dias se passaram. Um dia, levei Benjamin depois da escola para comer um lanche no café próximo ao hospital Paddington. Precisava ver uma paciente de pós-operatório antes de retornar para casa. O café era pequeno e aconchegante, muito frequentado pelos médicos e assistentes que trabalhavam no hospital. A comida era simples e gostosa, com preço justo e atendimento de excelente qualidade. Assim que chegamos, pedi para ficarmos em uma mesa nos fundos, perto de uma janela com vista para o jardim. Sentamo-nos e pedi um café para mim e ovos mexidos para Benjamin.

Enquanto comíamos, vi uma moça na fila de espera do caixa que me observava, sem desviar os olhos. Estava sozinha, com um vestido escuro e maquiagem discreta. Percebi que seu rosto não me era estranho, e quando ela aparentemente tomou coragem, saiu da fila e se aproximou.

— Doutora Eckle? — ela perguntou.

— Sim, sou eu — confirmei, ainda tentando identificar aquele rosto que me parecia familiar. — Nós nos conhecemos?

Os olhos dela se encheram de lágrimas. Ela colocou as mãos na boca, como se estivesse surpresa, e sorriu por trás daquela expressão emocionada. Eu não entendi o que estava acontecendo e continuei a olhando fixamente. Ergui as sobrancelhas quando percebi quem era:

— Helène?

Ela fez que sim com a cabeça. Meu coração pareceu pular de alegria e emoção, como se em meu peito não coubesse tamanha felicidade. Pulei do banco e a abracei:

— Helène, como estou feliz por vê-la bem — eu disse, tentando conter um grito de empolgação que veio naquela hora por saber que ela havia sobrevivido também.

Nós nos abraçamos, enquanto Benjamin olhava surpreso.

— Então você trouxe mesmo o menino com você? — Helène perguntou, sorrindo.

— Sim, não poderia deixá-lo para trás — respondi, acariciando o cabelo dele.

— Benjamin parece bem — ela comentou.

Ele a olhou e retribuiu o elogio com um sorriso curto e rápido.

— O que faz atualmente, Helène? E como conseguiu chegar até aqui? — Eu estava intrigada com aquela aparição repentina.

— Quando Dachau foi invadida pelos americanos — ela respondeu —, fui resgatada com outros presos e levada ao centro médico que ficava na base militar dos americanos. Quando fiquei melhor, eles me deram a opção de ir para a América começar uma nova vida, mas eu preferi vir para Londres para morar com uma prima que havia fugido antes da guerra começar.

— Sabe se outras pessoas sobreviveram? — perguntei.

— Algumas pessoas se salvaram sim, mas não sei dizer quem ao certo... Com a chegada dos americanos, ficamos todos desesperados e eu só queria fugir dali. Assim que os soldados perceberam que a guerra havia acabado para eles, atiraram para impedir que pudéssemos ser resgatados, trancaram alguns presos no alojamento e queimaram todos vivos, pouco antes dos portões serem abertos. Quando o campo foi invadido, as tropas americanas prenderam todos os soldados da SS e mataram aqueles que se recusaram a se render — ela respondeu.

Parecia perturbada ao relembrar daquele momento, aflita e horrorizada com o que vira:

— Depois — continuou —, levaram os moradores da cidade para nos verem, para enxergarem com seus próprios olhos o que tinham apoiado até aquele momento. As pessoas mal tinham coragem de olhar para nós. Jovens, idosos, todos que até então tinham lucrado com o campo junto dos nazistas, naquele momento pareciam não querer encarar o que haviam apoiado para enriquecer.

— Deve ter sido terrível — tentei apoiá-la.

— Não faz ideia, doutora.

— Sabe se a enfermeira Thomann sobreviveu? — perguntei, curiosa em saber do paradeiro daquela que era a verdadeira bruxa de Dachau e com quem tive que conviver.

— Ela não foi encontrada, acredito que tenha fugido durante a invasão — Helène lamentou, balançando a cabeça como um sinal de que gostaria que Gerta não tivesse tido tanta sorte. — O capitão Himmler foi encontrado morto na câmara de gás, disseram que alguém o trancou ali e ligou a câmara para que morresse. Sabe quem poderia ter feito isso? — ela perguntou, olhando-me curiosa, como se soubesse que eu tinha a resposta para essa pergunta.

— Não tenho ideia — respondi, fingindo desconhecer que Karl tinha morrido. — Quando encontrei Benjamin durante o tumulto, só pensava em sairmos dali o quanto antes.

— Bem, o capitão teve o que mereceu, não acha?

— Acho que sim — suspirei, ainda fingindo surpresa. — E você, o que tem feito agora? — perguntei, mudando de assunto.

— Voltei a trabalhar como secretária, estou em um escritório aqui perto. E você?

— Trabalho no hospital Paddington, na clínica geral.

— Que boa notícia, doutora! Soube que estão oferecendo atendimento para os sobreviventes da guerra, acredito que a doutora tenha cuidado de algumas pessoas que vieram para Londres.

— Não tantas quanto eu gostaria — suspirei.

— Muitos judeus ainda estão escondidos, com medo de que a perseguição ainda não tenha acabado. Muitos tentaram ir para a Palestina, para a terra santa, mas há medidas de restrição do próprio governo inglês que nos impedem de ir para lá. Alguns foram para os Estados Unidos e formaram comunidades, mas diversos estão espalhados sem se identificarem como judeus.

— É muito triste... Realmente espero que um dia isso acabe — comentei.

Ela concordou com a cabeça e olhou para Benjamin:

— E você, meu pequeno, como está depois de tudo? Se precisar de alguma ajuda, o rabino da sinagoga que frequento ficará feliz em recebê-lo. Ele é um homem compreensivo e me acolheu assim que o conheci.

— Não sou mais judeu — disse Benjamin, em um tom de voz seco.

— Bem, não sabia — respondeu Helène, surpresa. — Sinto muito se os ofendi — desculpando-se para nós.

— Ora, Benjamin, não diga isso — eu disse. — Não nos ofendeu, Helène.

— Digo sim — respondeu Benjamin, rispidamente enquanto apertava o cordão em seu dedo. — Isaac morreu porque era judeu e meus amigos também morreram porque eram judeus. Ser judeu só nos trouxe coisas ruins.

— O que aconteceu a todos vocês não foi culpa da religião, meu querido — expliquei. — As pessoas poderiam ter escolhido qualquer outro motivo para toda essa perseguição.

— Mas escolheram a religião da minha família. E poderiam estar todos vivos se não fossem judeus.

— Muitas pessoas que não eram judias também foram presas no campo de Dachau, não se lembra, Benjamin? — comentou Helène. —

Por outros motivos que não tinham nenhuma relação com a religião. Eram pessoas boas, que foram perseguidas só porque não concordavam com Hitler ou porque não eram arianos. Lembra-se? — ela perguntou.

Benjamin fez que sim com a cabeça, cabisbaixo.

— A humanidade já teve muitos períodos de medo e escuridão — ela continuou. — Com perseguições e assassinatos, mas continua a lutar pelo que acredita. Não abandone sua fé e aquilo que faz parte de você por causa do medo, Benjamin. O medo só nos afasta de nós mesmos, ele nos afasta da felicidade. Nunca abra mão de sua felicidade.

Vi que ele ficou pensativo com o que ouvira. Aproximei-me dele e dei um beijo em sua cabeça:

— Agora termine de comer, daqui a pouco voltamos para casa — pedi. Afastamo-nos um pouco e me desculpei com Helène:

— Lamento pelo comportamento de Benjamin, tem sido difícil falarmos desses assuntos.

— Eu entendo — respondeu Helène. — Tem sido difícil para todos nós, e ele é apenas uma criança. Muitos ainda se recusam a falar do que aconteceu, até mesmo preferem acreditar que nada foi real. Tantos familiares que perdemos, tanto sofrimento e tanta dor... É compreensível que Benjamin não queira mais lembrar de qualquer coisa que o faça reviver daquilo.

— Depois que aprendeu inglês, não consigo mais convencê-lo a falar alemão comigo — murmurei, triste. — Ele finge não entender e, quando insisto, chora e se esconde no quarto. Conseguimos vencer juntos a barreira da interação na escola, mas foi só o primeiro passo. Sinto que ainda teremos muitos desafios a superar.

— Sim, eu sei — ela concordou. — Tenho pesadelos todas as noites com as pessoas gritando enquanto eram torturadas no meio da praça. Ainda me lembro daqueles experimentos horríveis e o cheiro dos corpos perto do crematório, e do dia que os americanos chegaram, com as pessoas sendo trancadas para morrer queimadas e os guardas atirando em todos nós. Ainda tenho receio de casar de novo e ter filhos, tenho medo de que a guerra volte e que levem minha família mais uma vez.

— Você foi casada? — perguntei, intrigada. — Não me recordo disso quando nos conhecemos.

— Sim. Jacob esteve comigo em Dachau. Estávamos noivos quando os nazistas nos pegaram. Nós nos casamos em segredo no campo e fiquei grávida logo depois. Nunca falávamos a ninguém sobre nós para que não tentassem nos separar. Um dia, enquanto eu trabalhava, um dos guardas se aproximou de mim, puxou-me para um canto e queria me estuprar. Jacob viu e tentou me proteger, os guardas o pegaram e bateram nele. Vi meu querido Jacob sendo pisado e chutado até a morte. — Os olhos dela se enchiam de lágrimas e o rosto ficava cada vez mais vermelho à medida que contava sua história.

— Eu sinto muito, não sabia — comentei. Coloquei a mão em suas costas e a acariciei, tentando acalmá-la.

— Sabe — ela continuou, emocionada —, por várias vezes eu achei que nunca mais sairia de lá com vida, achei que não teria forças para suportar tanta maldade. Quando você chegou, achamos que por ser filha do comandante você seria muito pior que os médicos anteriores, que iria nos abrir, nos cortar e nos costurar vivos, sem se importar com nosso sofrimento.

Fiquei a observando, imaginava que era isso que as pessoas pensavam de mim quando cheguei ao campo.

— Mas depois — ela sorriu para mim — percebemos que era uma pessoa boa. Você não se deixou corromper pelo poder e pelas ordens de seu pai ou da senhorita Thomann; e nos deu algo que, por muito tempo, acreditávamos que tínhamos perdido.

— E o que era? — perguntei.

— Esperança, doutora — ela respondeu.

Então sorri, emocionada.

— Benjamin passou por muita coisa e é compreensível que não queira nada que o faça lembrar da guerra — ela disse. — Será um desafio para todos nós aprendermos com nosso sofrimento e termos coragem para nos levantar e seguir em frente — e então pegou um cartão e uma caneta, escreveu algo e me entregou. — Tome isso.

Peguei o cartão e li o que escrevera. Era um endereço, um nome e um telefone:

— Esse é o endereço da sinagoga que frequento aqui em Londres. E esse é o nome do rabino que está lá. Peça para falar com ele e diga que fui eu quem lhe deu essa indicação. E esse telefone é do escritório que trabalho, caso queira me ligar.

— Obrigada, Helène — agradeci, e quando virei o cartão colorido, li *Shana Tová*, "Bom Ano", em letras douradas.

Olhei para Benjamin e percebi que prestava atenção em nossa conversa.

— São lindos os desenhos — e apontei para as figuras do cartão.

— Que bom que gostou, é um *shofar*, um instrumento de sopro feito com chifre de carneiro, ao lado de uma maçã com mel — ela apontou. — Normalmente, as crianças fazem os cartões, mas esse eu comprei em uma loja. Talvez Benjamin nunca tenha feito um desses porque era muito pequeno quando foi para Dachau. Um dia, se tiverem interesse em participar da festa de *Rosh Hashaná* ou do *Yom Kipur*, avisem-me.

— Já fiz um cartão como esse — murmurou Benjamin à distância, deixando claro que conseguia nos ouvir. — O senhor Goldstein me ensinou a fazer quando estávamos em Dachau.

— Isaac nos ensinou muita coisa, não é mesmo? — respondi. — Não sei o que teria sido de nós sem os ensinamentos dele.

E então Helène nos disse:

— Fiquei muito feliz por tê-los encontrado aqui hoje, doutora. Daqui a pouco meu intervalo acaba e preciso retornar ao escritório, mas espero vê-los mais vezes.

— Também espero que sim — respondi.

Helène me abraçou, sorriu para Benjamin e se despediu. Olhei mais uma vez para o cartão, sorri e guardei no bolso. Fiquei observando ela ir embora pela janela.

— Vamos vê-la de novo? — perguntou Benjamin.

— Talvez — respondi —, mas só quando estiver pronto, meu filho. Agora coma para irmos embora.

Benjamin suspirou e comeu o que havia sobrado dos ovos. Tomei meu café, enquanto a observava partir, e voltamos para casa.

Que sejamos selados em um futuro melhor

Após quase dois anos em Londres, ainda via os efeitos da guerra no mundo. Com o lançamento de duas bombas atômicas no Japão em agosto de 1945, que matou e contaminou milhares de pessoas, os Aliados finalmente renderam as forças japonesas, colocando um ponto final naquela triste etapa da história.

A Alemanha ficou quebrada, dividida em milhares de pedaços e com um muro imaginário ao seu redor, erguido para esconder e proteger o país da vergonha. Na mesma época, Estados Unidos, França, Inglaterra e União Soviética assinaram um acordo para a criação de um tribunal militar internacional para julgar os crimes nazistas, em Nuremberg, e os primeiros julgamentos foram dedicados exclusivamente ao alto escalão da SS.

Pelos jornais, vi as fotos de alguns dos colegas de meu pai e a expressão de preocupação dos advogados em defender aqueles réus, que tinham se transformado em uma vergonha para os alemães. A maioria dos chefes nazistas foi considerada culpada, e muitos foram presos e sentenciados à morte. Nesse mesmo período, o conselho médico internacional elaborou um novo código de ética, impedindo a realização de experimentos que causassem dor ou morte desnecessária, e passaram a exigir a autorização formal dos pacientes para quaisquer tipos de testes ou exames clínicos. Muitos médicos criticaram a decisão, pois entendiam que isso já era praticado, mas a guerra nos mostrou que não era mais possível usar somente do bom senso de cada um.

Depois que os julgamentos do alto escalão nazista foram concluídos, em outubro de 1946 começaram os julgamentos de outros grupos, começando pelos médicos. Fui chamada logo no início para prestar depoimento, e como já tinha me apresentado assim que cheguei em Londres, pude ser julgada livre, sem decreto de prisão temporária.

No tribunal, vi alguns de meus colegas e professores da faculdade na mesma situação, além de médicos de outros campos e aqueles de Dachau que haviam fugido. Mesmo não tendo sido responsável por conduzir experiências médicas nazistas nem fazer assassinatos em série, eu era filha do comandante Andreas Eckle, o que tornava meu julgamento no mínimo necessário, senão obrigatório. Meu advogado me olhava satisfeito no dia do julgamento, dizendo que estava feliz por poder defender um dos poucos casos em que poderia argumentar por uma absolvição. As testemunhas que estavam ali pouco podiam dizer a meu respeito e eu rapidamente fui absolvida e liberada.

Alguns meses depois, fui convocada de novo, mas agora para testemunhar sobre o que vira durante o período que trabalhara como médica da SS. Recebi a intimação de manhã, antes de sair para o trabalho. Quando Benjamin viu a carta que eu estava lendo, percebi que ficou assustado:

— Está tudo bem, filho?

— O que é isso, mamãe?

— Ora, é uma carta. Parece que é do tribunal novamente.

— Outra carta? Vão levar você embora? Querem me levar? — perguntou, aflito.

— Acalme-se, ninguém vai levar nenhum de nós — respondi em tom calmo, tentando tranquilizá-lo. — Estão me convocando para prestar depoimento como testemunha. Já fui julgada e absolvida.

— E se tiverem mudado de ideia? — e algumas lágrimas começaram a brotar de seus olhos. — Não quero que te prendam...

— Calma, meu querido — e o abracei. — Isso vai acabar logo, eu prometo que não vou deixá-lo sozinho. Combinado?

Ele fez que sim com a cabeça. Dei-lhe um beijo na testa e o abracei novamente.

Fui para Nuremberg no dia anterior ao julgamento e avisei Margareth para cuidar de Benjamin durante os dias em que estaria fora. Assim que cheguei, hospedei-me no hotel onde passaria a noite, jantei e tentei descansar. Fui para a corte de manhã, onde vi uma pequena e intensa manifestação na entrada contra os nazistas que estavam sendo julgados.

Enquanto passava no meio daquele grupo, vi Gerta descendo de um carro com um homem engravatado que parecia ser seu advogado. Estremeci ao olhar para ela. Cobri o rosto para não ser vista e segui rápido para dentro do tribunal. Assim que entrei, fui encaminhada para uma sala anexa onde estavam outras testemunhas. Lá dentro, soube que Gerta e alguns oficiais tinham tentado fugir para a América do Sul, mas foram reconhecidos no aeroporto e impedidos de escapar. No banco dos réus, vi o oficial Rust com olhar assustado, enquanto Gerta parecia indignada com a situação, como se não tivesse qualquer envolvimento com tudo aquilo.

Dentre as pessoas que estavam comigo como testemunha estavam Helène, um clérigo que dizia ter conhecido o sacerdote Leisner, além de outras pessoas que estiveram no campo e diziam me reconhecer, apesar de eu não me lembrar delas. Foi um processo difícil para todos os presentes, pois pessoas como Gerta tentavam omitir o que havia acontecido e o que haviam feito aos presos, e não aceitavam o testemunho de pessoas como eu. Tive medo de que decidissem revogar minha absolvição, mas depois do depoimento fui liberada para retornar a Londres. Soube que Gerta fora condenada por seus crimes, mas ela se matara com veneno assim que ouvira a sentença, antes mesmo de sair do banco dos réus. O oficial Rust foi condenado e preso, e eu pensei que, com o fim daqueles julgamentos, poderia deixar o que vivi em Dachau para trás e recomeçar.

...

Depois de um tempo, cheguei a levar Benjamin ao pediatra de Joanne para que pudesse ser avaliado, pois agora ele estava mais forte, mais saudável e mais bem adaptado a Londres. No entanto, ainda se recusava a falar alemão, fingindo não compreender a língua, negava o judaísmo com veemência e chorava sempre que tentávamos falar sobre Isaac ou Tufi. Ele já estava com quase 9 anos e eu percebia que aqueles comportamentos prejudicavam sua adaptação pós-guerra. Tentei convencê-lo a adotar um gatinho, mas também não quis, embora continuasse com aquele cordão sempre em suas mãos ou enrolado no braço, já gasto de tanto uso. Não podíamos lavar ou remendar a fita azul, pois Benjamin ficava transtornado quando não a encontrava exatamente como a tinha deixado.

Trabalhando no Paddington, recebi a recomendação de alguns colegas a respeito de um pediatra reconhecido. Soube que era adepto a novos tratamentos e era um especialista em traumas infantis. Tinha esperança de ajudar Benjamin a lidar com seus sentimentos e pensei que talvez um outro tipo de atendimento especializado poderia apoiá-lo. Assim, agendei uma consulta com o médico, organizei-me para acompanhar Benjamin e avisei a escola.

Quando saímos pela manhã para a consulta, percebi que estava um típico dia de outono: o céu claro e limpo, as árvores amareladas e cada vez com menos folhas, e os tons de bege e marrom dominavam a paisagem do parque pelo qual passávamos durante o caminho até o hospital. Benjamin caminhava com um *bagel* nas mãos, comendo-o enquanto me acompanhava de mãos dadas.

Enquanto caminhávamos, ele me perguntou:

— O que vamos fazer?

— Ora, vamos ao médico — respondi.

— Por quê? Estou doente?

— Não, meu filho. Ele é um especialista e quero que você o conheça.

— Se eu não estou doente, por que vou ao médico?

— Porque ele é um médico diferente.

— Diferente como?

— Ele trata de crianças como você.

— O que são crianças como eu?

— Que passaram por coisas difíceis e podem encontrar uma forma de lidar com isso.

— E ele vai resolver meu problema?

— Não sei, vamos descobrir — e sorri para ele.

Assim que chegamos, fomos informados que o médico estava em uma clínica ao lado, bem próxima à entrada do hospital. Fomos até lá, um sobrado com tijolos na frente, janelas de metal preto e uma pequena escadaria até a porta de madeira preta. Batemos e uma mulher nos recebeu:

— Podem entrar, o doutor já vai atendê-los — avisou a recepcionista.

Enquanto eu observava o local, Benjamin continuava cabisbaixo, com uma mão junto à minha e a outra segurando o cordão azul. A recepção era simples, com poltronas, uma mesinha com algumas revistas e alguns quadros de pintura abstrata. Benjamin olhava para o lado de vez em quando, mas logo se encolhia perto de mim, segurando meu braço. Eu acariciava o cabelo dele quando se aproximava e dizia que estava tudo bem.

Depois de algum tempo, um homem grisalho e de rosto amável nos chamou:

— Bom dia, senhorita Eckle. Entre, por favor — e entramos na sala, onde estava presente um assistente além do médico.

A sala era organizada, com equipamentos como balança e maca, além de brinquedos em uma caixa no canto. Benjamin olhou para os brinquedos, parecendo interessado, mas continuava ao meu lado.

— Bem, como posso lhes ajudar? — perguntou o médico.

— Bom dia, doutor. Recebi excelentes recomendações suas do hospital Paddington, eles me disseram que poderia me ajudar com Benjamin.

— Ele é seu filho? — perguntou.

— Sim, ele é. Diga oi ao doutor, Benjamin.

Mas Benjamin continuava com a cabeça baixa, sem olhar para nós. Quando o pediatra viu a fita azul enrolada no braço do menino, perguntou:

— Que cordão interessante. Ele é seu? — e apontou para o pedaço de tecido semidestruído.

Mas Benjamin não respondeu e começou a passar o cordão entre os dedos. O médico me olhou novamente.

— Que tal me contar a história de vocês? Você comentou que recebeu indicações minhas no Paddington, não é mesmo?

— Isso mesmo. Também sou médica lá, mas trabalho na clínica geral.

— Ora, que interessante. Uma colega de trabalho.

— Sim — respondi, dando um sorriso.

— E faz tempo que a senhorita está conosco no Paddington, doutora Eckle?

— Estou desde que vim para Londres com Benjamin, há dois anos.

— E como se conheceram?

— Ele estava em um campo de concentração, em Dachau.

— Entendo — o médico disse. — Esteve presa com o menino?

— Eu era médica responsável pelo campo, mas ele estava preso. Sua família era judia.

— Interessante. — O médico levantou o rosto, franzindo o cenho. — Fez parte das forças nazistas então?

— Sim — respondi —, meu pai foi Andreas Eckle, era o comandante de Dachau. Quando terminei a faculdade, no final de 44, fui para lá para ajudá-lo, pois os médicos do campo tinham fugido.

— E sua família veio para cá com você depois da guerra?

— Somente Benjamin e eu viemos, meus pais morreram durante o combate com os americanos.

Ele ficou me olhando em silêncio, sério. Parecia que tentava entender aquela história, que tentava me entender.

— Sabe, eu lamento por tudo, muito mesmo — eu disse, de repente. — Foi um período muito difícil, não era simples fazer escolhas.

— O que quer dizer?

— Eu sei o quão mal meus pais e os outros nazistas fizeram àqueles judeus que estavam presos. Eu sei que poderiam ter parado, mas não pararam, mesmo quando souberam que perderiam a guerra. E, apesar de tudo isso, eu amava meus pais — respondi, soluçando, e as lágrimas começaram a descer sem controle.

— O amor não é fácil, doutora Eckle — disse o médico, entregando-me um lenço.

— Não, não é — concordei, enxugando as lágrimas com o lenço que ele havia me dado e sussurrando um "obrigada".

— Como você e Benjamin chegaram em Londres? — ele me questionou.

— De navio. Viemos na área de carga de forma clandestina, junto com outros presos que fugiam.

— Deve ter pagado caro para embarcar com o menino.

— Mais do que imagina...

— Benjamin era judeu?

— Sim, era sim. Sua família morreu antes de eu chegar no campo, na época em que nos conhecemos um homem estava cuidando dele.

— Era um judeu também?

— Sim, Isaac Goldstein.

— E hoje Benjamin frequenta a sinagoga?

— Benjamin não quer falar sobre isso. Assim como se recusa a falar alemão.

— Acha que Benjamin deixou o judaísmo por sua causa, doutora?

— Acho que não, nunca lhe disse que deveria abandonar suas crenças.

— Mas a senhorita não é judia, estou correto?

— Não, não sou. Mas desde que chegamos aqui, eu sempre disse a Benjamin que não haveria mais perseguições, que ele está protegido comigo e que pode retomar a religião se quiser. Eu ficaria muito feliz em vê-lo feliz como ele é, não tentando ser outra coisa.

— O que acha que ele está tentando ser? — o médico indagou.

— Não sei — respondi, dando de ombros.

— Talvez ele só queira encontrar um lugar no mundo para ele. Depois do que vocês passaram, não é fácil se reencontrar, não é mesmo?

— Não, acho que não — concordei.

— É um grande desafio para um garotinho tão pequeno e que já passou por tanta coisa, não é mesmo? — e sorriu para Benjamin, que levantou os olhos quando ouviu seu nome. — Agora me lembrei — disse o médico. — Amanhã é o dia de *Yom Kipur*.

— Nossa, havia me esquecido — murmurei, lembrando-me de Helène. — O senhor é judeu?

— Não sou, mas conheço alguns. O fundador da psicanálise, Freud, é judeu, sabia?

— Então você é psicanalista?

— Sim, mas meu trabalho é com crianças. Interessa-se pela psicanálise?

— Prefiro a clínica geral ou a obstetrícia — respondi. — Perguntei por causa de Benjamin.

— Entendo.

— O senhor disse que trabalha com crianças e que é psicanalista.

— Correto.

— Qual a sua proposta de tratamento para Benjamin?

— Bem, é uma pergunta difícil de ser resumida. — Ele se recostou na cadeira e pareceu pensar antes de me responder. — Sabe, todos nós nascemos com uma capacidade para crescermos e nos desenvolvermos, tanto física quanto psiquicamente. O ambiente que nos cerca interfere nesse desenvolvimento e pode facilitar, dificultar ou até impedir esse processo. Benjamin, como outras crianças, passou por uma experiência muito traumática e perdeu pessoas que ele amava, família e amigos. Mas ele encontrou você. Diga-me, por que trouxe esse menino com você? Por que Benjamin passou a ser importante para você?

— Quando cheguei em Dachau, não imaginei que encontraria alguém como ele — respondi. — Na verdade, não imaginei que veria tudo que vi lá. Tive medo e me perguntava quem eram meus pais e pelo que estávamos lutando. E então conheci Benjamin, tão atencioso e gentil, que mesmo naquele lugar me mostrou um jeito diferente e mais suave de ver a vida. Eu me afeiçoei a ele, e essa afeição cresceu a cada dia, transformou-se em preocupação e em amor, e um dia ficou tão grande que eu quis que nos tornássemos uma família.

— É muito importante que ame esse menino — disse o médico. — Estar disposta a olhar para as necessidades dele e fazer o que precisa ser feito é o papel de uma mãe que deseja ser suficientemente boa para a formação do filho. Seu sucesso como cuidadora desse menino irá se mostrar na gradual capacidade de Benjamin de se tornar independente e aprender a lidar com as próprias dificuldades.

— E o que acontece aqui na terapia? — perguntei, intrigada.

— Você verá — ele respondeu. — Hoje faremos uma sessão com a sua participação, e nas próximas poderemos alternar com sessões somente ele e eu ou nós três juntos. Meu assistente estará presente para me ajudar e você poderá perguntar o que quiser sobre as sessões, exceto se Benjamin me contar algo em segredo — e piscou para Benjamin, que o estava observando.

— Parece justo — eu disse.

— Então, vamos examinar esse rapazinho para começar?

O pediatra fez os exames clínicos em Benjamin e solicitou algumas informações sobre alimentação, sono e desempenho escolar. Eu estava ansiosa e esperançosa, mas Benjamin ficava quieto e observava, sem interagir. Quando eu tirei a camiseta dele para que o médico avaliasse seus batimentos cardíacos, Benjamin se encolheu e tremeu, sentindo o estetoscópio frio em sua pele. Segurei seus braços e logo coloquei a camiseta de volta para que Benjamin ficasse menos receoso. Quando terminou, o médico disse:

— Fisicamente ele está ótimo. Seus reflexos estão bons, sua visão e audição estão excelentes, e ele está com peso e altura dentro do esperado, apenas um pouco mais baixo do que a média. Possivelmente seja reflexo da má alimentação que teve no campo. Sua sensibilidade também está ótima, vejo que esse rapazinho não gosta de frio, não é mesmo?

— Não gosta nem um pouco — confirmei. — Fica sempre muito bem agasalhado, mesmo quando a temperatura está mais amena.

— Ele passou por alguma situação de frio no campo, doutora?

Antes que eu respondesse, Benjamin fez que sim com a cabeça e se escondeu atrás de mim.

— Vejo que não foi uma boa experiência, não é mesmo, Benjamin? — disse o médico. O menino fez que não com a cabeça, ainda sem pronunciar uma palavra, só olhando para o pediatra.

— Já ouviu minhas entrevistas no rádio, doutora Eckle? — perguntou-me, enquanto terminava de anotar suas observações.

— Não, nunca ouvi. Desculpe-me... Como se chamam?

— Elas passam em um programa chamado *Happy Children*, na BBC. Quando tiver um tempo, sugiro que ouça, irá apreciar muito.

— Farei isso.

— Também tenho alguns livros em andamento, posso indicar os nomes quando terminar se quiser.

— Claro, vou gostar de lê-los.

— Bom — disse o médico, virando-se para Benjamin. — Agora você está livre para fazer o que quiser em meu consultório. Fique à vontade.

Não entendi direito qual era a intenção do médico, mas fiquei observando. Benjamin se sentou no tapete perto da caixa de brinquedos e começou a brincar com seu cordão azul. Puxava-o para cima, para baixo, para um lado e para o outro lado. Por vezes, amarrava o cordão em seu braço bem forte, como um *tefilin* — uma espécie de fita que os judeus usam em seus braços — e depois o soltava, tal como fazia em casa. Fez isso várias e várias vezes. Depois, enrolou a fita em seu dedo, chupou a ponta e depois apertou a fita na mão, chegando a ficar vermelho por causa da força que fazia. Ficou entretido nessa atividade por algum tempo, sem sequer prestar atenção em mim ou no médico, que o observava atentamente e anotava seus movimentos, juntamente de seu assistente.

O médico olhou para mim como se quisesse saber o que eu pretendia fazer. Então olhei à minha volta, pelo consultório, e vi um dado de madeira no armário ao lado dos brinquedos, todo colorido. Perguntei se poderia pegá-lo, e ele respondeu:

— Claro que sim.

Peguei o dado e espetei um pedaço de pau bem no meio de um dos lados, atravessando-o até atingir o outro. Depois peguei um pincel, mergulhei na tinta e me aproximei de Benjamin:

— Que tal você ensinar ao médico aquele seu jogo do *dreidel*? — pedi. — Não sei como desenhar as letras e não me recordo de todas as regras, talvez você possa nos ajudar. O que acha?

Benjamin parou de puxar a fita. Colocou-a ao seu lado, pegou o dado e o pincel, olhou-os por alguns instantes e depois me olhou. Abaixei-me, coloquei as mãos na cabeça dele e disse:

— Eu também estou sofrendo, sinto falta do senhor Goldstein e das pessoas que morreram em Dachau. Também quero superar tudo isso e quero te ajudar. Você me ajuda?

Ele me abraçou e começou a chorar. Senti calor e frio ao mesmo tempo com aquele abraço, e dei um beijo nele. Quando se acalmou, Benjamin enxugou as lágrimas, respirou fundo e disse:

— Pode deixar, eu ensino a vocês como se joga. Mas já aviso que sou muito bom nesse jogo.

— Ótimo, vou gostar muito de aprender — disse o pediatra.

Benjamin olhou para ele intrigado e deu um sorriso tímido.

— Acho que iremos nos ver bastante a partir de agora e, pelo jeito, terei muito a aprender com você — o médico concluiu.

— Como o senhor disse mesmo que era seu nome? — indagou Benjamin.

— Meu nome é Donald, e pode me chamar de doutor Winnicott.

— Muito prazer, doutor Winnicott. E eu sou o Benjamin Eckle, mas pode me chamar só de Benjamin — e lhe cumprimentou como um rapazinho. — Um dia também quero ser médico, minha mãe dizia que era a melhor profissão do mundo — e olhou para mim, sorrindo. — E acho que é mesmo a melhor que existe.

Benjamin pintou o dado com as letras do *dreidel* e começou a explicar ao doutor Winnicott e a mim como funcionava o jogo, e eu sorri, mais tranquila. Ao final da sessão, Benjamin agradeceu e se despediu, pegando na minha mão:

— Obrigado por tudo, doutor.

— Não há de quê. Leve seu brinquedo — e entregou o *dreidel* para Benjamin, que o colocou no bolso do casaco. — Espero vocês na semana que vem?

— Sim, até semana que vem — respondi.

E seguimos de volta para casa. No caminho, vimos uma pedinte na rua, sentada ao lado do café. Junto dela estava uma criança olhando as pessoas passarem. Ambos sujos e com as roupas rasgadas, com um pedaço de *bagel* ao lado e algumas moedas dentro de um gorro. Benjamin me puxou, parando em frente da criança, e disse:

— Fiz esse pião e queria te dar, acho que vai gostar de jogar — e entregou o *dreidel* para a criança, que sorriu feliz com seu novo brinquedo.

Sorri para Benjamin, entrei com ele no café e compramos broas e leite para a criança e para a mãe. Percebi que ele ficara orgulhoso com a boa ação, e eu ficara orgulhosa dele.

Assim que chegamos em casa, pendurei a bolsa no cabideiro da entrada, enquanto Benjamin correu para seu quarto no andar de cima.

Fui até minha escrivaninha enquanto o aguardava descer e olhei para uma carta que havia recebido. Era um convite do comitê do hospital para falar de minha experiência no campo de concentração. A conferência ocorreria em algumas semanas e, por isso, tinha algum tempo para preparar o que dizer. Ao lado da carta, estava um papel com algumas anotações minhas, começara a escrever na noite anterior:

"O que é o amor? E o que é ética? Já parou para pensar no que te faz acreditar em algumas coisas e duvidar de outras? E o que significa tomar a decisão certa, mesmo sem ter certeza disso?

Exercer a medicina não se trata de deter poder sobre a vida e a morte; não se trata de estar acima do bem e do mal; não se trata de ser o melhor entre os melhores. Exercer a medicina é dedicar meu intelecto, minha força de trabalho e meu coração a buscar constantemente a saúde e o bem-estar do outro, respeitando suas palavras, suas vontades e sua integridade física e mental. Pois Deus, em sua infinita bondade e sabedoria, permitiu, a mim e a todos que um dia decidiram seguir essa vocação, a cuidar de todos os seres humanos, ricos ou pobres, livres ou presos, amigos ou inimigos, bons ou maus. Assim, não causarei dano ou mal a qualquer ser humano durante o exercício da medicina por motivos pessoais, sociais, familiares, históricos ou políticos, pois nenhuma idade, etnia, crença religiosa, sexo, orientação sexual, nacionalidade, filiação política, nem mesmo minha própria sede de glória pautada na ganância, na luxúria, no ódio, na inveja, na preguiça ou na vaidade devem superar minha obrigação de praticar a arte da medicina em prol do outro. O conhecimento é ilimitado, e meu espírito assim também deve ser. Olhar para as sombras do passado nos permite repetir os acertos e corrigir os erros no presente, e que o futuro ilumine a ciência e a cada um de nós, pois somente com o amor e o aprendizado ético é que podemos nos tornar melhores do que somos."...

Sentei-me e peguei uma caneta para retomar o texto, mas Benjamin voltou logo com algo nas mãos. Coloquei a caneta de volta no tinteiro e, antes que pudesse fechar a escrivaninha, lembrei-me da coleção de selos que eu guardara ali, escondida. Peguei a carteira na gaveta oculta e, quando me virei, percebi que havia um cartão de *Rosh Hashaná* com ele:

— Fiz para você — e o estendeu para mim.

Quando viu a carteira, arregalou os olhos:

— O que é isso?

— Você sabe o que é, meu filho. Peguei durante a invasão.

— Achei que ele tinha ido embora sem mim.

— Ora, é claro que não, meu querido. Isaac nunca faria isso com você.

O menino sorriu e me abraçou, emocionado. Peguei o cartão de suas mãos e o admirei. Era rosa, com o desenho de uma árvore com folhas verdes no meio, maçãs, um pote de mel e o *shofar*, que eu havia visto no cartão de Helène. Dentro, Benjamin tinha escrito:

"Querida mamãe,
Shaná Tová!
XXX,
Benjamin"

Fiquei emocionada. Olhei para ele com carinho e disse:

— Adorei o presente.

Ele sorriu e me abraçou:

— Obrigado por ser minha mamãe.

Abaixei-me para poder abraçá-lo melhor:

— Não fiz um cartão para você, meu bem.

— Não tem problema. Depois eu te ensino a fazer um — e sorriu para mim.

— Está bem — respondi, rindo.

— Ah, tem mais uma coisa que quero fazer — disse Benjamin, e correu até a cozinha.

Quando voltou, estava com uma vela nas mãos.

— Essa vela é para acender hoje em homenagem aos que morreram. Ano passado, não acendemos nenhuma vela para Isaac, nem para minha mãe e meu irmão, e nem para os seus pais, que também morreram, não é?

— Sim, é verdade. Uma vela será suficiente para todos? — perguntei.

— Ah, é mesmo, vou buscar mais — e ele correu para pegar mais algumas.

Levantei-me para ajudá-lo a acendê-las, e ele então começou a rezar o que eu posteriormente descobriria ser o *Kol Nidrei*. Mesmo sem saber todas as falas, ficou concentrado, e eu o acompanhei. Enquanto rezava, eu observava as velas, aquelas luzes que simbolizavam cada pessoa que havíamos amado e perdido nas sombras da guerra, e mesmo sem saber como repetir o que Benjamin dizia, só desejava que, a partir daquele novo ano judaico, tivéssemos mais esperança de viver com menos preconceito e perseguição. Mas não era um pedido simples... Divergências étnicas e religiosas continuavam a existir, o mundo parecia querer começar uma nova guerra, agora entre os países aliados, como se não tivéssemos aprendido nada com os erros do passado, como se o que ocorrera durante o holocausto já tivesse sido esquecido. Mas eu estava disposta a lutar pela felicidade, quantas vezes fosse preciso, e faria meu melhor para tornar a vida de Benjamin e de outras pessoas melhor, com mais amor e compaixão.

Gegen das Vergessen.

Esquecer, jamais.

Epílogo

Muitos anos depois, Adelaid e Benjamin retornaram juntos a Dachau para visitar o campo de concentração, que havia se tornado um memorial. Era a primeira vez que retornavam à Alemanha depois de tantos anos. Benjamin já era um homem, e Adelaid, uma adorável senhora. Ela estava com um buque de rosas brancas nas mãos, e fazia questão de carregá-lo. E, embora estivesse ali para prestar homenagem a todos que conheceram e morreram durante a Holocausto, não conseguia parar de pensar em seus pais e em todos que ali conhecera.

Como da primeira vez naquele local, o campo estava coberto de neve, mas já não parecia mais um lugar congelado pelo sofrimento. O céu estava azul e limpo, cortado apenas pelas pontas dos pinheiros e pelos barracões que restaram juntamente do prédio da entrada. A neve branca trazia certa paz ao lugar, embora olhar para tudo aquilo ainda carregasse um sentimento de dor aos dois.

Caminharam pela neve onde antes tinha sido a área dos barracões, depois seguiram para o prédio administrativo. Lá dentro, que agora abrigava um museu de exposição, Adelaid viu as fotos dos experimentos que Gerta a tinha apresentado, e Benjamin olhava para tudo que tinha sido recolhido dos presos e dos nazistas depois da invasão, ali, exposto para conhecimento dos visitantes.

Dirigiram-se para os fundos do campo. Lá, ficaram observando por um tempo o crematório e a câmara de gás. Então olharam para onde estaria a trilha de fuga deles para a casa de Adelaid. Eles se abraçaram, sem dizer uma palavra.

Continuaram em direção ao monumento da entrada de Dachau. Ao chegarem, Adelaid se abaixou e colocou as flores no chão. Benjamin a ajudou, segurando sua mão. Ao se erguer novamente, leu uma citação ali posicionada:

"Que o exemplo daqueles que entre 1933 e 1945 deram a sua vida para lutar contra o nazismo una aos vivos em defesa da paz e da liberdade e em respeito à dignidade humana."

Ela se emocionou, e Benjamin deu-lhe um beijo, abraçando sua mãe. Seguiram para fora de Dachau, onde a família toda, cônjuges, filhos, netos e irmãos os aguardavam. Todos se levantaram, e as crianças correram em direção a eles. A esposa de Benjamin o beijou, e o senhor que estava ao seu lado se aproximou de Adelaid, pegando em sua mão:

— Vocês estão bem?

Ela sorriu para ele, olhou para a família e respondeu:

— Sim. Com certeza, estamos bem.

Glossário judaico

Dreidel: também chamado de *sevivon*, o *dreidel* é um pião em formato quadrado com quatro lados, jogado normalmente por crianças durante o *Hanukkah*. Cada lado do pião possui uma letra em hebraico, que juntas foram um acrônimo para a frase "um grande milagre aconteceu lá".

Hanukkah: essa celebração ocorre na mesma época do Natal e também é conhecida como festa das luzes. Assim como *Purim*, é uma comemoração que não faz referência ao período bíblico. Sua origem é baseada na história sobre um sacerdote judeu e seus filhos, conhecidos como Macabeus, que lideraram uma rebelião para libertar os hebreus dos gregos. Segundo contam, a batalha durou três anos e, apesar de os Macabeus serem em menor número, venceram os gregos e retomaram o templo de Jerusalém. O óleo que sobrara no local para acender as velas era suficiente para um dia somente, mas durou oito, sendo considerado um milagre. Por isso, a comemoração de *Hanukkah* também tem a duração de oito dias, e a cada dia, uma vela do *menorah* é acesa.

Kadish: reza comum em enterros ou para honrar a memória de entes falecidos. Normalmente, é feito pelas pessoas mais íntimas aos mortos, como filhos ou parentes próximos.

Kol Nidrei: reza que significa "todos os meus pecados", é a primeira reza da festividade de *Rosh Hashaná*, que antecede o dia do *Yom Kipur*. A última é chamada de *Neilá*, ou trancamento.

Latkes: bolinhos de batata ralada recheados, podendo ser cobertos com caldas doces ou creme azedo.

Sufganiots: bolinhos fritos recheados de creme doce, parecidos com *berliners* na Alemanha. Os *sufganiots* são chamados de sonhos no Brasil. Ambos são bastante consumidos no *Hanukkah*.

Maguen Davi: ou estrela de Davi, representa os três pilares do judaísmo: Deus, homem e mundo. Na intersecção de cada um desses pontos há três outros, que são a criação, a revelação e a redenção.

Matzá: bolacha não fermentada feita de farinha de trigo e água, típica da festa de *Pessach*. Além do *matzá*, outros alimentos dessa festa não podem ser fermentados, já que na história de Moisés os judeus não tiveram tempo de esperar a fermentação dos pães antes de fugirem do Egito. O osso de galinha, mencionado na história, faz parte da tradição dessa festa e é chamado de *zeroá*.

Menorah: tipo de candelabro com nove hastes, utilizado durante o *Hanukkah*. Oito dessas hastes são para as velas que representam os dias que o óleo durou no templo, e a nona haste é para o *shamash,* uma vela usada para acender as demais.

Pessach: também chamada de Páscoa Judaica, essa festa celebra a libertação dos hebreus do Egito, graças às ações de Moisés. Provavelmente é uma das histórias mais conhecidas por outros povos a respeito do povo hebreu. Duas atividades muito comuns para as crianças durante essa festa é a abertura das portas das casas para a entrada do profeta Elias e a busca do *afikoman,* um pedaço de *matzá* que é escondido e as crianças devem procurá-lo.

Purim: festa que ocorre no mês de *Adar* (os meses judaicos possuem nomes diferentes e uma contagem de dias baseada na lua, e não no sol). Como essa festa ocorre perto do carnaval cristão e é tradição os judeus — especialmente as crianças — se fantasiarem, essa festividade frequentemente é chamada de carnaval judeu. Assim como *Hanukkah,* é uma comemoração que não faz referência ao período bíblico. Essa festa comemora a sobrevivência dos hebreus na Pérsia (atual Irã) graças à rainha Ester, que conseguiu impedir o ministro persa Haman de convencer o rei Aschashverosh (ou Assuero) a matar Mordechai, primo de Ester, e os demais judeus que viviam no reino. Ela, ao revelar que também era judia, fez com que o rei desistisse e revogasse as ordens do ministro. Posteriormente, Haman e sua família foram mortos, tendo se tornado característica dessa festa as pessoas vaiarem ou usarem matracas contra o nome de Haman, esfregarem pedras umas nas outras e rasparem os pés no chão como um símbolo para apagar o nome do ministro.

Rosh Hashaná: festa bíblica também conhecida como o Ano-Novo judaico. Essa festividade dura dez dias e termina em *Yom Kipur*, o dia do perdão. Durante o *Rosh Hashaná*, as pessoas oram por seus familiares e entes queridos, pedem perdão por seus erros e oram para continuarem inscritas por mais um ano no livro da vida. Uma das atividades mais comuns é o toque do *shofar*, um chifre de carneiro usado para transmitir alegria e esperança de um ano melhor. Uma atividade comum para crianças nessa festa é a confecção de cartões com a frase *Shana Tová*, que significa "bom ano" em hebraico.

Talmude: coletânea de livros sagrados, compostos da *Mishná*, ou lei oral posteriormente escrita, e a *Guemará*, que é a interpretação da *Mishná* (por isso, pode-se ler o texto no centro do livro e comentários e interpretações dos rabinos nas laterais). Ao todo, o *Talmude* possui 24 volumes. Na história, o personagem Isaac caminhava com apenas uma parte de um livro, já que não seria possível ele caminhar no campo de concentração com todos os volumes do *Talmude* no bolso.

Tefilin: a composição completa do *tefilin* é uma caixinha contendo pergaminhos da *Torá* (ou Pentateuco) e que é colocada na parte frontal da cabeça. Ela fica presa por duas fitas de couro, que são enroladas uma em cada braço. O *tefilin* é usado durante a oração e normalmente é usado por homens.

Triângulos no holocausto (apesar de não ser propriamente um tópico no glossário judaico, este item foi aqui para facilitar a localização da descrição): eram usados para identificar os presos, além dos números que ficavam costurados nas roupas ou tatuados no braço. O triângulo *amarelo* era para judeus, e todos que usassem somente um amarelo eram parcialmente judeus (por exemplo, ateus ou pessoas de outras religiões que se casaram com judeus). Todos os que tivessem o triângulo amarelo, juntamente de qualquer outro triângulo, eram pessoas consideradas judias com mais alguma pena para si, e dois triângulos amarelos sobrepostos eram para os totalmente judeus. O triângulo *vermelho* era para dissidentes políticos, incluindo católicos e jesuítas que se opunham a Hitler. O triângulo *roxo* era para os testemunhas de Jeová, que não eram considerados indignos, como os ciganos e judeus, mas foram presos durante a Segunda Guerra por se recusarem a compartilhar das ações dos nazistas. O triângulo *azul* era para os imigrantes deportados e exilados, e para os poloneses, que tiveram uma perseguição mais intensa em relação a outras nacionalidades. O triângulo *marrom* era destinado aos ciganos, especialmente os sinti e os roma. Os triângulos *pretos* eram para antissociais, deficientes físicos e mentais e lésbicas. O triângulo *rosa* era exclusivo para homens gays. E o triângulo *verde* era para os criminosos de ascendência ariana, chamados *kapos*.

Referências

ADORNO, Theodor; HORKHEIMER, Max. *Dialética do Esclarecimento*. Rio de Janeiro: Zahar, 1985. 224 p.

ALLEN, Arthur. *Il fantastico laboratorio del dottor Weigl*. Come due scienziati trovarono un vaccino contro il tifo e sabotarono il Terzo Reich. Turim: Bollati Boringhieri, 2017. 373 p.

ANSCHÜTZ, Ernst. *O Tannenbaum* (for piano). Germany: [s. n.], 1924.

ARENDT, Hannah. *A Condição Humana*. São Paulo: Forense Universitária, 2016. 474 p.

ARLUKE, Arnold; SAX, Boria. Understanding Nazi Animal Protection and the Holocaust. *Anthrozoos: A Multidisciplinary Journal of The Interactions of People & Animals*, v. 5, p. 6-31, march 1992.

ASCH, Solomon. *Social Psychology*. Oxford: Oxford University Press, 1952. 668 p.

BENTLEY, Ronald. Different roads to discovery; Prontosil (hence sulfa drugs) and penicillin (hence beta-lactams). *Journal of industrial microbiology & biotechnology*, v. 6, n. 36, p. 775-86, june 2009.

BERLIN, Irving; CROSBY, Bing. *White Christmas*. USA: MCA Records, 1947.

BLECH, Benjamin. *O mais completo guia sobre judaísmo*. São Paulo: Sêfer, 2007. 496 p.

BRAHMS, Johannes. *Wiegenlied (op. 49 n. 4, para voz e piano)*. Viena, 1869.

CARLEY, Steven G. *Independence Versus Conformity, Revisiting a Solomon E Asch Study: Psychology in Action*. Toronto: SGC Production, 2013. 70 p.

COMUNIDADE SHALOM. *Sidur Chadash*. Brasil, 2020 – 5780.

DEBUSSY, Claude. *Caprices en blanc et noir (for 2 pianos)*. France: 1916.

DIETRICH, Marlene, LEIP Hans. *Lili Marleen*. Berlin: Electrola Studio, 1939.

ELLIOT, Jane. *A Collar In My Pocket*: Blue Eyes/Brown Eyes. South Carolina: Createspace Independent Publishing Platform, 2016. 256 p.

ESCOBAR, Mario. *Canções de Ninar de Auschwitz*. New York: HarperCollins, 2016. 224 p.

FELTON, Mark. Planes, trains & automobiles – transporting the Führer. *Mark Felton, Author and Military Historian*. London, 6 nov. 2015. Disponível em: http://markfelton.co.uk/publishedbooks/planes-trains-automobiles-transporting-hitler/. Acesso em: 2 jan. 2020.

FRANK, Anne. *O diário de Anne Frank*. Rio de Janeiro: Record, 2011. 352 p.

FREUD, Sigmund. (1914). Recordar, repetir e elaborar (novas recomendações sobre a técnica da psicanálise II) (v. 12). *In:* FREUD, Sigmund. *Obras completas*. Rio de Janeiro: Imago, 1996. v. 18. p. 161-171.

FREUD, Sigmund. (1921). Psicologia das massas e análise do eu (v. 18). *In:* FREUD, Sigmund. *Obras completas*. Rio de Janeiro: Imago, 1996. v. 18. p. 77-154.

FREUD, Sigmund. (1927). O futuro de uma ilusão, o mal estar na civilização e outros trabalhos. *In:* FREUD, Sigmund. *Obras completas*. Rio de Janeiro: Imago, 1996. v. 21. p. 11-148.

HEDGEPETH, Sonja M.; SAIDEL, Rochelle G. *Sexual violence against jewish women during the holocaust*. New England: Brandeis University Press, 2010. 314 p.

HRYNIEWICZ, Roberto R. *Torcida de futebol:* adesão, alienação e violência. 2008. 167f. Dissertação (Mestrado em Psicologia) – Instituto de Psicologia, USP, São Paulo, 2008.

JIM, Captain; HUDSON, James W. *Victory Mail of World War II:* V-Mail, The Funny Mail. Bloomington: Xlibris, 2007. 236 p.

JORGE-FILHO, Isac. Os compromissos do médico: reflexões sobre a oração de Maimônides. *Revista Colégio Brasileiro de cirurgiões,* Rio de Janeiro, v. 37, n. 4, p. 306-307, ago. 2010.

KRENEK, Ernst. *Jonny Spielt Auf.* Leipzig, 1927.

KRZYZANOWSKI, Lukasz. *Ghost Citizens: Jewish Return to a Postwar City.* Harvard: Harvard University Press, 2020. 352 p.

LEVI, Primo. *É isto é um homem.* Rio de Janeiro: Rocco, 1988. 176 p.

LEWY, Guenter. *The Nazi Persecution of the Gypsies.* Oxford: Oxford University Press, 2000. 320 p.

LUSANE, Clarence. *Hitler's Black Victims:* The Historical Experiences of European Blacks, Africans and African Americans During the Nazi Era (Crosscurrents in African American History). Abingdon: Routledge, 2002. 320 p.

MACK, Mary Imma. *Why I Love Azaleas:* Remembrances of my Trips to the Plantation at the Concentration Camp in Dachau, May 1944-April 1945. Bayern: EOS Verlag Erzabtei, 1991. 156 p.

MATOS, Olgária C. F. *Luzes e sombras do Iluminismo.* São Paulo: Moderna, 1993. 127 p.

MIEESZKOWSKA, Anna. *Irena Sendler:* Mother of the Children of the Holocaust. Connecticut: Praeger Publishers, 2010. 224 p.

MILGRAM, Stanley. *Obedience to Authority:* An Experimental View. New York: Harper Perennial Modern Classics, 2009. 304 p.

MOHR, Joseph; GRUBER, Franz Xaver. *Stille Nacht, heilige Nacht.* Austria, Igreja de São Nicolau, 1918.

ORBANES, Philip E. *The Game Makers:* The Story of Parker Brothers, from Tiddledy Winks to Trivial Pursuit. Harvard: Harvard Business Review Press, 2003. 288 p.

PERNKOPF, Eduard. *Atlas os Topographical and Applied Human Anatomy*: Head and Neck. Philadelphia: Lippincott Williams and Wilkins, 1979. 312 p.

PERNKOPF, Eduard. *Atlas os Topographical and Applied Human Anatomy*: Thorax, Abdomen and Extremities. Philadelphia: Lippincott Williams and Wilkins, 1979. 500 p.

PERL, Gisella. *I Was a Doctor in Auschwitz.* Massachusetts: Lexington Books, 2019. 140 p.

PIES, Otto. *The Victory Of Father Karl.* [*S. l.*]: Farrar, Straus, and Cudahy, 210 p.

POSNER, Patricia *O farmacêutico de Auschwitz.* Porto Alegre: Globo Livros, 2018. 296 p.

RAM, Kent Gannon; CROSBY, Bing. *I'll be home for Christmas.* USA: MCA Records, 1947.

RAVEL, Maurice. *Le tombeau de Couperin.* France: Société de Musique Indépendante, 1919.

REYNAUD, Michel. *The Jehovah's Witnesses and the Nazis:* Persecution, Deportation, and Murder, 1933-1945. New York: Cooper Square Press, 2001. 318 p.

SCHLESAK, Dieter. *Capesius, o Farmacêutico de Auschwitz.* Rio de Janeiro: Bertrand Brasil, 2015. 336 p.

SCHOSSLER, Alexandre. "Alemanha acima de tudo", um verso e um passado sombrio. *DW Brasil | Notícias e análises do Brasil e do mundo*, São Paulo, 23 out. 2018. Disponível em: https://p.dw.com/p/371JW. Acesso em: 2 jan. 2020.

SEMPRUM, Jorge. *La escritura o la vida.* Buenos Aires: Tusquets, 1997. 336 p.

SETTERINGTON, Ken. *Marcados Pelo Triângulo Rosa.* São Paulo: Melhoramentos, 2017. 136 p.

SHAKESPEARE, William. *Hamlet.* Londres: Penguin, 2015. 320 p.

SHEFFER, Edith. *Crianças De Asperger:* As origens do autismo na Viena nazista. Rio de Janeiro: Record, 2019. 322 p.

SPIEGELMAN, Art. *Maus.* São Paulo: Quadrinhos na Cia, 2005. 296 p.

STRAVINSKY, Igor; RAMUZ, Charles F. *The soldier tale* (arranged to piano, violin and clarinet). Swiss, 1919.

TRIBUNAL INTERNACIONAL DE NUREMBERG. *Nuremberg* code: trials of war criminal before the Nuremberg Military Tribunals. Control Council Law. Washington, DC: US Government Printing Office. p. 181-182.

VUILLARD, Éric. *A ordem do dia.* Buenos Aires: Tusquets, 2019. 106 p.

WHITLOCK, Flint. *The Beasts of Buchenwald:* Karl & Ilse Koch, Human-Skin Lampshades, and the War-Crimes Trial of the Century. Wisconsin: Cable Publishing, 2011. 326 p.

WIKIPÉDIA. Arte na Alemanha Nazista. *Wikipédia, a enciclopédia livre*, 19 mar. 2020. Disponível em: https://pt.wikipedia.org/wiki/Arte_na_ Alemanha_Nazista. Acesso em: 2 jan. 2021.

WINNICOTT, Donald. *O brincar e a realidade.* Rio de Janeiro: Imago, 1975. 203 p.

ZABARKO, Boris. *Holocaust in the Ukraine.* Elstree: Vallentine Mitchell, 2004. 394 p.

ZIMMERMAN, Barry. *Killer Germs:* Microbes and Diseases That Threaten Humanity. Nova Iorque: McGraw-Hill, 2002. 273 p.